质量总监成长记

第2版

秦邦福　秦秋玲 ◎著

机械工业出版社
CHINA MACHINE PRESS

质量管理工作为何难做？质量工程师、检验经理、质量总监应如何开展工作？质量问题预防如何落地？精益生产、零缺陷管理如何有效开展？如何用零缺陷过程方法快速解决问题？质量管理如何有效实施？管理者如何快速成长？这些问题都能从本书找到答案！

本书分三篇，讲述了主人公唐风从质量工程师升任质量总监，并在多家企业中快速解决质量问题的故事。

修炼篇介绍了PDCA、二八原则、检验的本质、新厂长自我修炼和团队建设、精益生产、纠正预防等内容。

突破篇和精进篇介绍了公司"质量问题多"和"质量改进难"的原因，讲述了一位空降质量总监如何在不同企业中运用零缺陷方法快速打开局面，转变管理层质量意识，并取得丰硕成果的过程。

书中故事均取材于实践，可为广大质量管理者提供有效参考，尤其是零缺陷过程管理方法，是作者整合了零缺陷管理、精益生产和六西格玛的精髓，在实践中总结出的管理模式，已在多家企业中取得良好成效，是本书介绍的重点。本书可作为质量工作者和各层级质量管理者的自学参考书，也可作为企业管理的培训教材。

图书在版编目（CIP）数据

质量总监成长记/秦邦福，秦秋玲著．—2版．—北京：机械工业出版社，2024.2（2025.3重印）
ISBN 978-7-111-74505-1

Ⅰ.①质⋯ Ⅱ.①秦⋯②秦⋯ Ⅲ.①质量管理 Ⅳ.①F273.2

中国国家版本馆CIP数据核字（2023）第243312号

机械工业出版社（北京市百万庄大街22号 邮政编码100037）
策划编辑：孙　业　　　　责任编辑：孙　业
责任校对：杨　霞　张　薇　责任印制：张　博
北京建宏印刷有限公司印刷

2025年3月第2版第3次印刷
148mm×210mm・12.75印张・1插页・305千字
标准书号：ISBN 978-7-111-74505-1
定价：79.00元

电话服务　　　　　　　　网络服务
客服电话：010-88361066　机　工　官　网：www.cmpbook.com
　　　　　010-88379833　机　工　官　博：weibo.com/cmp1952
　　　　　010-68326294　金　书　网：www.golden-book.com
封底无防伪标均为盗版　　机工教育服务网：www.cmpedu.com

做对质量文化变革项目。

作为中国煤矿机械行业的龙头企业，Z公司希望通过这个项目，进一步巩固其在行业中的竞争优势，公司领导层对于此项目寄予厚望，对于我来说，也希望成功实现项目目标，并将整个过程写下来，出版我的第三本书。

要在这样一家年销售额超过百亿元的大型集团公司中成功实施此项目，树立标杆至关重要，为此我们在一期项目中选择了五个颇有代表性的单位进行试点，其业务涵盖生产制造、研发和技术配套BOM制作等过程。

2023年8月，经过半年多的努力，五个试点项目全部结项，均达到了业绩指标改善80%的预定目标，其中进步最大的两个项目，其改善幅度均超过了90%，在公司内形成了良好的示范效应，项目顺利进入了二期拓展阶段。

这五个项目均采用了同样的工作思路，即结果一次做对=过程一次做对，用到的核心工具均为过程模式作业表。在项目实施的过程中，我对此工具的运用又有了新的发现，也解决了以前在使用它的过程中存在的一些困扰。

于是，我决定重新修改本书，将最新的心得分享给读者们。

本次改版主要涉及以下几个方面：

对原版第13章"过程模式作业表"和第17章"前加工过程管理"中过程模式作业表的运用逻辑进行了修改。

对原版第16章"品质反思会"中的部分内容进行了修改，重点阐述了近年来我对质量完整性的理解，即产品质量—过程质量—质量竞争力—质量领导力四个层面的逻辑关系，这也是我即将编写的第三本书的核心内容。

再次由衷地感谢各位读者的热忱支持，希望新版能以新的价值回馈读者的厚爱。

再版前言

《质量总监成长记》自 2016 年首次出版后,第 1 版已经连续印刷了 12 次,在管理类书籍中的确称得上畅销书了,我也收获了机械工业出版社颁发的优秀作者奖项。

读者们对本书评价最多的用词是"接地气、实用",作为一个毫无名气的质量管理者能获得如此反响,这是我写书之前绝对没想到的,正所谓出道即巅峰。

很多从事质量管理工作的读者向我反馈,书中介绍的零缺陷过程管理方法(即过程模式作业表)为他们在解决具体的产品质量和工作质量问题时提供了清晰的思路,取得了良好的效果。这让我非常高兴,因为这也是我写本书的初衷。

2011 年,在经过了半年多的苦苦思考和钻研后,我终于理解了过程模式作业表的内在逻辑,并第一次用这种结构化的过程管理方法解决了 M 公司在进料检验过程中存在的诸多问题,这让我找到了通往零缺陷殿堂的关键密钥。

在之后的 10 年中,作为多家民企的质量总监,我用此方法解决了许许多多的产品质量问题和工作质量问题,也深刻理解到了美国质量大师克劳士比先生提出的零缺陷落地方法,即所有过程的零缺陷=产品和服务的零缺陷,而过程模式作业表是实现过程零缺陷的核心工具!

2023 年 2 月,作为深圳市一次做对管理顾问有限公司的总经理和首席顾问,我应邀成为 Z 公司的质量顾问,指导其实施一次我们开放心胸，不放过任何管理创新的理念；
虽说我们习惯于审慎地看待商界，
但我们从来就不掩饰对新理念的痴迷；
审慎，为的是客户，
激情，燃烧的是自己；
没有什么能够捆绑我们的手脚，
即使没有职务与名分，
更没有什么能够桎梏我们的头脑，
哪怕到头来引火烧身；
这没什么，因为我们总是被当作"另类"——
创新的欲望，驱动着我们不断学习，
成功的梦想，牵引着我们上下沟通；
绝不会甘于平庸，却可以耐得住寂寞，
不怕变革的阻力，可担心高层的冷漠；
我们本是蜜蜂，把甘甜的思想在组织中传播，
我们更是思想的盗火者，让新理念在每一个人身上燃烧。
为了变革求胜，我们敢于去动别人的"奶酪"，
为了基业长青，我们情愿去做蜡炬和春蚕。
……
我也在此向所有零缺陷管理的践行者表达深深的敬意。
是为序。

杨 钢

是全体员工对零缺陷理念的认同,并落实到行动中去,必须由最高管理者牵头并亲自推进,从企业文化、管理机制、员工的工作方法三方面进行全方位的变革。"

现在看来,十余年来,我能与成千上万个中国最优秀的质量管理人亦师亦友,不仅是一件幸运之事而且是昭示着一种使命了。我不懈地致力于传道授业解惑,四处奔波为企业排忧解难,其目的无非是为了实现"让中国品质赢得世人的尊重"的既定宏愿。为此,我一直在倡导"人人可以成为克劳士比"的理念,其核心就在于:在实践中勤思考,不断总结多分享,提升自我影响他人,共同推进质量事业,从而使千千万万的求真者,像本书作者这样一一地站出来,汇成洪流,热切地为"中国品质"鼓与呼。我非常理解他们,对他们也是满怀信心的,正如我曾专门为他们写过的那首《中国质量总监宣言》的诗中所说:

我们自信,因为我们热爱真理,
我们乐观,因为我们相信未来;
经验与阅历,让我们懂得创新的意义,
深入与全面,令组织的大图片时刻在脑海浮现;
没有人比我们更了解我们的性格,
忍辱负重是我们的表象,
幕后英雄才是我们的诤言;
我们的字典中没有"患得患失"的词句,
朴实、严谨、宽厚才是我们博大的胸膛里的标杆。
没有人比我们更能把握组织的弱点,
浸泡在一线,让我们知道水有多深,
穿梭于二线,令我们了解海有多大,
而高层的喜忧,则使我们看见那艘在风口浪尖上的战舰;
我们绷紧敏感的神经,捕捉远方闪烁不定的灯塔,正和预防的方法彻底解决问题？如何将品质改进活动顺利推进？让人无法接受的低级质量事故为何会频繁发生？ISO9000质量管理体系如何落地？零缺陷管理的理念和推行方法是什么……值得高兴的是，作者没有停留在做质量管理人的苦与难的情绪宣泄上，而是时时铭记克劳士比的理念与原则，遇问题找大师，常翻克劳士比的著作，寻求理论的指导，以明现状、找根源、看未来。

更加难能可贵的是，作者面对种种问题已经可以习惯性地发出著名的"克劳士比式诘问"："某某的本质是什么？"正因为如此，我们可以看到，作者借书中的主人公唐风的境遇与突破，与广大的同道们分享了成长与成功的五个"零缺陷秘密"：从改变生产模式向改变心智模式转变；从忙着解决问题向系统地预防问题转变；从改变产品、设备等硬件向改变人、组织等软件转变；从非此即彼的分割思维向整体思维转变；从改进产品质量向变革质量文化转变。

唯有如此，你才可以驱动你的组织一步步进入零缺陷管理所谓的"管理四境界"中——就零缺陷管理而言，这是一个由不确定走向确定的、历经"管理四境界"而达到成熟的过程。首先是经历身陷阴森丛林而难觅管理阳光的困惑；其次，开始解困——终日苦苦追求，却不知自己正在上演一出努力对一个错误的命题给出正确答案的悲剧；接着，突然醒悟——蓦然回首，发现一种正确的哲学；最后，梦想成真——一步步地达到"可信赖"的境界，即业务成功和关系成功。

我非常高兴作者经过痛苦的探索、反复的实践终于回归了零缺陷的本真，达到了我所谓的管理四境界，一如他在困惑的时候一次次翻阅的大师的书名那样——《质量无泪》，是的，零缺陷原本并不复杂，只是我们庸人自扰而已。所以，我很愿意与大家共享作者写在本书最后的感言："零缺陷管理，易懂难行，原因很简单，它是一场思想上的长征，最高管理者的思想转变是第一步，最终目标

序　让人人成为克劳士比

——致零缺陷管理的践行者

当我收到作者的书稿后，一口气把它读完了。那些熟悉的业务场景、真切的冲突情形，以及形形色色的人物的观念碰撞，的确引人入胜，仿佛带我一遍遍重温老电影、老照片，但它们的色彩没有破损，依然鲜活，如同3D图画那般。幸运的是，作者没有用华丽的语言，而是用理工男那般朴素的文字，细致详实地呈现了他十余年来渗透着汗水和泪水的质量管理工作的心路历程，相信每一位企业管理人员和工程技术人员，尤其是质量管理人员都会感同身受，受益良多的。

因为他们与主人公唐风一样，有着相同的问题、相同的痛苦、相同的磨难以及相同的出路，所以我也有同样的理由相信作者的真实意图，那就是"让质量和管理不再痛苦"。也正因为如此，当你读着主人公的遭遇与故事时，就仿佛跟随他进入"管理的丛林"，那里花木与蚊虫共生，恐惧与希望并存；你一路跟跟跄跄走着，各种各样的问题纷至沓来——它们大都是围绕着管理者，尤其是主人公那些为了"求真"而非"求利""求权"的质量管理人的日常问题，比如，为何一个能干的质量工程师无法彻底解决质量问题？一个管理良好的产品检验部为何还会被客户投诉？精益生产与零缺陷管理有何异同？如何用预防的思路解决来料不良问题？如何用纠

前　　言

质量管理难做，质量管理人苦！也许大多数质量管理人内心都有这样的呼声吧，尤其是中小型企业的质量主管，这种感觉也许更为强烈。

2013年12月，克劳士比中国学院的杨钢院长来深圳开零缺陷管理讲座，我与杨院长是多年的朋友，应他的邀请，作为特邀嘉宾上台分享零缺陷管理心得体会。

我上台后，先问了与会人员一个问题："作为公司的质量总监或者质量经理，大家日常工作中最大的感受是什么？"台下一位女士立即站了起来，说了两个字："痛苦！"

是啊，我心中的答案也是这两个字：痛苦！这位女士真是与我心有灵犀啊，一语就道破天机。

本书是我作为一个质量管理人，多年来在零缺陷管理和精益生产方面的心得体会，希望能为质量管理人和企业管理者答疑解惑，让质量管理工作变得轻松。

从2000年底起，我开始从事质量管理的工作，也开始接触零缺陷管理大师克劳士比的思想，在质量总监、工厂厂长等一系列岗位上，尝试着用零缺陷的理念和方法来解决实际工作问题，零缺陷思想伴随着我不断成长，但也经常给我带来困惑。

直到2009年，通过一次偶然的机会，我认识了杨钢老师，这是我人生中的一大转折。通过杨老师的引导，我开始走进了克劳士比思想殿堂。

"所有的工作都是一个过程",当我第一次听到这句话时,并没有太多感触,的确,工作是一个过程对于我这样一个普通的质量管理人来说,又能意味着什么?

但是在随后几年的工作实践中,作为一个质量总监和咨询顾问,我亲眼看到许多企业在质量管理上的误区,尤其是这些企业最高管理者错误的质量意识,让我饱受切肤之痛。

我越来越体会出这句话背后所蕴藏的深厚道理,既然所有的工作都是一个过程,如果我们针对每一个过程,都可以用基于零缺陷理念的过程管理方法来管理到位的话,那岂不是所有的工作都可以轻松做对了吗?

我一直认为,妨碍企业质量管理进一步提升的一个重大原因是,公司最高管理者们对质量的错误理解。

我接触过许多民营企业的高管,他们对质量的理解大多来源于平时工作的积累,强调实用第一。我认为,这是优秀的质量文化难以建立的根本原因,也是这些企业的质量主管们痛苦的根源。

每逢与质量界的朋友和企业高管们谈起此事,大家总是感触连连,痛心疾首,深感扭转企业质量文化之不易,这也促使我做出一个决定,将自己这些年在质量管理方面的实践心得写下来,与大家分享,为中国质量管理出一份力。

我从事质量管理工作近 15 年,在此期间,我惊奇地发现,身边的质量管理人居然没有一位是科班出身,这是因为早年中国的高校根本没有开设"质量管理"这一专业,几乎所有的质量管理人都在摸爬滚打中苦苦探索着质量管理之路。许多人为此感到非常迷茫。希望本书能够起到抛砖引玉的作用。

本书的五大主题分别是"质量问题预防如何落地?""公司质

量问题多的根源是什么？""如何将零缺陷、精益和六西格玛方法与过程管理相结合？""零缺陷和精益思想如何帮助中国企业提升效益？""质量管理要从哪些方面展开？"希望大家读完此书后，能找到一个明确的答案。

本书以小说的方式编写，书中所述企业及人名（克劳士比及少数历史人物除外）均为虚构。书中的故事，大多来自我所接触过的数十家公司，大家也许会或多或少地从中找到自己所在公司的影子，但请切勿对号入座。

为方便读者阅读，本书在每章开头都列出了要讨论的主要问题，在结尾对这些问题进行点评，希望能激发读者的思考。

本书从2012年开始启动写作，前后历经三年有余，中间数易其稿，最终在工作之余完成了编写，殊为不易，在此感谢我的家庭成员给予我的支持。

在初稿收尾前，为了试探读者的反应，2013年11月，我将书中的第16章改成独立故事，以"一位品质总监的发飙"为题，作为封面文章发表在《企业管理》杂志2013年第11期上，结果一石激起千层浪，引发行业内同仁们对质量这个话题的热烈讨论。见此情况，《企业管理》杂志社又组织业界的专家对这篇文章进行了点评，点评稿发表在2013年第12期杂志上，这更加坚定了我写完本书的决心。

零缺陷理念先进，放到当今时代，仍然有强大的生命力，但它毕竟是50年前在美国的企业环境中总结出来的东西，如何在今天中国的企业中运用，还需要我们所有的质量管理人不断地探索，让它从实践中来，又回到实践中去，能因地制宜，在实践中发展。希望通过阅读本书，我们的质量管理人和企业管理者能有所获益，这也是我写本书的初衷。

此书的成书源于许多人对我的帮助，其中尤其要感谢杨钢老师教给我过程管理的方法，我对质量的许多认识都源于杨老师的教诲。同时，也要感谢邵凤山老师对我的指点。

　　让中国企业的管理者和质量管理人不再因为质量管理而痛苦。

秦邦福

2015年10月写于深圳

目　　录

序　让人人成为克劳士比
再版前言
前言

修炼篇　从质量工程师到质量总监

第1章　质量巨变 …………………………………………… 1
　　一个空降质量总监，如何用零缺陷方法快速打开局面？

第2章　最牛的质量工程师 ………………………………… 6
　　质量工程师如何快速解决质量问题？
　　为何一个能干的质量工程师无法彻底解决质量问题？

第3章　火山口上的人 ……………………………………… 17
　　如何有效实施检验？
　　一个管理良好的产品检验部为何还会被客户投诉？

第4章　空降来的厂长 ……………………………………… 27
　　新主管如何通过明确工作要求和改变心智模式来提升管理质量？

第5章　金光大道 …………………………………………… 44
　　为什么可以用零缺陷质量文化变革十四步的思路有效推行精益生产？
　　精益生产与零缺陷管理有何异同？

第6章　竞聘 ………………………………………………… 60

工厂管理团队建设为何是车间质量改善的基础？

第 7 章 中山项目 ·············· 77
防火防损是如何实现的？
质量问题预防与防火有何内在的联系？

第 8 章 四重境界 ·············· 87
如何用纠正和预防的方法彻底解决问题？

第 9 章 来料质量 ·············· 95
如何用预防的思路解决来料不良的问题？

第 10 章 初试零缺陷 ·············· 110
零缺陷是一套什么样的管理系统？

突破篇　质量总监们为何"阵亡率"高？

第 11 章 品质总监的困惑 ·············· 118
为什么一家快速发展的企业突然放慢了脚步？

第 12 章 真正的对手 ·············· 128
质量改进为何困难重重？

第 13 章 过程模式作业表 ·············· 142
如何将一个业务过程管理到位？

第 14 章 进料检验过程管理 ·············· 162
如何有效开展过程管理优化，树立品质改革榜样？

第 15 章 品质月 ·············· 171
一个雄心勃勃的质量改进项目为何会失败？

第 16 章 品质反思会 ·············· 192
谁该为质量事故反思？

第 17 章 前加工过程管理 ·············· 216

目 录

如何顺利推进品质改进活动？

第18章 重启品质月 ································· 230
如何将品质月这把火顺利地烧起来？

第19章 质量十四步 ································· 244
零缺陷质量文化变革十四步如何开展？

第20章 年会 ··· 261
你的工作为谁而做？

第21章 雄鹰再生 ··································· 267
质量变革为何困难重重？

精进篇 如何快速解决"质量问题"？

第22章 初战告捷 ··································· 289
让人无法接受的低级质量事故为何会频繁发生？

第23章 抓过程还是抓结果 ························· 301
如何解决产品保质期内返修率高的问题？

第24章 厂房搬迁 ··································· 311
如何将一个服务过程管理到位？

第25章 顶天立地，左右逢源 ······················ 316
一个空降的质量总监，如何快速解决棘手的问题？

第26章 适者生存 ··································· 342
小公司的来料质量该如何管理？
小公司的交付应如何管理？

第27章 新来的体系工程师 ························· 353
ISO9000质量管理体系如何落地？

第28章 强悍的对手 ································· 362

质量管理的核心是什么？

第29章 六西格玛的讨论 ·················· 372
ISO9000体系、零缺陷管理和六西格玛，谁更适合当前中国的中小型企业？

第30章 零缺陷方案 ························ 379
零缺陷管理的理念和推行方法是什么？

附录 ······································· 387
  附录A 专业术语解释
  附录B 英文缩写解释

参考文献 ··································· 390

修炼篇
从质量工程师到质量总监

第1章
质量巨变

■ 一个空降质量总监，如何用零缺陷方法快速打开局面？

"2012年是我们公司的质量年！也是我们的改善年！"

2013年2月22日，深圳之春，阳光明媚，赛德美公司正在召开春节后的第一次管理例会，安排2013年的工作。公司董事长陈方圆高度评价了质量总监兼供应链总监唐风2012年的工作成果。

陈方圆对着公司一千高层管理人员说："我给大家说说过去一年我们公司的产品在市场上的质量表现吧。

"经纵向对比，我公司模块类产品在市场上运行过程中的保质期内不良率从2011年的8.1%下降到2012年的0.38%，客户一次开箱不良率从去年的3.5%下降到今年的0.25%。

"前些天我出差到一个大客户那里，这个客户因为我公司在2011年的质量表现差，专门给我发过警告，说如果我们2012年不好好改善质量,就取消与我公司的合作,害得我以前每次见到这个客户的老总,心里就不自在。

"这次一见面,这个客户的老总就问了我一个问题,大家猜一猜,是什么问题?"

说到这里,陈方圆声音大了起来:"他对我说:'据我公司人员反馈,你们公司的产品质量在去年有了一个质的飞跃,我想问问你有何诀窍?'

"之后他还和我说,因为我们的产品质量相对于别的厂商有优势,今年要加大与我公司的合作力度。

"在回家的路上,我算过,因为产品质量的提升,我们以前客户服务部需要十几个人完成,现在只需要三四个人就够了,单单这一方面,我们每年的成本降低就达到上百万元。

"还有,2011年,因为市场上产品失效率高,造成我们要源源不断地将新机器发给客户,将旧机器换回来。这样做的结果就是,我们客服仓中堆满了客户使用过的旧机器,这些旧机器造成的库存达到300多万元,约占我们总库存的20%,这很难消耗。虽然这些东西从账面上体现不出损失来,但是最终它们是要报废的,这对公司未来的利润将产生恶劣影响!

"而我们在2012年下半年出货的产品,保质期内的返修率低至0.22%,客户安装时的一次开箱不良率低至0.18%,这要放在前些年,几乎是不可想象的事情!

"过去,我们的竞争对手总是攻击我公司产品的质量表现差,现在我们终于打了一个翻身仗,将我公司之前的短木板变成了长木板,有力地支持了市场部的销售。"说到这里,陈方圆有点儿兴奋。

"另外,供应链的其他几个运营指标也大为好转。比如,我们的库存周转次数,从2011年的2.2次提升到2012年的4.1次,交付及时率从2011年的85%提升到2012年的95%,制造产值费用率从2011年的4.8%下降到2012年的3.2%,几乎所有的运营指标在这一年中均出现了明显的改善。

"我们为什么能在2012年彻底打个翻身仗?"陈方圆再一次问大家。

见大家默不作声,陈方圆继续说:"我认为我在2012年做得最正确的事情,就是请来了唐总担任我们的质量总监兼供应链总监,在唐总的带领下,我们公司的运营管理在去年取得突破性的提升。"

说到这里,陈方圆对着唐风说:"唐总,请你来说说你在2012年所做的主要改善工作,以及2013年的改善思路,给各部门主管一点启发,也让大家在制订本部门年度工作计划时有个参考。"

听到老板这样说,唐风立即站起来,说:"陈总过奖了,我们部门在2012年的确取得了一些成绩,但这绝不是我一个人的功劳,而是各部门团结合作的结果,尤其是陈总和魏总的支持,是我能开展工作的最终保障。

"下面我来介绍一下我进入公司以来的一些工作思路和方法,起个抛砖引玉的作用,给大家在制订2013年工作计划时提供参考。

"整个2012年,在陈总和魏总的支持下,我认为我主要做对了三件事。"唐风缓缓道来。

"第一,我在生产、研发和工程安装等环节推行了基于零缺陷和精益生产理念的过程管理方法,从QC(质量控制)、QA(质量保证体系)和QM(质量管理)三个层面,将公司的质量管理系统从一个纯粹的救火系统变成了一个初具规模的预防系统。

"第二,通过批评与自我批评、团队现状评估等团队建设的方法,把我们部门打造成一个精诚合作的团队。

"第三,身体力行,在部门内树立'我对我的工作输出负责任'和'一次做对'的文化。

"这里的一个重点，就是过程管理方法，我结合了零缺陷管理、精益生产和六西格玛三种管理理念，总结出一个颇具特色的过程管理模式，结合公司的实际情况，在公司中进行了推广。这些结果的改善是因为过程管理的改善而产生的，下面我给大家介绍一下这个过程管理方法。"

说完这些，唐风打开自己的笔记本电脑，调出一个PPT文件《零缺陷过程管理方法及实战案例》，开始给各位主管讲解。

他等待这个机会已好久了，昨天听老板说在管理例会上要让他谈谈去年的管理心得，他特地准备了这个PPT。

讲完PPT后，唐风说："我希望各部门的领导能理解并进一步推进此过程管理方法，在此基础上，我打算今年在我们公司中全面开展零缺陷管理，进一步优化我们的质量管理系统。当然，所有这些能否取得成功，在座的各位领导们心智模式的改变是第一步，因为我们推行零缺陷管理的终极目标就是改变公司的质量文化，而要实现这个目标，必须采用扫楼梯的方法，实行自上而下的文化变革。"

听到唐风这样说，陈方圆接过话题："唐总去年做出的成绩大家已经看到了，我坚决支持唐总，带头改变自己。会后，请唐总牵头制订一个推行零缺陷管理的计划，我们两周后评审，在座人员必须全部参与。"

下班回到家中，吃过晚饭，唐风一个人坐在书房中，点上一支烟，静静地回顾白天会议上的情景，开始思考如何在公司中全面推进零缺陷管理的计划，他开始喃喃自语："唉，14年了，经历了质量工程师、工厂厂长、工业园项目组长、质量总监一系列职位，我终于将PDCA、二八原则、质量问题预防、团队建设、精益生产、过程管理、质量文化变革等问题完全想透，整合出一套独具特色的管理模式，先后在两家企业中试行，历经千辛万苦，今天终于有点成果，终于能快速解决所谓的'质量问题'了。"

在袅袅的烟雾中，唐风的思绪不由自主地回到14年前，往事一幕幕地呈现在他的眼前。

本章点评：

■ 一个空降质量总监，如何用零缺陷方法快速打开局面？

方法很重要！执行力更重要！公司为何要请来一个空降的质量总监？

在大多数情况下，都是因为公司的质量状况不理想，要快速打开局面。明确的思路和强大的执行力是一个空降质量总监能快速打开局面的关键。

第 2 章
最牛的质量工程师

- 质量工程师如何快速解决质量问题？
- 为何一个能干的质量工程师无法彻底解决质量问题？

1999年9月下旬的一个下午，唐风的呼机上显示出一个他期待已久的电话号码，他赶紧走出自己租住的宿舍，到外面的公用电话摊上回电。

听到唐风自报姓名后，电话那头传来一个清脆悦耳的声音："你好！唐风先生，我是辉圣公司人力资源部的林小姐，我正式通知你，我们公司供应链管理部已录用你为制造工艺部的工艺工程师，请你在一周内到我公司人力资源部报到。"

"太好了！"听到这番话，唐风的心跳立即加速，他太想得到这份工作了！

在以后的日子里，唐风一直认为，进入辉圣公司是自己职业生涯中的一个转折点。

在深圳，辉科是著名的高新技术企业，以生产移动通信设备为主，1999年，销售额已达100亿元人民币，公司素以高挑战和高待遇著称，招聘要求很苛刻，堪称"招人如同找钻石"，新员工入职前要先后经过五道面试关，最后还要通过人力资源部的政审。

"真是过五关斩六将啊！"每次想起这次入职，唐风都会感叹。

第 2 章 最牛的质量工程师

唐风所在的公司是辉科的子公司辉圣，专门生产与交换机配套的电源类产品。

进入辉圣公司后，唐风的第一个岗位是制造工艺部的工艺工程师，入职后经理张宏说："按照公司人力资源部的要求，每个新员工入职后都必须由部门经理安排一位导师来带，以加快学习的进度。"

说完，张宏对着办公位前面的一个小伙子说："杨工，你过来一下，我有点事找你。"

听到这话，一个高高大大的小伙子从座位上站了起来，张宏指着唐风说："杨春风，这是我们部门新来的工程师唐风，我想让你当他的导师，我把人交给你了，你先向他介绍一下我部的一些情况，回头我再来安排他的具体工作。"

唐风在辉圣的职业生涯正式开始，工艺工程师这个岗位给他的感觉并不太好，每天都是处理一大堆杂七杂八的事情，比如，要审核并修改中试工艺部发下来的新产品作业指导书，处理车间辅料的申请，检查现场 5S 等，工作目标性很差，每天忙来忙去，唐风感到自己就是个打杂的，毫无成就感可言。

一次突如其来的变故很快改变了唐风在辉圣的职业生涯。上班一个月后的一天，供应链管理部的总监符工把整个质量工艺部下属的所有主管和工程师找去开会。

会上，符工将质量工艺部的所有人骂得狗血喷头，不停地说产品质量和现场工艺管理存在的问题，最后对质量工艺部总经理李如海说："现在我们的制造工艺部经理加上工程师，已经有 8 个人，而我们的质量工程部，是一个经理加上两个质量工程师，许多工作都不能按计划开展，李如海，你从制造工艺部调一个人去质量工程部。"

会后，李如海找来唐风，说："唐风，你也看到了，现在符工对我们质量管理的工作不满意，要求我调一名工程师到质量工程部，我思前想后，认为你比较合适，你是否有意见？"

"没问题!"唐风本来对工艺工程师的工作就不"感冒",于是一口答应。

质量工程部的经理易明高是个帅小伙,长得白白净净的,他对唐风说:"我们质量工程部的主要任务是管理公司各个产品线在生产端和市场端的产品质量,目前部门只有四个人,我是部门经理,另外有两名质量工程师和一名数据录入员,因为人手太少,目前很多工作都开展不起来。"

顿了一下,他继续说:"你的工作就是负责工业定制电源、电力操作电源、集中监控和通信电源四条产品线的质量管理,主要KPI,也就是关键绩效指标有两个:一个是每条产品线的制程不良率,另一个是每条产品线的一次开箱不良率。

"我看了你的简历,你以前是做工艺工程师的,没有做过质量管理的工作,这不要紧,有问题可以问我。不过,我这段时间在全力优化公司的质量信息系统,没有很多时间来指导你,你可以随时找另外两位质量工程师请教。"

唐风把这四条产品线的两个指标调出来一看,心里嘀咕了一下:"这些产品线的质量状况为何如此糟糕,指标太难看了!"

"怎么办?我从来没有做过质量工程师,如何来开展质量改进工作?"唐风很困惑。

"还是向同事学习吧,他们经常找产品线、中试工艺工程师来讨论问题,我照葫芦画瓢咋样?"

想到这里,唐风把工业定制电源产品线的所有过程不良数据下载下来,邀请产品线质量经理、产品线工艺经理等人员过来开会讨论,并同时邀请质量工艺部的总经理李如海过来指导。

"这个会不要开了!"在会议开到一半时,李如海大声说:"你将一大堆乱七八糟的数据下载下来,让大家开会来帮你找问题,这怎么可以呢?现在散会!你回去好好想想,再找大家开会,记住,

第2章 最牛的质量工程师

我们处理质量问题时有一个20/80原则,就是20%的不良原因导致了80%的故障现象。"

"唉!想不到我第一次召开质量会议居然得到了这样一个结果,情何以堪啊!但是李如海讲的似乎也对,就按领导说的做吧。"唐风有点气馁。

接下来,唐风将工业定制电源产品线过去半年时间内,所有产品的一次开箱不良数据进行了汇总,然后按产品型号进行了分类,按不良率最高和不良品数量最多两个维度各找出前五名,最后总共找到了9个产品,因为其中有1个产品的不良率和不良品数量都排进了前五名。

唐风把这9个产品的不良原因进行了分类,经过分类后发现,其实每个产品中由3~5种不良原因导致的不良品占了该产品总不良的50%~80%。

"如果解决了这3~5个问题,不良率可以下降50%~80%。"他几乎兴奋得跳了起来。

为了验证自己的想法,唐风跑到负责处理客户退货的维修中心,找到该部门的王剑如说:"我想将客户退回来的产品一个个查看一下,看看自己对这些产品不良原因的判断是否符合实际,没问题吧?"

王剑如反应热烈:"当然没有问题,我们迫切希望有人来解决这些开箱不良的问题,我们维修中心这帮人都快被这些不良品压垮了!"

终于,在担任质量工程师三周后,唐风拿出了在质量工程部的第一个质量分析报告,上面是工业定制电源9种产品的一次开箱不良原因分析,总共分析了20来个集中性的问题,这些问题主要是由于产品工艺设计缺陷引起的。

唐风立即召集产品线质量经理、中试工艺部经理等人员进行检讨,这一次,他得到了部门领导李如海的表扬:"你做得不错,很快找到了问题的核心和处理方法,你要继续坚持这种做法!"

一次开箱不良率的改进工作正式拉开序幕,大多数人员都比较配合唐风的工作,但也有部分人员因为开发工作很忙,而把唐风安排的工作搁在一边了。

"施工,你的工作为何到现在还毫无进展?"这天,在检讨上月的工作进展时,唐风有些气愤地对一位研发工程师说。

"这些工程师对答应过的事情经常不按当时的承诺来做,我该怎么办?"唐风心里想。

突然,一个场景出现在唐风的脑海中,在加入辉圣公司前,他在一家大型台资企业富士健应聘质量工程师,面试他的人姓李,是位课长。

这位李课长当时问了唐风一个问题:"你认为作为一名质量工程师,最重要的技能是什么?"

唐风做了多年的工艺工程师,一直认为了解产品才能当好一名质量工程师,所以当时他回答:"对产品工艺技术的理解。"

李课长连连摇头:"你错了!我告诉你答案,答案就是4个字:P、D、C、A。"他一字一句地说。

虽然在富士健面试成功,但是因为来了辉圣,最后并没有去富士健报到,唐风也慢慢把这件事情给忘记了。这会儿想起这事儿,他特地找来一本书,书名叫《品质管理》,从这本书中,唐风找到了对PDCA的解释。

"P就是Plan,表示计划;D就是Do,表示行动;C就是Check,表示检查和评估结果;A就是Action,表示处置,就是对成果进行标准化,以及将未解决的问题纳入下一个PDCA循环中。"书中的这段话让唐风豁然开朗。

唐风记得李课长当时是这样说的:"作为一名质量工程师,你的主要工作是解决质量问题,如果不懂PDCA的思路,你就很难有效地解决问题。"

"我终于明白了，原来质量工程师的工作要这样做！"唐风自言自语。

此后，唐风每个月初都会分析每条产品线的一次开箱不良率和制程不良率，找出影响最大的3~5个问题，作为本月改进的重点。

"自从唐工当了我们工业定制电源产品线的质量工程师后，我们的质量问题越来越少，生产也顺多了。"这天，工业定制电源生产线的工段长刘胜意对唐风的主管易明学说。

刘胜意说："而我们有些工程师是二传手，接到生产线上的问题后，直接把它传出去，既不独立解决问题，也不跟进问题，我建议请唐工给大家介绍一下他管质量的方法。"

易明学找到唐风，说："大家对你的工作很认可，你能否在我们质量工艺部的内部研讨会上，给我们新来的质量工程师和工艺工程师介绍一下你的工作方法？"

唐风说："好的。"

这天，他在培训室中对着一群质量工程师和工艺工程师开始讲解自己的工作思路。

"我们一定不能做二传手！一定要将生产线反馈给我们的问题彻底解决！

"我认为，PDCA和二八原则是我们解决问题的一个基本工作思路，我每个月都会从导致一次开箱不良和制程不良的原因中找出一些影响KPI指标的主要因素。我在将这些问题进行详细分析后，会根据问题的性质，制订每个问题的解决目标和计划方案，再找相关的人员来讨论。

"在得到大家的共识后，我会将每项工作安排到具体的责任人，并要求责任人承诺完成时限。所有这些均形成会议纪要，经过会签后发布，我认为，这就是PDCA中的P阶段。

"当然，遇到一些突发的紧急质量事故，我会立即召集质量会议，拿出方案来解决。

"在月中这段时间，我都在按会议纪要的内容跟进各个责任人的工作进展，而且经常和研发、工艺设计人员一起去现场解决问题，我认为，这是 PDCA 中的 D 阶段。

"有一次，我发现一个给辉科配套的工业定制电源产品 H3012Z 返修率特别高，而且这个产品又是工业定制电源产品线的一个主力产品，发货量很大。很多客户退回的 H3012Z 产品经过维修中心重新检测，又发现都是良品，这让我一下子陷入了困惑。"

唐风看了一下大家，问道："你们说，我该怎么办？"

看到大家有些犹豫，唐风继续说："当然是要去产品使用现场寻找问题发生的真正原因，否则问题怎么可能会得到解决？

"为了找到原因，我通过各种关系，终于了解到，辉科并没有自己使用这个产品，而是将其外发给惠州的一家外协厂桂生科技，在它那里组装成整机，现在所有的不良品都是这家外协厂返回给辉科，再由辉科的维修中心退给辉圣的。

"在掌握了这一信息后，我立即组织我们工业定制电源产品线的质量经理马工和辉科的供应商管理工程师刘工一起前往惠州，到这家外协厂桂生科技调查原因。

"在现场，我们终于找到了问题产生的根本原因，原来 H3012Z 这个产品有一个电池检测功能，当与之配套的电池电压低时，它的一个红色发光二极管会发光报警，当然，如果 H3012Z 本身无输出时，这个灯也会发红光报警。"

唐风滔滔不绝："桂生科技的员工不知道产品的这项功能，所以只要 H3012Z 在测试中出现发红光报警的情况，他们就认为是 H3012Z 这个电源模块本身出现问题，于是将其直接退给辉科公司，他们从来没有想过，这有可能是电池电压低导致电源模块出现报警。

"原因一找到,问题就容易解决了,我要求马工给桂生科技提供一个 H3012Z 产品测试工装,后续桂生科技所有要退回辉科的 H3012Z 模块,桂生科技的员工要先用工装测一遍,确认为不良品后再退回给辉科。

"真是立竿见影!H3012Z 这个产品的一次开箱不良率立即从约 2%降低到 0.2%,带动整个工业定制电源产品线的一次开箱不良率从 1%降低到 0.5%。"

说到这里,唐风有一种说不出的成就感。

"到了每月的 22 日左右,我的主要工作就是回顾本月安排给所有相关人员的工作是否已按计划完成,并统计相应质量数据,以验证完成的结果是否实现了当初制定的目标,按我的想法,这就进入了 PDCA 中的 C 阶段。

"每月的月末那几天,是我最忙碌的阶段,我要组织各个产品线的开发经理、质量经理以及供应商管理工程师、生产线主管等人员检讨本月质量问题改进方案的落实情况和改进结果,对未能达成目标的工作展开讨论,制订后续进一步的解决方案,这是 PDCA 中的最后一步,A 阶段。

"所有的工作周而复始,每个月都是一个 PDCA 的工作循环,我感到,我终于找到解决产品质量问题的窍门了,所有这些,都是我这几个月来的实践经验,请大家指点。"

除了 PDCA 的思路外,唐风还抽时间学习数理统计理论,以及统计过程控制(SPC)、故障模式与失效分析(FMEA)等质量工程技术,将之应用到自己的工作中去改善产品质量。

入职半年后的一天,他与部门主管易明学说起自己运用 SPC 和 FMEA 的体会。

唐风说:"易工,前期我们在工业定制电源产品线上试运用 SPC 的控制方法,我发现对于个别批量大的产品,SPC 应用的效果显著。当P图（不良率控制图）上的点落到控制线界外时，我去调查，基本上都能发现存在异常情况，要么是来料存在批次性不良，要么是测试系统有异常，或者是加工制造存在异常。"

看见易明学在点头，唐风继续说："而对于部分批量少的产品，哪怕有一个不良品，当天的P图上可能就会出现落到控制线外的点，我去调查原因，发现大都是偶然失效，没有什么特别异常的原因，这反而给我带来了困惑。"

易明学说："你想过为什么吗？"

唐风说："开始不太明白，后来明白了，SPC控制图是基于正态分布理论创立的，当某种产品的生产批量小到一定程度时，这个不良品的出现就不再满足正态分布理论了，自然P图也就不适用了，而我公司大多数产品的批量都不大，所以SPC控制图只能在部分产品上使用。"

易明学带着赞许的口气说："有道理，看来你的数理统计学得不错，我认为这是质量工程师的理论基础。"

唐风说："对于我们这样一个小批量多品种的行业来说，我认为FMEA（故障模式与失效分析）要比SPC适用得多，我决心推行FMEA，寻找过程中的薄弱环节，针对问题点提前制订对策，也许效果会更好。"

短短几个月的时间，唐风所负责的几条产品线，其制程不良率和一次开箱不良率均直线下降。

2000年6月，在辉圣公司二季度绩效表彰大会上，公司人力资源部总监朱海龙在大会上宣布："获得公司二季度绩效改进一等奖的是——供应链质量工艺部的唐风。"

听到这个消息，唐风异常激动。

但是，唐风也有自己的困惑："为什么同样的问题在老产品上发生后，在新产品上还是会重复出现？"

第2章 最牛的质量工程师

这天,公司给所有的质量工程师发了一套质量管理丛书,其中有两本是零缺陷管理的创造者,美国质量大师克劳士比的名著:《质量免费》和《质量无泪》。

读完这两本书后,唐风很认可克劳士比零缺陷管理的理念:"一次做对!"

他经常在想:"如果前端的质量问题制造大户——研发、采购、外协等部门能将工作一次做对,该有多好!"

"这两本书中都强调零缺陷必须通过改变公司的质量文化来实现,尤其是那个质量文化变革的金光大道十四步,它需要公司最高管理层的决心和承诺,我一个小小的质量工程师,如何才能做到呢?"唐风感到很迷惘。

与此同时,产品一次开箱不良率和制程不良率的改进工作仍在继续,在前期将一些容易解决的问题处理完后,唐风面对的就全是一些复杂的问题了,他开始沉思:"这真是一堆硬骨头,都是一些产品电气性能设计不良的问题,要推动研发部更改设计方案才行,难怪以前的质量工程师根本不愿意去碰。"

但唐风做事有股不达目的誓不罢休的劲,他对妻子王玉说:"我这人最大的优点就是坚持,我能把一件事跟进到底!"

"这小子最能缠人!"公司同事背后经常这样说他。

所有与唐风打交道的人都知道,一旦被唐风缠上,除非把问题解决,否则很难脱身。

在一次工业定制电源产品线质量例会上,唐风当着产品线总监严工的面,把H1511Z这个产量最大的产品半年来的所有炸机数据通报出来,直言不讳地说:"H1511Z这个产品必须重新设计,否则不可能真正解决问题,我们这样零零碎碎地修补已经折腾了好几个月,但是毫无结果!"

严工顿时脸上挂不住,立即指着这个产品的两名开发工程师说:"赖大平、章从风,这个产品是你俩开发的,真应该打你们板子,你们立即将手中别的研发项目停掉,重新开发此项目!"

唐风的威信在辉圣公司中得到了空前的提升,很多产品线的质量经理当着唐风的面称赞他是质量工艺部中最牛的工程师,善于解决质量问题。

遇到这种情况,唐风都会从内心叹息一声:"为什么前端总有各种各样的问题留到我们生产端和客户端,让我一次又一次地大显身手来解决,公司中的这些人为何一定要不断给我这个质量工程师创造展示个人能力的机会?"

部门领导对于唐风的工作非常认可,终于,在 2000 年的年底,大学毕业 6 年后的唐风,被提拔为产品检验部的经理,这是他平生第一次当主管。

正好在这时候,辉科公司由于资金周转问题,将辉圣公司整体出售给了美国的一家跨国企业——EE 公司。

本章点评:

- 质量工程师如何快速解决质量问题?
- 为何一个能干的质量工程师无法彻底解决质量问题?

作为一名质量工程师,对于 PDCA 和二八原则的应用是其解决问题的基本思路,而坚持把一件事跟进到底,是一名优秀的质量工程师的工作作风。

但如果质量工程师的主要精力是解决已发生的质量问题,这就犹如一个人在一个漏水的水龙头下不停地擦干地面,而没有将水龙头拧上,地面如何能擦干?

第3章
火山口上的人

- 如何有效实施检验？
- 一个管理良好的产品检验部为何还会被客户投诉？

"我真的坐到了火山口上！这个产品检验部经理就是一个挨骂的主。"从供应链总监符工办公室出来时，唐风心里在嘀咕。

唐风到产品检验部上班快一个月了，他掐了一下手指，这是第三次挨骂。

产品检验部下面总共设三个科，PQC（过程检验）、FQC（最终检验）和OQC（出货检验），人数不多，总共约40人，三名科长都是从生产线上提拔起来的老员工，其中FQC科长赵艺能是不久前被提拔起来的。公司所有的产品都得经过这个部门检验合格后才能入库和发货。

初到检验部，唐风做的第一件事就是找到PQC科长刘双喜，对他说："刘工，你是检验部的老员工了，我初来乍到，两眼一抹黑，你能否给我介绍一下目前检验部面临的主要问题？"

刘双喜是唐风进入公司时的引荐人，对唐风实话实说："唐工，目前我们的主要问题就是检出质量达不到要求，许多低级作业不良产品漏了出去，在客户端被发现。尤其是通信电源机柜，因为功率结点螺钉未打紧的原因，在市场上已酿成多次起火事故，你应该有所耳闻吧？你是坐到了火山口上！"

"为何这样说？"唐风有点错愕。

刘双喜说："每次出了这种低级重大的问题，检验部都是首先被批斗的对象，领导不会找别人，第一个找的就是你。

"另外，在过去半年之中，我们公司已发生两起发错货的事故，这些都给质量工艺部带来了巨大的压力，因为经常挨处罚，我们检验部的员工士气也很低落。

"我听说，之所以将你这样一个入职仅一年的工程师提拔起来当检验部的经理，主要是因为我们的前任经理吴工面对这些问题一直拿不出有效的解决办法，我们部门的总经理李如海希望以你的敏锐思路来快速解决这些问题。"

"想不到我真的坐到了火山口上！"唐风心里嘀咕。

上任不到一周，麻烦就来了。这天他被叫到李如海的办公位前，李如海对他说："今天辉科发来一个投诉，辉科的生产车间反映我们交货的直流电源模块中有混料现象，有3个混料的模块已送到我们的维修中心。

"此问题在半年内已经重复出现了几次，所以辉科这次是强烈投诉，要求我们做出书面的原因分析并保证此问题不再发生。你赶紧去处理吧。"

李如海急急说了句，就开会去了。

这个问题很快反馈到辉圣公司质量管理部，又通过质量管理部反馈到供应链管理部，唐风被叫到符总监办公室，挨了一通猛批："唐风，你是干什么吃的！这么一个明显的问题居然漏到我们客户端，你把具体的原因查清楚，给我写个报告！"

唐风了解到，这些产品目前是辉圣委托一家名叫泰比特的外协厂生产的，检验部在该厂派驻了一名检验组长和两名检验员，所有出厂产品都要经过这三人检验后才能发货。从这次的投诉来看，肯

第3章 火山口上的人

定是他们中有人漏检了。

唐风赶到泰比特,找到检验组长谢飞扬,了解这次混料事故的原因。谢飞扬说:"唐工,泰比特这边这段时间管理很乱,员工离职率很高,生产作业不良情况很多,现场5S管理也很乱,我们平时在检验过程中发现了很多问题,反馈给了泰比特的管理人员,也知会了我公司派到泰比特的驻厂工程师罗志宏,但是不见改善,我实在不知道该怎么办。"

唐风又找了另外两个检验员,他们的看法也与谢飞扬差不多:"我们已经尽力了,但结果就是无法控制。"

看到这几个人沮丧的表情,唐风不由得想起上周刚参加过的培训,培训题目是"卓越的修炼",这个培训是辉圣公司新提拔经理必须参加的培训课程之一。

培训老师讲解的第一项修炼是"主动积极、承担责任"。

在课堂上,培训老师讲了一个故事:

"二战时,有一个犹太人弗兰克尔被关在纳粹死亡集中营,每天被严刑拷打,在他的身边,随时都有同伴死去,他感到万念俱灰。

"有一天,当弗兰克尔被绑在刑台上准备受刑时,他突然有了一个惊奇的发现,'纳粹士兵可以控制住我的身体,但我的心灵永远是自由的,他们无法禁锢我的思想。'

"有了这个发现,弗兰克尔重新振作起来,开始寻找逃生的机会。

"弗兰克尔发现,纳粹集中营的士兵每天都要将头一天死去的人的尸体运走,而且对尸体搬运过程管理得比较松懈。

"于是有一天,夜深人静时,弗兰克尔扒掉自己的衣服,混入尸体中,结果成功逃生。"

老师讲完这个故事后,对所有学员说:"通过这个故事,我想告诉大家，你们在工作中面对的问题，可以分为无法控制、可以影响、可以控制三大类。

"一名优秀的员工，应该把目光聚焦在自己能够控制和能够影响的事情上，不要老盯住自己无法控制的东西不放，多想想自己能做些什么，把自己能控制的事情做到位，努力扩大自己的影响范围，这就是'主动积极、承担责任'的内涵。"

想到这里，唐风对三个人说："的确，作为一个检验部门，很难解决所有的客诉问题，但是只要通过自身的努力，还是可以解决很多问题的，我们检验部不是万能的，但也绝不能束手待毙，我们应该将目光聚焦到那些能解决的问题上面来，谢飞扬，你去把我们的驻厂工程师罗志宏找来，我们开个短会。"

罗志宏来到会议室后，唐风说："目前泰比特的情况的确有些复杂，但是只要我们把能通过检验堵住的不良品截下来，把发现的问题跟进到底，拿出不解决问题誓不罢休的气势来，找出其背后的根本原因，很多问题是可以解决的，你们不是无所不能的，但也绝不是束手无策！另外，请你们将泰比特的问题整理出报表，发回质量工艺部，我会通过部门领导向泰比特管理方施加压力，迫使其改善，这才是减少客户端不良的关键，毕竟产品质量是做出来的，不是检验出来的。"

回到公司，唐风找来手下三个检验科长，向大家提了一个问题："如何让能通过检验堵住的问题不流到客户端去？"

大家你一言我一语，但是都找不到明确的办法，唐风说："大家再仔细想想，两天后再开会讨论吧。"

回到家后，这个问题一直停留在唐风的脑海中，他突然想起，半年前参加 ISO9000 内审员的培训时，培训老师问了大家一个问题："审核的本质是什么？"大家一时愣住了。后来老师告诉大家，审核的本质是对着标准找证据，还形象地说："左手掌握标准，右手寻找证据。"

唐风似乎一下子找到了突破口。第二天一上班,他就跑到几个 PQC 检验员那里,问他们:"我们检验的依据是什么?"

一位检验员拿出一份《H9013BZ 产品企业标准》,说:"我们就是依据这个企标来检验的。"

唐风翻了翻这本企业标准,发现其中内容非常多,非常复杂,有好几十页,其中主要介绍的是这个产品的电性能标准和各个项目的试验方法,而关于产品检验的要求只有半页不到,简单地描述了几个要出厂检验的项目。

唐风又问这些检验员:"你们的科长刘工对于你们的作业方法和作业要求有没有文件规定?"

检验员们纷纷摇头:"没有,没有。"

唐风一下子明白了,他心里想:"原来,我们的产品检什么,怎么检,基本上凭检验员自己的感觉来完成,这怎能不出问题?也许这才是问题的关键!"

他立即把三个检验科长找到一起,对他们也问了类似的问题:"检验的本质是什么?"

看过大家疑惑的眼神,唐风接着说:"上次我参加 ISO9000 内审员培训时,培训老师问了我们一个问题:审核的本质是什么?当时把我们给问住了,现场没有人答得上来。后来老师告诉我们,审核的本质是:对着标准找证据。我认为,检验如同审核,也是对着标准找证据,前几天我在读《质量无泪》这本书时,书中有句话,'质量就是符合要求',给我感触颇深,质量大师克劳士比要求我们做事前先把要求搞清楚。"

"什么是检验的标准?我认为有两个:一是怎么做检验,也就是我们的检验方法和流程;另一是检什么内容和如何判断,即每个产品的检验项目和判断标准,要做到有的放矢。要想改变现状,我们必须从这两个方面着手做工作。"唐风在讲述着自己的观点。

"行！"三人很快就行动起来，大家仔细研究了过去一年来市场上发生的低级且影响巨大的产品质量问题，开始了讨论。

FQC科长赵艺能说："我担任FQC科长不久，这段时间我重点调查了机柜和附件检验过程中存在的问题，主要有以下几点。

"第一是机柜上功率结点螺钉未锁紧造成产品在运行过程中起火。

"第二是机柜上装箱标签贴错造成后续发货时发错货。

"第三是随机柜发货的附件数量不足或发错造成工程现场无法安装。

"第四是一些客户定制产品的要求未执行到位。"

说到这里，他开始讲解自己解决问题的思路。

"如何快速解决这些问题呢？唐工在上次会议上讲道，检验的本质是对着标准找证据，给了我很大启发。

"针对第一个问题，也就是机柜上功率结点螺钉未锁紧的问题，由我来制定一份机柜检验指导书，详细规定机柜上哪些地方必须全检，哪些地方可以抽检，以前我们没有严格规定，员工的确是凭感觉做事。

"功率结点的螺钉，必须全检，而且我们要求总测车间的装配员在装配后要画红，FQC检验员检验时用扭力扳手进行校验后再画黑，表示已确认。经过两次确认，我相信市场上的因螺钉未打紧造成起火的现象应该可以根除。

"另外，每台机柜检验完后，检验员必须在该产品的流程卡上签名，万一这台机器哪天出了问题，可以追溯到这个检验员身上。我认为，这对于检验员的工作责任心的提升有很大帮助。

"所有的作业要求都要列入检验指导书中，检验指导书制定后，我再来组织所有的FQC检验员接受培训，以确保其执行力。

第3章 火山口上的人

"另外，为了推动前端的机柜调测人员也做好自检的工作，由我来牵头，优化总测车间的品质系数考核办法，针对铜排连接螺钉未锁紧等导致市场重大投诉的问题，我们要提高品质系数的扣罚力度。虽然此举可能会导致总测车间的调测员工们不满，但是我认为我们必须做，到时请唐工帮忙与总测车间主任进行协调。"

"没问题，说得很好，赵工你继续说。"唐工示意赵艺能继续。

赵艺能侃侃而谈："针对机柜上装箱标签贴错造成交叉发错货的问题，我会将刘子英调去检验机柜装箱标签，确保每个机柜与其装箱标签都是一一对应的，她是我们FQC科中做事最认真的检验员。

"针对附件数量不足或发错的问题，我建议，将附件配置的工作独立出来，成立一个附件组，并制定了附件的配置和检验流程。每天由领料员根据制造工艺部提供的附件清单和客户订单到仓库领取相应附件，由专人配完后，再安排附件组另一人互检，互检合格后再送FQC检验员检验。经过这样层层检验，我有信心彻底解决因附件数量不足或发错产生的客诉问题。

"最后一个问题，是关于客户定制产品的要求未执行到位的问题。我的建议是，要求产品线的定制科，针对每批定制产品，将客户的特殊要求做成一个定制规格书，作为正式文档下发，由我们FQC检验员在出厂前对着文档逐项检验，检验完后签名确认，以备追踪。

"我说完了，请大家看看有什么要补充的吧。"讲到这里，赵艺能扫了大家一眼。

"我来发表一下我的意见。"这时，OQC的科长梁大勇开腔了。

"我们这边面对的主要问题是发给大客户辉科的小功率直流电源模块发错货和混料，今年已被投诉了三次，客户对我们极不满意。

"小功率直流电源模块所有的产品都是委托外协厂泰比特生产的，我们OQC只派人在出货前进行抽检。所以，要解决小功率直流电源模块造成的客诉，我认为关键还得提升泰比特车间管理的水平，毕竟，质量是做出来的，不是检验出来的。"

唐风接过话题说："不错！我从泰比特回来后，专门找我们的领导李工汇报了泰比特的情况，在李工的推动下，泰比特已成立了车间质量改进小组，来解决作业不良的问题，但是我们检验员也要把混料这些低级问题堵住。"

看大家都在点头，唐风继续说："如何才能有效地发挥检验员的作用，将这些问题堵住呢？我有一些思路。

"首先，每位科长都要制定每个科的作业流程，将一些有代表性的问题的检验方法列进去，确保方法明确，做到有的放矢。

"另外，请大家统计每个产品在客户端和生产过程中发生频率最高的不良现象，如果通过检验能杜绝，我们应该将之都列入产品的重点检验项目清单中，事先对员工进行培训。

"因此，不管是所有产品都可能出现的漏检问题，还是只会在个别产品上较容易出现的漏检问题，在我们的检验流程和重点检验项目清单中都要有详细的记载。每一个新的检验员入职时，大家都要针对这些检验流程和重点检验项目清单进行详细培训。

"为了提高检验员的执行力，由我来牵头，细化我们检验部的品质系数考核办法。首先，我们要为每位检验员申请一个印章，检验员必须在其所检验的产品上盖章确认，每个月我们都要将每位检验员检出的问题和漏检的问题进行详细记录，进行严格考核。

"以上是我的想法，大家觉得怎么样？"

说完这些，唐风看着大家。

"可行。"三个检验科长纷纷表态。

由于对策针对性很强，这几个前期造成重大影响的问题迅速得到解决。质量工艺部的总经理李如海经常公开说："大家要像唐风一样，做事情有自己的思路。"

经过近一年的努力，检验部的面貌焕然一新，客户投诉的问题，尤其是低级作业不良问题越来越少。

唐风觉得自己越来越闲，整天似乎无事可做，但是有时候，他也觉得很困惑，因为还是会有一些不良品漏检造成客户投诉。

这天，李如海将唐风叫到他的办公室，对他说："唐风，刚刚我接到公司质量管理部总监覃工的电话，他说，辉科反馈我们发过去的工业定制电源模块 H38162N 产品中混有其他的电源模块。这种事情已经有大半年未发生了，你赶紧去一趟辉科，把这个模块拿过来，看看到底是哪个环节出了问题，造成客户的强烈不满。"

唐风赶紧跑到辉科，把那个不良模块拿回来一看，发现此模块的面板用错了，它的丝印与正确的模块相比，有几个字符不一样，所以客户认为是发错了模块。

"这种问题该如何解决，检验能解决所有的产品质量问题吗？"唐风一下子陷入了沉思，他拿起《质量无泪》这本书，仔细读了一遍。

他发现，书中提到了质量管理的四项原则，其中第二条是"质量的系统是预防"。书中说，一个产生质量的系统必须是一个以预防为主的系统。

关于如何做预防，书中讲了两点：

1. 所谓预防，是指我们事先了解工作过程而知道如何去做。
2. 做好预防工作的秘诀在于：检查这个过程，找出每个可能产生错误的机会。

"这种思路很好，但是如何才能将这两点运用到工作中去解决问题呢？"唐风一直在寻思，想来想去，他还是一头雾水，不知如何是好。

本章点评：

- 如何有效实施检验？
- 一个管理良好的产品检验部为何还会被客户投诉？

检验如同审核，其本质都是对着标准去找证据。所以，要做好产品检验工作，必须从两方面下手。

一是制定细致的检验流程，以及每个产品的检验项目和判断标准，对于经常出现的问题有详细的检验标准，做到有的放矢；二是强化检验员的执行力，认真和细心是挑选检验员最重要的标准，在此基础上，做好考核、培训和文化熏陶，让检验员有足够的动机去执行这些作业标准和检验标准。

产品检验犹如一张过滤网，质量问题如同泥沙，再密的过滤网也不可能将所有泥沙过滤出来。要实现客户的零投诉，只能通过预防，让上游部门不要产生泥沙，不要将泥沙掉到检验部这张网上来。

第4章
空降来的厂长

■ 新主管如何通过明确工作要求和改变心智模式来提升管理质量？

"管理心态的改进是质量改进的关键！"在 UPS 工厂的会议上，唐风经常这样说。

2002 年 10 月 3 日，假期还未过完，唐风突然接到供应链人力资源处处长海天阔的电话："唐风，权博士让你在 4 日上午 10 点前务必赶到公司的沙井 UPS 工厂，参加一个重要会议。"

海天阔口中的权博士是供应链管理部新上任的副总裁，唐风一听，心里突然有种异样的感觉，忙问："到底是什么会议，这么重要？"

"你不要多问，到时自会知道。"海天阔很快挂了电话。

沙井 UPS 工厂是 EE 公司新开的工厂，是 EE 公司沙井新工业园内的第一家工厂。EE 公司是一个世界 500 强企业，沙井 UPS 工厂的定位是为 EE 公司的全球子公司生产 UPS（不间断电源系统）产品。

这个工厂在 2002 年 9 月份完成搬迁，唐风是新厂搬迁项目组的成员之一，负责为新厂培训检验员和选拔检验科长，这些工作完成后，唐风就没有再管过这个工厂的事情。

9点半,唐风就赶到了UPS工厂,一路上他一直在纳闷:"海工和我的私人关系一向还不错,平时也很欣赏我的做事风格,我们经常有工作上的沟通,这会儿怎么表现得如此神秘呢?"

果然不出所料,在开会前,海天阔就拉着唐风到一个小房间,开门见山地说:"唐风,告诉你一个好消息,权博士准备提拔你当UPS工厂的厂长,等下会议上就会宣布。"

唐风有点惊讶:"啊,有这回事,那真要感谢领导的提拔了,我一定好好做,不辜负领导对我的期望。"

他是一个对权力不太渴望的人,平时只想着把事情做好,在公司中的资历也浅,根本就没有想过自己会得到这么快速的提拔,听到这个消息,的确有点意外。

10点半,会议开始了,UPS工厂的所有主管和工程师全部到齐,会议由权博士主持。

"大家都知道,自从UPS工厂成立后,无论是发货还是质量,问题都比较多,给我的感觉是工厂管理一直未能走上正轨。经过我与海工的讨论,我们决定由唐风来负责管理UPS工厂,直接对我汇报工作,希望大家配合唐风的工作,尽快将UPS工厂的运作正常化。"

会后,唐风赶紧找到UPS工厂的生产部经理程聪,对他说:"程工,我也是刚刚知道公司的这个决定,你给我说说最近你们这边出了什么问题?"

程聪与唐风很熟,听到这话,说:"唐工,你也知道,我们新工厂这边的生活条件很差,与辉圣生产基地根本不可同日而语,方圆5公里找不到一家餐馆,而我们的厂长何工不太会处理员工的抱怨,弄得民怨沸腾。

"前几天,员工反馈食堂的饭菜质量太差,要求改善,何工却强调说还不错。而他自己,却从不在食堂吃饭。"

第4章 空降来的厂长

"这下员工们被激怒了,直接把这件事捅到供应链管理部,可能这才是权博士换你上来的真正原因吧。"

UPS工厂人员不多,才60多号人,但是麻雀虽小,五脏俱全,下面有生产部、计划部、质量工艺部、检验部、仓储部等多个部门,是一个十足的小供应链管理部,很多岗位只有一个人,柔性很差,但是又必须按公司的流程制度办事,典型的大公司小工厂的运作模式。

唐风上任的第一件事是召开了一个由全体一线员工参加的民主生活会,召开民主生活会是辉圣公司的老传统了,大家吃着花生、瓜子,开始说开了。

"唐工,你也知道,我们自从搬迁到UPS工厂后,生活质量明显下降。这里太偏僻了,生活非常不便。比如,附近没有公交车,我们外出购物不便;晚上路上的路灯太少,我们下班时都提心吊胆的。"员工们诉说着困难。

唐风认真地记录下每个问题,并承诺了解决时限,实在无法现场决定的问题,他就回复说与领导商量后一定给出一个明确的答复。

影响员工情绪的问题,如吃饭、班车、外出购物等,在唐风的努力下很快得到解决,但是一个新的工厂要快速走上正轨,谈何容易!

急单、来料不良、工厂设备故障、行政物品采购不到、欠料、员工作业不良、仓库管理问题等,让唐风心烦意乱。

"真烦!"唐风有时真恨不得将手机扔掉。

几乎每过10分钟,唐风就会接到一个电话,为了尽快解决问题,他干脆搬到工厂宿舍,一周才回家一趟。

自从当上了UPS厂长,每天凌晨3点左右,唐风就会醒,再也无法入睡。

周末唐风回到家中，妻子王玉看到丈夫越来越憔悴的面容，心疼地说："要不，这个厂长你别做了，换一家公司吧。"

"这怎么行，我在这里面对困难时选择了退缩，到别的公司一样还是会退缩，你总不希望你老公是个软骨头吧。"唐风摇了摇头。

随着时间的流逝，工厂的情况有所好转，但是唐风可以明显地感觉到权博士对自己的不满。每一次来 UPS 工厂开会，权博士都能指出新的问题，这让唐风倍感痛苦："为什么这些问题我总是想不到，一定要到老板指出时我才知道呢？"

还有，工厂的产品质量状况一直不太乐观，经常有客户投诉，每次客户投诉都会招来权博士的训斥。

这天，唐风在与一个朋友聊天："我真的感到很困惑，这些乱七八糟的客户投诉，我细查下去，发现几乎每个问题的产生原因都不相同，看来 PDCA 和二八原则似乎也不管用了。"

一个客户的工厂审核终于让这个问题爆发了！

2003 年 5 月的一天，市场部的人员陪同一个客户的 SQE（供应商质量管理工程师）来审厂。

这个客户是做移动通信设备的，在 UPS 工厂审核了一天后，给出的结论是："你们这个工厂现场管理水平太差，作业台、流水线上居然散落着许多螺钉和线扣等杂物，不像一个工厂，倒像是一个生产队！"

这个审核报告几经周折，终于到了供应链副总裁权博士的邮箱中，结局可想而知。在 UPS 工厂的会议室中，权博士将唐风狠狠地批了一顿，最后说："我真后悔提拔了你，如果你在三个月内不能改变现状的话，我只能换人！"

"我该怎么办？"整个下午，唐风呆呆地坐在座位上，头脑中一片空白。

第4章 空降来的厂长

回到家,唐风找来《质量免费》《质量无泪》这两本书,开始阅读,他希望能从中找到灵感。

唐风经常对妻子王玉说:"这两本书就像藏在迷宫中的宝库,每次读一读,总能从中拽出一两件宝物来,给自己以启发。"

这次,给他带来强烈触动的是三句话,第一句话是:"质量就是符合要求。"第二句话是:"政策就是公司人员对他们应该把工作做到什么程度的心态。"

看着这两句话,唐风开始沉思:"是啊,为什么我们的现场管理会让客户认为我们是生产队?最根本的原因是我们对现场管理的要求太低,政策不明确,员工们不知道现场管理要做到什么程度。"

第三句话是:"应当把'质量改进'方案称为'心态改进'方案才对。"

"心态改进!"唐风似乎明白了点什么。

"心态要如何改进呢?"整个一下午,唐风都在苦苦思考这个问题。

突然,他想起自己以前的下属,PQC 的科长刘双喜,不久前对自己说的话:"唐工,前些天有人给我推荐了一套管理视频,名字叫《职业经理人讲座》,我看后感觉特别好,你也一定要抽时间看一看!"

抱着试试看的心情,唐风看完了这套管理视频,它给唐风的感觉简直是震撼!

"职业经理的工作思路是有一定的标准和要求的,原来管理要这样做!"唐风对自己说。

"我真的该骂!"这天,在家中看这套视频时,唐风对妻子王玉说。

"在'经理人常犯的错误'这一节中,我发现,视频中所讲的经理人的这些错误我自己几乎都犯过。比如说，部门出了问题，权博士在指责我时，我自己的第一句话往往就'我以为'，而视频的建议是'犯了错误应先讲：对不起，我犯了一个错误'。

"又比如，视频中引用了战国时期法家代表人物韩非子的话，'爱多者则法不立，威寡者则下侵上'，强调'管理不是比谁的爱更多'，而我总喜欢用爱心来管理员工。

"平常员工出了点问题，按公司规定应当处罚，但我经常想着员工挣点钱不容易，往往没有很认真地追究。

"这样一来，我们整个UPS工厂的纪律的确有些散漫，尤其是现场管理这一块，我总是认为目前UPS工厂的现场管理水平，和辉圣生产基地差不多，也还过得去，差不多就行了。

"通过这次客户的审核和投诉，我深刻地认识到了什么是质量，什么是问题。"

这天晚上，唐风将程聪叫过来，问道："现在我们UPS工厂质量问题很多，现场管理水平不高，领导对我们极为不满，你认为最根本的原因是什么？"

程聪说："我们是一个新厂，有点问题也正常嘛。"

唐风说："不，我认为是我们的管理太差所致！"

"如何提高管理质量呢？我前些天一直感到极为困扰，几天前我将关于零缺陷管理的两本书拿出来又读了一遍，感觉颇有收获，现在想和你谈谈心得，我想问你几个问题。"

"我想问的第一个问题是：什么是质量？"唐风开始发问。

程聪一下子愣住了，他想了一会："我前些日子参加过公司组织的ISO9000内审员培训，培训老师告诉我们，质量的定义就是，一组固有特性满足要求的程度。"

唐风反问："那你听了老师的讲解后，知道质量是什么了吗？我们卖给客户的产品，到底满足到什么程度才是合格的产

第 4 章 空降来的厂长

品呢?"

程聪一下子语塞。

看到程聪这副表情,唐风接着又说:"我想问的第二个问题是:什么是问题?"

"什么是问题?"程聪又被问住了,大家平时将"问题"二字挂在嘴边,还真没有想过它的真正含义,想了半天,程聪也没有搞清楚。

"'质量就是符合要求',这是《质量无泪》这本书中的原话,我很认同这种观点。所谓问题,就是现状与要求之间的差距。"唐风解释说。

"我们 UPS 工厂这次为何被客户投诉,就是因为我们给自己设置的要求过低,总认为现状是合理的,所以总是看不到问题,你认为是这样吗?程聪。"

唐风说完后,等待程聪的反应。

"的确,问题就是现状与要求之间的差距。"程聪恍然大悟。

"因此,要解决问题,首先要识别出问题,而要识别问题,就要提高自己的工作标准,明确自己的工作要求,改变自己的管理心态和做事习惯!"唐风斩钉截铁地说。

与程聪谈完后,唐风把《职业经理人讲座》的视频又拿过来仔细看了三遍,记录下其要点,确定为自己作为管理者的工作要求,尤其对自己目前做得非常不到位的地方进行了记录,作为自身必须要改变的问题点。

"改变由心开始!"唐风经常对自己说。

看了这个视频,唐风仔细思考了自己需要改变的管理思想和做事习惯,形成一个《个人管理思想和管理行为改变表》,第一次就列了十几项。

个人管理思想和管理行为改变表

序号	过去自己的管理思想和做事方式	未来的管理思想和做事方式	完成否
1	作为一个管理者,必须友好地对待员工,要有爱心	管理是一项既有科学性又有艺术性的活动,当奖则奖,该罚则罚,必须收起你的好心肠,按要求办事,按制度办事,法不容情。但是处理问题时要尽量注意方式,要考虑员工的感受 另外,要通过稽查等方式加强 UPS 工厂各部门流程制度的执行力,对于工作过程中存在的问题,要从制度的层面来解决,通过明确要求、规范操作的方式进行成果固化	
2	出了问题经常向上司辩解"我以为"	犯了错误应先讲"对不起,我犯了一个错误",再提出如何避免重复犯错的办法	
3	权博士向自己要本部门的工作计划时,自己才将工作计划发给他	在每周末主动将本部门本周工作存在的问题和改进计划发给权博士	
4	部门例会经常在供应链例会后召开,导致领导问的一些问题自己不太清楚	部门月度例会一定要赶在供应链月度例会之前召开,将所有领导可能问到的问题事先了解清楚,做到有问必答	
5	对于权博士说过的一些小问题没有认真记录和跟进,导致问题一再发生,被权博士反复指出	凡是权博士提过的错误或改进点,不管事情大小,立即纠正,做到不犯二次错	
6	发现下属犯重复错误时,提醒一下就算了	发现下属重复犯同一错误时,一定要严肃地指出,并强调再犯将处罚,并且言出必行	
7	喜欢在背后议论权博士的不是	不要在背后议论权博士(尤其是其缺点),也不要让下属议论	
8	看到部门员工有违规行为时,有时不想说,当作没看见就过去了	每次看到员工违规行为都应立即进行教育,并让其主管和同事一起参加	
9	平时不太喜欢读书,把时间花在打球和看球赛上了,凭自己的感觉来做管理	平时多研究中国古代诸子百家的思想,多看管理讲座,从别人那里学来经验,并在部门试行,试行后进行总结,将之变成自己的东西	

第4章 空降来的厂长

(续)

序号	过去自己的管理思想和做事方式	未来的管理思想和做事方式	完成否
10	工作安排下去后很少检查,造成部门执行力不足	对安排下去的工作,不但要指明实施责任人,还要安排检查责任人,自己还要记录下来,并专门抽时间去检查,以提高部门的执行力	
11	发现问题时,经常把下属找来,直接告诉他们该如何做	发现问题时,将之告诉下属,要让他们自行想办法解决,并将结果向自己汇报,自己隔段时间还要检查他们的解决效果,并与之研讨在解决问题的过程中所获得的经验和教训	
12	每天做事没有什么计划,往往在出问题时才记起某件事没有做到位	每天早上上班后的第一件事情就是把当天的工作按紧急/重要两个维度填入日工作计划中,下午下班前检查完成情况,没有完成的滚入第二天工作计划	
13	与下属喝酒时经常喝醉,有损自己的威信	做主管要建立威严,与下属在一起,永远都是公务,与下属饮酒时切不可喝醉,随时注意形象,保持威严,要记住:"你时刻站在舞台上"	
14	在公司中经常讲"他、他们"	在公司中尽量多讲"我、我们",少讲"他、他们",无论是哪个下属的错,都要称"是我们的错",以避免人为地在公司内部造成对立	
15	对于权博士交代的工作,有时做完忘记汇报结果,弄得上司经常打电话问自己	对于权博士交代的工作,要主动报告工作进度。要告诉自己:"每次让上司打电话来询问工作进度,就是自己的失职"	
16	员工出现问题时,往往把问题解决就结束了,很少过问为何会产生这样的问题	员工出现问题时,不但要重视结果的处理,还要解决思想上的问题,寻找问题产生的根源	
17	对于下面的部分主管,有时虽然已认定其不具备当主管的基本素质,需要尽快处理,但碍于情面,处理时一拖再拖	不能纵容能力不足的人,对人的处理一定要及时	

（续）

序号	过去自己的管理思想和做事方式	未来的管理思想和做事方式	完成否
18	工作出了问题被投诉时，不敢把事情主动反映给权博士，担心因此挨骂	对于工作中出现的问题，主动告诉权博士，虽然老板不喜欢听到坏消息，但是更不喜欢最后一个听到坏消息	

UPS工厂面貌的改变几乎与唐风的改变步调一致，对于工作现场的管理要求，唐风针对每个作业区域，要求其主管制定一份《××区域现场5S作业标准》，对现场每个区域的5S要求进行细化。

唐风召集所有生产线上的主管，说："我们的流水线时刻要保持整洁，下面不得出现螺钉、扎带等杂物，流水线每天要用湿布抹一次，工作台上的工具放置要符合标准。所有这些要求，都必须体现在《现场5S作业标准》中，作为管理者，大家必须把我们的作业要求向员工讲清楚，要知道，质量就是符合要求！

"在现场发现5S问题时，各位主管要先对照现场的5S作业标准进行检查，如果标准中没有这项要求，你们就要及时修改标准，如果有标准而没有执行，则处罚责任人。

"另外，请你们告知下面的员工，标准是死的，关键是要站在客户和上级主管的角度来严格要求自己，不断优化5S标准。"

两个月后的一天，权博士一个人中午开车赶到UPS工厂。一上班，就悄悄地走进车间，四处检查。

权博士在工厂内转了一圈后，才来到唐风的办公桌前，唐风一见到权博士，立即迎上前去。

唐风还没开口，权博士就说："你最近做得不错嘛，工厂的现场5S管理有很大改观，明天我通知总部那边制造部的主管们到你这里来参观，你得把这段时间的经验与他们交流交流。"

第4章 空降来的厂长

送走了权博士，唐风回到办公室，陷入了沉思。

"今天这一关倒是过去了，但是如果权博士是晚上来检查，结果可能就不一样了。"

昨晚8点钟，他也像权博士一样，从外面突然赶到公司，想突击检查一下晚上UPS工厂的工作纪律情况，结果他发现晚上的情况比白天差很多。原因很简单，晚上他不在工厂，只有少数几个工段长在值班，监督力减弱，工作纪律的执行力就下降。

"如何确保员工白天、晚上的工作状态一个样？"整个下午，他都在思考如何解决这个问题。

回到家，吃过晚饭，像往常一样，唐风拿出一本书开始阅读，今天他读的是《论语》。

自从看了《职业经理人讲座》的视频后，唐风就养成了一个习惯，只要一有空，就找一些管理书籍来看看。在阅读的过程中，他一方面会将别人一些好的做事方法和管理方法记录下来，另一方面会反思自己管理思想和做事习惯上的缺点，记入《个人管理思想和管理行为改变表》中。

前些天，在阳台上，他对妻子王玉说起这段时间的收获。

"最近通过阅读这些管理书籍，我发现，这些能著书立说的管理专家，他们对管理的看法，主要来源于两方面：一是他们自己在企业中的管理实践经验，另一个是中国古代诸子百家的思想精华。

"在《职业经理人讲座》中，就充分体现了这一点。在'经理人的IQ'这一章中，当讲到'如何当好人家的下属'时，讲了几个要点，其中有一点是'接受批评，不犯二次过错，让上司省事'，而《论语》中恰好就有类似的一句话，叫作'有颜回者好学，不迁怒，不贰过'。

"又比如，在讲'经理人常犯的毛病'时，有一点是'管理不是比谁的爱多，不要做滥好人，不要怕得罪人'，这与韩非子讲的

'爱多者则法不立，威寡者则下侵上'，几乎是如出一辙。所以，我这段时间经常抽空阅读中国古代思想文化方面的书籍，感觉收获巨大。

"中国是一个有文化底蕴的国家，可惜许多企业中的管理人员，放着这么优秀的管理思想不学习，真可惜了。"

前段时间，唐风看完了《韩非子》这本书，感觉很受启发，对手下的主管们说："法家思想讲究以法治国，对于企业管理有很多借鉴作用，难怪许多管理专家的书籍中，都透露出类似的观点，建议大家抽时间多看看其著作。"

这天，当唐风读到《论语·为政篇》时，上面有一句话，就像一道闪电，让他看清了他今天所思考问题的本质。

这句话是："道之以政，齐之以刑，民免而无耻；道之以德，齐之以礼，有耻且格。"

照书上的解释，这句话的意思就是："用法制政令引导人民，采用刑罚惩治人民，人民为逃避刑罚而约束自己不去干坏事，但内心不觉得犯罪是极为耻辱的事；用道德开导人民，用礼教规范人民，使人从思想上自我反省，不但自知其耻，而且能改过归于正道。"

看到这里，唐风自言自语："这段时间，我迫于权博士的压力，强抓现场工艺和工作纪律，有违反者，我便严惩不贷，但是我总感觉哪里似乎做得不对。"

有一次，唐风走到一个正在装配产品的工人身边，停留了几分钟，想看看他是如何装配的，结果这位员工吓得脸上不停地流汗。

EE公司的工资待遇和工作环境在工业园附近的所有工厂中，都是佼佼者，员工们很珍惜自己的工作，很少有人敢顶撞上司。

"我们对员工的沟通、教育和培训不足才是他们白天和晚上工作表现迥异的根源！"唐风一时间恍然大悟。

第4章 空降来的厂长

从此以后，在早会上，唐风经常向员工讲解现场 5S 管理的意义，他经常对员工说："工作现场凌乱，表面看起来并不会立即给公司带来损失，但是万一被客户发现，客户对我们的信心就会打折扣，就会影响到他们向公司下订单时的信心。

"还有，许多产品质量问题，就来源于现场 5S 管理的不到位。

"而一位员工，如果在工作时能时刻保持好现场，那至少说明这位员工按规范做事的意识已达到相当的高度，按我的理解，这就是 5S 中的'素养'。"

从那时起，无论什么时候，发现员工违规时，唐风都会耐心与员工进行沟通，了解他们的想法和困难，也顺便沟通现场 5S 管理对于公司的意义。

这是一个艰苦的过程，唐风花了近三个月的时间，不停地向员工灌输思想，不停地检查和沟通，员工们慢慢接受了他的观念。之后，唐风在员工晚上加班时抽查了几次，都发现员工的表现和白天没有分别，他悬着的心终于放了下来。

整个 2003 年的下半年，唐风一直在不断地学习，不断地往《个人管理思想和管理行为改变表》中增加和删除内容，不断调整自己的做事习惯，权博士对他的评价是："这小子进步快！"

但是书读得越多，问题也越多，唐风产生了一个疑问："这么多的管理书籍在讨论同一问题时，为何结论差异如此之大？"

这天，他与程聪说起自己的感触。

唐风说："我最近书读得比较多，困惑也多了，许多人对于同一问题的看法都不一致。比如说目标管理，有的人认为无论是多小的公司，都必须推行目标管理，有的人认为目标管理限制了员工的创造力，中国企业应当推行戴明的 PDCA 过程管理。

"又比如说流程化和制度化管理，有的人说一家企业在员工超过 100 人时，就必须用制度来管人。

"但是有的人认为,规范和精细化管理,是企业死亡的开始,因为规范和精细化管理会成为制约企业创新和发展的力量。

"这让我想起《论语》中的一句话:'学而不思则罔,思而不学则殆'。

"只读书而不思考,就会越学越糊涂;只思考而不读书,就会疑惑不解。

"这就像盲人摸象的故事一样,每个人在讲述管理时,都是以自己的经历讲解对企业管理的看法,'不识庐山真面目,只缘身在此山中',这是我的一个体会。

"所以,行业不同、时代不同、员工不同、企业文化不同,对于同一个问题,也许会有多个迥然不同的解决方案!"

"有同感!"程聪回应道。

唐风继续说:"前几天,我在读一本书时,书中有一段话让我深有感触,'佛法一讲就错,佛法不讲更错',既然一讲就错,那为何要讲呢?因为不讲更错。

"这好似一个人身处漆黑的迷宫里,四面皆壁,内心开始绝望,准备放弃挣扎求生了。这时候,无论向左走还是向右走,都无法走出去。

"但只要他不停地摸索往前,碰过几次壁后,一定会渐渐接近出口,只要出现一丝亮光,面前就会豁然开朗,从而成功走出迷宫,进入一片新天地。

"真的,我读完这本书,感到这是我自己这半年来的真实写照。这半年来,我不断地在摸索,不断地在提升自己的管理水平。我的时间主要花在三件事情上,一是解决问题,二是思考解决问题的方法,三是学习别人解决问题的方法。

"我深刻地感到,学习很重要,思考更重要,实践最重要。"

程聪说:"谢谢唐工的教诲!"

第4章 空降来的厂长

晚上回到家，看到桌上有一本书，是妻子王玉买的，唐风拿起来随便翻了翻，突然，他发现其中有一段内容深深打动了自己。

书中讲到一个姓陆的香港巨富的故事，有一天记者问他成功的原因。他的回答是，主要是因为信赖三本书，第一本是《孙子兵法》，第二本是毛泽东的《矛盾论》，第三本是毛泽东的《实践论》，一个资本家，居然对毛主席的著作推崇备至。于是作者将《毛泽东选集》找出来，连夜读完了这两篇文章，感觉收获巨大。

看到这些，唐风也专门到网上，将毛泽东的这两篇文章下载到自家的电脑上，仔细研读，果然也颇有收获。

《实践论》中最后一段文字引起了唐风强烈的共鸣：通过实践而发现真理，又通过实践而证实真理和发展真理。从感性认识而能动地发展到理性认识，又从理性认识而能动地指导革命实践，改造主观世界和客观世界。实践、认识、再实践、再认识，这种形式，循环往复以至无穷，而实践和认识之每一循环的内容，都比较地进到了高一级的程度。这就是辩证唯物论的全部认识论，这就是辩证唯物论的知行统一观。

"我终于完全明白了！我之前为何有这么多的困惑，因为所有管理书籍或管理讲座所说的理论和方法，都是某个人或某一群人在某种特定情况下总结出来的东西，能不能适合你的公司，要看你的公司的实际情况与这套理论总结出来的背景有多大程度上的吻合。"唐风对妻子王玉说，"当然，写书的人是不会告诉你他的理论隐含了什么样的假设条件，在什么的环境中总结出来的，这也是为什么面对同一个问题，不同的专家的看法完全不同的缘故。"

想明白了这点，再看管理讲座或管理书籍时，唐风会将书中的方法或理论记录下来，看看能否在自己部门内运用，如果能用，就在使用后检验其效果，并总结出这种方法的限制条件，与下属一起分享，再把它继续用到工作中，不断总结，不断优化，直到完全掌握其精髓。

读《矛盾论》时，唐风的感触也很大。

文中讲道，事物发展的根本原因，不是在事物的外部而是在事物的内部，在于事物内部的矛盾性。

一个周末，在家中，唐风和妻子王玉谈论起自己读完《矛盾论》后的心得。

"外因通过内因而起作用！我能做到今天这个位置，的确是这么多年来我不断学习、提升自己的结果，今后，每天学习这个习惯必须坚持下去。

"这篇文章中还讲道，任何过程如果有多数矛盾存在的话，其中必定有一种是主要的，起着领导的、决定的作用，其他则处于次要和服从的地位。因此，对于任何事物来说，如果它存在着两个以上矛盾，就要用全力找出它的主要矛盾。同时，主要矛盾和次要矛盾也是不断变化，相互转化的。"

"你最近进步很快啊！"王玉对唐风说。

唐风说："我终于明白了我为何经常跟不上权博士的思路，原来也是这个原因。这个 UPS 工厂有许多问题，上司对它的关注点也在不断变化，上司对我的工作要求是不断变化的，也就是说，主要矛盾和次要矛盾是随时相互转化的。

"刚到 UPS 工厂时，权博士希望我尽快将工厂稳定下来，解决交货问题和产品质量问题，至于成本、效率、现场管理则列为次要问题。

"而解决了交货问题和质量问题，工厂成本、效率又会变成突出的瓶颈问题。前段时间由于客户的投诉，对现场 5S 管理的要求又被提升为关注的重点，但是现在工厂 5S 的管理已到了一个相对较高的水平，上司的关注点肯定又会改变了。"说到这里，唐风若有所思。

第4章 空降来的厂长

果然如唐风所料,在 2004 年年初的供应链月度例会上,权博士宣布了一个重大决定,那就是在供应链管理部全面推行精益生产。

本章点评:

■ 新主管如何通过明确工作要求和改变心智模式来提升管理质量?

请小心你的思想,它会影响你的行为;请小心你的行为,它会影响你的习惯;请小心你的习惯,它会影响你的性格;请小心你的性格,它会改变你的命运。

改变——这个奥巴马竞选美国总统的口号,也是一个新主管快速提升的秘诀,你的职业生涯从改变你的心智模式开始转变!

学习、思考、实践、总结、再实践、再总结,知行合一,明确自己的工作要求,用更高的标准来要求自己,每过一个循环,你的管理能力就会提升一分。

第5章

金光大道

- 为什么可以用零缺陷质量文化变革十四步的思路有效推行精益生产？
- 精益生产与零缺陷管理有何异同？

"精益生产如同零缺陷管理，本质上是一场深刻的企业文化大变革。"在回顾自己的精益生产推进经验时，唐风经常发出这样的感慨。

2004年5月8日，在EE公司供应链管理部管理会议上，权博士正在针对精益生产推进活动进行安排。

"各位，前些天总部的CEO James，在听完我公司亚太区精益总监Jerry的汇报后，对我公司前期推行精益生产的结果极为不满，专门给米总打了电话，要求我们重新推动精益生产，这次一定要取得成功！"

看大家默不作声，权博士继续说："大家都知道，在2002年，总公司就派了Jerry来到我们供应链管理部，指导精益生产第一期的开展工作。

"但是这两年，我们在推行精益生产方面，没有任何像样的成果。大家都知道，我们EE的母公司是制造业内的巨无霸，精益生产是其核心的经营理念，所以这次应米总的要求，我将李如海专门抽出来，担任我们供应链管理部的精益生产总监，负责领导精益生产的推进工作，大家一定要配合李如海的工作。下面请李如海针对

第5章 金光大道

精益生产的推进计划向大家做汇报。"

唐风是第一期精益生产项目组的成员,当时他正担任检验部的经理。第一期精益项目组的成员之中,只有唐风是主动加入的,因为当时检验部的工作已步入正轨,唐风有大把空闲时间,他又是个好学的人,所以主动申请加入这个项目组。"精益生产"这个词,唐风当时还是第一次听说。

EE 公司的精益生产第一期项目以全面失败告终。刚开始,供应链管理部在开会时还会谈一谈,到了 2004 年,几乎没有人会提到这件事了,如果有人碰巧提起,还会遭到大家的嘲笑。

一次,唐风和程聪说到供应链精益生产推行失败的事,唐风说:"根据我的观察,失败的原因主要有二。

"一是权博士不重视,纯粹是应付一下总部而已,领导不重视,工作如何能推行起来?

"二是指导老师 Jerry 试点项目选择不当,当时他选择的是一个 50A 通信电源模块的流水线平衡项目,大家一看,不就是 IE(工业工程)吗,为什么要叫精益生产?项目产生的成效和影响都太小,在供应链管理部连水花都没荡起一个。"

"我们的精益生产必须重新启动!"在会议的最后,权博士再一次对大家说。

这次的确与上次不同,又过了几天,公司总裁米恒到供应链管理部开会,在会上他也反复强调:"我们必须全力推行精益生产,将供应链管理部作为优先试点,李如海,你全职推动精益生产项目,有问题及时反馈给我,我来帮你推动,我们这一次必须成功!

"还有,在短期内必须见效!三个月后,也就是 8 月份,请权博士组织供应链管理部的各位总监向我汇报推进成绩。"

命令如山倒!

这一次供应链管理部终于全面动员了起来,所有骨干人员重新参加Jerry的培训，培训完后，以二级部门总监为各精益推行小组的组长，在本部门内部推行精益生产。

唐风作为UPS精益推行小组的组长，也不敢怠慢，亲自召集手下各部门的经理和相关的工程师，讨论如何推行精益生产。

在会上，唐风首先向大家通报了公司米总裁的要求，以及自己对精益生产的理解，并总结了上一次失败的教训。

他说："精益的核心是提高速度，减少浪费，精益这个词，在英语中，是瘦小、贫瘠的意思，瘦小才能少消耗能量，才能跑得快嘛。

"为了让自己对精益的理解更上一层楼，前些天我专门从书店中买来一本《精益思想》。书中重点讲了与精益生产有关的几个关键概念，也就是它的五项基本原则。

"第一，价值。它的背后是客户思维，强调以客户为中心，你输出的产品或服务的价值由客户说了算，因此我们应该从客户的角度来区分增值活动和非增值活动，不能从独立的企业、职能部门角度进行区分。要尽量减少工作中的非增值活动。

"第二，价值流。它的背后是经营思维，强调用最少的投入实现最大的产出，使用了过多的资源就是浪费。推行精益生产，要从整体的角度识别出创造价值的所有活动，从中找出带来浪费的活动点进行优化。

"第三，流动。要保证那些增值活动不会被中断、偏离正确的方向、回流、等待或废弃，也就是说，让增值活动可以不受干扰地持续下去，而不增值的活动得以清除。

"第四，拉动。在客户需要的时刻生产客户需要的产品，也就是我们平常说的'Just In Time'。

"第五，改善。要不断改善，追求完美，要持续地清除所存在的浪费，努力追求完美。"

这时，工艺工程师王一鸣用开玩笑的口气说："这些东西说得很

第5章 金光大道

好听,但是这个精益生产是从汽车行业中总结出来的办法,要知道,汽车行业是一个少品种大批量的行业,丰田一年生产几千万辆汽车,总共也才那么几个型号,我们工厂现在的产量这么少,一个月不到1000台,型号却有几十个,我们怎么推行这个精益生产呢?"

讲到这里,程聪也说:"我也参加了Jerry的培训,但是总感觉他讲的东西不实用,无法直接引用到我们的工作中来,我感觉这个精益生产有点虚无缥缈。"

听到两人这样说,唐风想了一下,继续说:"我也想过这个问题,坦率地讲,也有些困惑,不过,前些天我再读零缺陷管理大师克劳士比的专著《质量无泪》时,有点收获,我发现他为企业的质量文化变革设计了一套方法,叫作金光大道。

"从本质上来讲,我认为精益生产的推行如同零缺陷一样,也是一种文化上的变革,因此,我想借用金光大道的思路在我们UPS精益小组中推行精益生产。

"金光大道共分十四步,第一步就是管理层的决心和承诺,这一步前段时间权博士和米总已经做了,他们强调这次无论如何也要在供应链中成功推行精益生产。

"第二步是质量改进小组,在我们精益生产项目中,我们应该成立精益推进小组,这就是我们今天会议的内容,以后在座人员就是我们UPS精益推行小组的成员。

"第三步是问题衡量,王一鸣,你来带领大家绘制出我们UPS大机产品生产过程的价值流程图,将UPS产品从接单到出货各个小过程的数据描在价值流程图上,找出UPS生产过程的主要问题点,再根据问题点制定解决问题的纠正行动计划。"唐风指着王一鸣说。

"好的,我刚刚参加了Jerry的培训,现在现炒现卖。"王一鸣开玩笑说。

价值流程图绘制完后,唐风又说:"我们推行精益生产,目标就是要为公司减少浪费,我不喜欢做表面功夫,我们要做就要用精益思想来解决我们的问题,请大家结合这份价值流程图,讨论一下我们UPS生产目前最大的问题是什么。"

"UPS大机装配过程!"程聪开始列出自己的理由。

"目前我们UPS大机装配的作业效率只有80%左右,装配不良率超过10%,经过IPQC检验后,在测试环节的电性不良率仍达到3%,这是最令我头痛的问题。

"另外,由于产品结构设计复杂,一般需要3个月左右的培训才能培养出一个熟练的装配工,这造成我们对市场的响应速度极慢,大大限制了我们的交付反应能力。"说到这里,程聪一脸愁容。

唐风接过话:"产品型号多,单个品种的批量又小,目前我们UPS大机装配采用的是一人装一台的作业岛模式,作业难度大,作业质量差,生产效率低。这一年多以来,它也一直是我的一个心病,这的确是我们UPS工厂目前的瓶颈。"

"如何才能用精益工具解决目前UPS大机装配的问题?"唐风开始发问。

下面的人开始窃窃私语,但是谁也找不到办法。

见此情况,唐风说:"精益生产强调流动,但是看看我们现在UPS大机的作业模式,一台机器从上线到下线,短则10小时,长则五六天,而且是一批批上线,一批批下线,造成测试工序成为瓶颈,整个产品的生产周期很长,车间内在制品非常多,我们一定要改变我们一人装一台的作业岛模式,转变为流水线生产。"

"如何才能由作业岛模式转变为流水线生产模式?"大家开始了热烈的讨论。

最后,唐风说:"我认为有两种方式,第一种方式是将目前一人装配一台的作业方式改为两人一组,一人白班,一人晚班,24小时不间断生产,这样,生产速度立即提升一倍。

第5章 金光大道

"等到这种模式成熟了，再将一个人的工作分为4等份，即将目前一人一台的作业岛装配模式改变为8个人装配一台机器的流水线模式。

"第二种方式是像装配汽车一样，直接将目前的作业岛装配模式改为8人一组的流水线装配模式，实现革命性的突破。"

程聪说："这种生产方式在公司的大机生产史上从无先例，等于是将目前的生产方式推倒重来，由于UPS大机产品装配周期很长，工位装配指导书并不完善，装配分解难度很大，并且市场需求不确定，中间变数很大。我认为这条路比较难走，大家有何感想？"

"我们还是采用第一种方式吧！它的操作相对简单，风险也小，而第二种方式在一开始就会面对很大的困难。"最后，程聪说出了大家的心声。

于是，P系列的UPS大机生产作为试点项目在UPS工厂开始了。

事实证明唐风他们的选择是一个错误！

后来，唐风在回顾这个项目时，对程聪说："全票通过的决策往往是错误的决策，面对变革，可能大多数人选择的是风险小、易控制的方案，要考虑衔接，要继往开来，不要推倒重来。但有时候颠覆式的做法才是正确之道。"

两个多月后的一天，唐风开始审核本组的精益生产汇报材料，审核完后，"啪！"的一声，唐风点击鼠标，将汇报材料发给了李如海。

"搞定！"唐风打个响指说。

在刚发出的报告中，唐风列出了UPS精益推进小组这两个多月来的改善结果："UPS大机装配周期缩短了一半，车间装配场地、工具需求量只有以前的一半。"

第二天早上，唐风还是像往常一样，来到办公位上准备打开电脑，这时，负责日夜班项目的工段长金一铜突然走过来。

"唐工，我们的夜班不能继续开下去了。"

唐风大吃一惊，忙问："怎么了？"

"是这样的，自从日夜班开设后，我们工段的组织气氛越来越差，同做一台机器的两位员工之间的摩擦日益加剧。"金一铜开始解释，"主要原因就是日夜班不间断作业要求两个人成为一个作业小组，同做一台机器，要共同承担作业质量的风险，还要共享产品工时，而工艺人员却很难在短期内将作业工时和作业质量的区分做到合理，导致每位员工都认为自己比对方做得好，要多分产品工时，少承担质量处罚，弄到最后，彼此之间几乎要拳脚相向。"

听完这些，唐风深深陷入了沉思："如果现在下令取消日夜班制度，那就意味着所有改善成果毁于一旦，我怎么向总裁汇报啊？"

"但是如果继续下去，按金一铜说的，车间内的气氛已到了剑拔弩张的地步，弄不好会出大乱子，我必须马上做出决定！"

"我们该怎么办？"当天唐风找来了UPS精益推进项目组所有的成员，就此问题展开讨论。

程聪对大家说："根据我的观察，目前的这种状况已无法维持，我们必须将日夜班制度立即改变为流水线作业方式，我相信我和金一铜能做好！"

"木已成舟！"李如海强烈反对，"我们马上就要向总裁汇报成果，在这个时候掉转船头，你们是在给自己找麻烦，我们一定要坚持既定的策略！"

见此情况，工艺工程师王一鸣也站起来说："我和田万亩（UPS质量工程师）也就此事进行了讨论，我的意见是，我们现在更改为流水线式装配有可能会取得成功，但是我确实没有必胜的把握。"

等到离开会议室时，李如海对唐风说："如果失败，我脸上无光事小，你唐风如何去面对总裁和副总裁？你好好想一想。"

第5章 金光大道

"我该如何抉择?"唐风陷入了沉思。

会后,他去找权博士,说:"权博士,我们现在遇到了一个问题,日夜班开不下去了,我想尝试流水线的作业模式,想听听您的意见。"

权博士说:"我们公司实行作业岛装配模式已经有10年,如果一下子实施流水线作业,我担心风险太大,万一因此交不上货,我们供应链管理部面临的压力会非常大,我劝你三思而行。"

晚上上床后,唐风在床上翻来覆去睡不着,一直在想着此事,实在累得不行了,才迷迷糊糊睡去。

他做了一个梦,梦到自己站在台上,正在给米总和权博士汇报UPS精益生产推进结果,米总和权博士对他怒目而视,指责他:"你是怎么搞的?别的组都有成绩,你们组却是两手空空!"

醒来后,唐风一直在回想当天的会议情景。

"前面真是一团迷雾啊,迷雾下面是坦途还是悬崖,我真不知道,但是刻不容缓,我必须马上做出决策!"他心里在念叨。

"还是先找最靠近现场的装配员工再了解一下情况再做决定吧。"迷迷糊糊中,唐风终于又睡着了。

第二天一上班,唐风就领着生产经理程聪、工段长金一铜、工艺工程师王一鸣找来P系列产品生产工段上的所有装配员工。

等大家都坐定后,唐风开始发话:"我们现在打算在大机线实施流水线装配模式,在做决定前,我想问问大家的意见,希望大家将困难提出来,我要求每个人必须发言!"

所有的装配员工一个个地表达了意见。最后金一铜进行总结:"听了刚才大家的发言,我认为我们有信心实施流水线生产,但是有两个问题需要事先解决。

"第一,我希望工艺人员将作业指导书按照8人一条线的方式进行细化,目前的作业指导书做得太粗糙了!

"第二，仓库必须根据流水线的装配进度来及时配送所需要的物料，因为我们每个订单数量只有几台，物料配送必须与装配的节拍一致，否则不是装配停工待料，就是生产线上物料堆积。"

唐风做出决定："好！那我们把日夜班停下来，先将一条线的生产模式由作业岛模式改为流水线方式生产，成功后再将经验推广到其他生产线。"

听到此事，李如海极为恼火，跑到唐风的办公室，发了一通火，最后扔下一句话："你自己看着办，我不管你们了！"

"上天最终还是眷顾我们这些迎难而上的人！"一周以后，听到金一铜汇报，他们工段已将P系列4个主力型号的产品成功地由作业岛模式改为流水线方式生产时，唐风大发感慨。

"由于每个工人的装配内容大幅减少，对员工技能的要求随之下降，所有的员工都能很轻松地完成各自的任务。"金一铜滔滔不绝地说，"原来我们担心，工位分解不精确可能会造成中间等待时间长，还有作业质量无法界定造成员工相互之间扯皮，但是实际上这些现象并未出现，反而由于实施了连续流生产，装配专业分工，工作内容大为简化，在制品迅速减少了1/3，同时作业效率提升了10%，装配作业不良率下降了近40%。"

"这太给力了！你继续按这种模式推进吧。"唐风对金一铜的工作极为赞赏。

一鼓作气！

金一铜领着一群人，又将P系列的其他产品改为流水线生产。在向米总裁汇报的前两周，所有P系列产品生产模式均成功改为"一个流"生产模式（每次只流动一件产品的生产方式），而且成效显著。唐风终于长长地吁了一口气。

供应链管理部的精益生产汇报大会在工业园大礼堂举行，12个精益生产推进小组的骨干成员轮流上台向米总裁汇报本小组的推

第5章 金光大道

进成果。

终于轮到唐风他们这个组上场了!

"一个流!"唐风第一个发言,"我们组的主要成绩就是成功实施了一个流生产模式。

"在过去的三个多月中,我们 UPS 精益推进小组重点做了两件事。

"第一,我们尝试了日夜班作业,希望通过这种方式来加快装配车间的产品流动速度,结果失败了。

"第二,掉转船头,实行革命性的变革,用流水线的方式装配我们的 UPS 大机。"

听到这里,权博士简直不敢相信,他不停地问唐风:"你真的做到了?你真的做到了?"

"是,我们的确做到了。"唐风平静地答道。

"那会后你带我去你的 UPS 车间看一看。"权博士还有点不相信。

唐风在台上娓娓而谈。

"我们组取得的成绩如下:在制品减少了 1/3,同时作业效率提升了 10%,装配作业不良率下降了近 40%。

"更重要的是,我们 UPS 工厂的反应速度大大提升。以前,只要 UPS 大机的订单量突然增加,我就会忙着让人事部招聘新员工。但由于 UPS 大机产品结构复杂,对装配工的技能要求很高,一个合格的装配员,从招聘到培训合格,需要 2~3 个月的时间,而往往过了这个时间,订单潮已经过去了,这时候我又得忙着安排这群新员工,将他们调到别的生产线。

"现在,由于装配模式的改变,每个员工都是进行重复性的工作,所以一个新员工入职后只要一周左右就能通过培训成为一个熟练的装配员。我终于不用再担心工厂产能跟不上市场订单的节奏了。

"以前，在市场部同事接到大订单时，公司领导很高兴，但我却很痛苦，现在，我终于彻底摆脱了这个痛苦。

"坦率地讲，在推行精益生产的这三个月中，我们小组遇到了许多困难，在这里，我要感谢我的小组团队，给了我巨大的支持。

"在推行精益生产的过程中，我最大的感触就是：精益生产是一种文化变革，阻止我们取得成功的最大障碍就是我们原有的心智模式，我们以前一直对这种生产方式抱着怀疑的态度，不愿意创新，这大大影响了我们前进的脚步。因此，要成功推行精益生产，我们必须改变心态！"

榜样的力量是无穷的！

一周后的一天，通信电源系统总测车间主任张自清跑到唐风的办公室，向唐风请教。

"唐工，你知道，我们目前的生产模式是作业岛，这样作业的结果就是整个上午总测车间的调测员全部在调测产品，没有产品往下流，检验部的 FQC 检验员和物流部的包装、理货人员无事可做，到了下午 2 点左右，车间调测员开始送检，FQC 检验员忙得不可开交。

"到了下午 5 点左右，这些产品才开始送到包装工段进行包装，到了晚上 8 点后才开始理货发运，每天理货员和发货员都会忙到晚上 11 点左右才能发完货。

"我想借鉴你们 UPS 精益推进小组的成功经验，将我们的调测方式也改为流水化作业，一台电源系统由 3~4 人来完成调测，每人调测 40 分钟左右就开始调测下一台机器，后面的人接着调测这台机器，这样一来，就实现了流水化。

"机器不停地送检、下线，后端的检验、包装、理货、发货等岗位便再也不用一批批地处理产品了，而是来一台就处理一台。如

第 5 章 金光大道

果能这样,我想大家轻轻松松就可以完成当天的任务,再也不用忙到晚上 11 点才下班了。"

说到这里,张自清盯着唐风。

"我认为你的想法可行。"唐风肯定地说。

一周后,一个流生产方式在总测车间试行,结果轻松取得了成功。

由于产品实现了流动生产,总测车间的产能得到了极大的提升,在没有增加一分钱硬件投资的情况下,它的产能提升了三倍。

"像我们 EE 公司这样小批量、多品种的订单情况,也完全可以通过推行精益生产而获得巨大收益。"权博士经常对供应链管理部的主管们说。

一时间,各部门的精益改进项目风起云涌,精益生产的理念开始在所有供应链员工的心里生根发芽。

唐风对程聪说:"我总结了我们这段时间的精益生产推行经验,我发现它与零缺陷质量文化变革的套路其实并无二致,两者都要求管理层痛下决心,成立改善小组,挑选改善项目,树立改善样板,最终通过宣传表彰等方式改变所有员工的心智模式。

"只不过,精益生产关注的是提高速度和减少浪费,而零缺陷关注的是一次做对,满足客户的要求。"

"精益生产迷!"这是唐风对自己的评价。

从 2004 年底到 2005 年的上半年,他先把所有的 UPS 大机的装配方式都改成流水线生产。后来,他发现其实作业岛生产模式也是有它的优势的,针对 1~2 台的小订单,用作业岛生产模式其实更合适,产生的浪费更少。

于是,唐风又在车间内部设置了一些作业岛,用于装配 1~2 台需求的小订单,而且这些作业岛,更适合培训新员工。因为将一名新员工放到流水线上,由于他的存在会导致整条流水线慢下来,影响整条流水线的效率，而用作业岛来培训新员工，就不会存在这个问题。

在这个月的部门总结会上，唐风说："开展精益生产，不在于形式，而在于内容，到底是应该把作业岛改成流水线，还是把流水线改成作业岛，关键是看哪种生产方式产生的浪费更少，更容易满足市场和客户的需求。"

UPS 精益生产项目的成功让唐风在供应链管理部中成了名人，他经常作为 EE 公司的代表与其他兄弟公司交流精益生产推进经验，还经常参加外面的一些顾问公司组织的精益生产培训。

但是随着 UPS 工厂精益生产项目的持续推进，唐风的困惑也慢慢多了起来。

这天，他问程聪："我们将 UPS 大机的装配模式改造项目完成后，UPS 工厂精益生产的下一步该如何开展？"

程聪也很困惑："UPS 工厂的精益生产到底该如何继续下去？我们总不能天天都在优化装配模式啊。"

2005 年 7 月，唐风在上海参加一个精益生产的培训会议，培训由一个美国人主讲，由于这个美国讲师不会说中国话，会场采用同声翻译。

唐风的英语不太好，只能听同声翻译，但是翻译员对精益生产不太了解，翻译出的东西生搬硬套，听得唐风头昏脑涨。

突然，一个观念闪过他的头脑："既然精益生产理念的核心是提高速度、减少浪费，那么我围绕这个核心来展开思路，应该就能为精益生产项目的继续推进开拓出一条路了。"

回到公司，唐风找来手下的程聪、金一铜、盛新志等一干主管，向他们介绍这次培训的心得。

"各位，这次去上海培训，我的收获巨大，不是因为老师的课讲得好，而是他刺激了我的思维。

第5章 金光大道

"我认为,我们 UPS 工厂的精益生产后续要往这些方向前进。

"第一,产品质量及作业效率提升。

"第二,改善生产柔性,提升对市场的反应速度。

"第三,及时化生产和物流速度的提升。

"第四,6S 和目视管理。

"第五,减少所有形式的浪费,比如说,会议开了没结果、没行动,我认为就是浪费。

"第七,需求管理,我们需要平稳的生产,这样能减少浪费。

"第八,精益信息流,建立快速、准确的业务流程。

"第九,脑力激荡,各位多提问题,通过挖掘各个业务过程中存在的问题,用精益的工具来解决,这就形成了众多的精益项目。"

说完,唐风又针对每个方向列出一大堆改善项目,给大家做示范,让大家也沿着这几个方向来提出更多的改善项目。

UPS 工厂精益生产的车轮终于又开始向前推进!

每一周,唐风都会亲自召集精益专题会议,让大家通过脑力激荡来提出各个业务过程中存在的问题,用精益生产的思想和方法进行解决,这些问题就是 UPS 工厂的精益改善项目。

2005 年 10 月,唐风到天津参加一家顾问公司组织的精益生产年会,该公司的精益总监谢长风曾在日本丰田公司工作 20 年,他的一番话引起了唐风强烈的共鸣。

谢长风说:"精益生产起源于丰田,全世界成千上万家公司去丰田学习,但是能学到精髓并成功落地的寥寥无几,原因何在?"

接着他又解释:"那是因为他们没有认识到丰田的精益生产是从几个层面推进的。

"第一个层面是理念,丰田的核心理念是顾客至上,杜绝浪费,在丰田人的心目中,理念比赚钱重要。

"第二个层面是流程，你必须站在为客户增值的角度来重新优化你公司的业务流程。许多推行精益的企业为什么会失败？那是因为它们做到这一步后就裹足不前了，流程的优化是有尽头的，你不能一年365天都在优化流程。"

"英雄所见略同！"唐风想起自己在做完UPS大机装配流程优化后的迷惘，心里在回应。

谢长风继续说："第三个层面是团队，我们要培养内部的员工和外部的供应商，让他们也掌握精益思想这个利器，尊重每个员工和每家供应商，挖掘每个人的潜力。

"第四个层面是持续改进，其核心是解决问题。"

唐风心里想："这一年多来我一个人不断摸索，现在看来，我与这些专家居然是殊途同归。"

随后，另一位分享嘉宾的话也让唐风颇有感触，这是一家民企的老板，他说："推行精益生产，我的经验是五个字：信、懂、干、固、衡。

"信就是相信精益生产能够解决本公司的问题，遇到困难信心不减，能够坚持。

"懂就是要通过学习，掌握精益生产的理念和基本方法。

"干就是要将精益的理念落实到地，而不是停在空想状态。

"固就是要对已经取得的成绩进行固化，避免走回头路。

"衡就是要持续推进，要坚持不懈。

"收获巨大！"回深圳的路上，唐风对同行的两人说。

"我是误打误撞，摸上了推行精益生产的正确道路，实属侥幸。"唐风一路上不停地想着年会上的情景。

"团队是精益生产的第三个层面，现在，是时候回顾一下我们UPS工厂管理团队的建设了。"

第5章 金光大道

本章点评：

■ 为什么可以用零缺陷质量文化变革十四步的方法有效推行精益生产？

■ 精益生产与零缺陷管理有何异同？

精益生产源于丰田生产方式。在推行精益生产的公司中，往往失败的多过成功的。究其原因，主要是公司的最高层没有意识到，精益生产的推行，与零缺陷管理的推行一样，本质上都是一场深刻的企业文化的变革，必须由最高管理者痛下决心，亲自参与，采取自上而下的行动，才有可能成功。

推行精益生产，理念先行，工具和方法其次，除了价值流程图是一个基本工具外，不同行业所用的方法和工具会有明显差异。所以，指导老师的经验非常重要，在推行精益生产前应尽可能详细规划，把可能遇到的障碍提前考虑清楚，尤其是试点项目的选择至关重要，务必保证旗开得胜。很多时候，失败了一次，就没有了下一次重新开始的机会。

精益生产和零缺陷管理都是提升企业竞争力的有力武器，只不过精益生产关注的焦点是提高速度和减少浪费，而零缺陷管理关注的是一次做对，一次满足客户要求。

第 6 章

竞聘

- 工厂管理团队建设为何是车间质量改善的基础？

"从来没有什么所谓的'质量问题'，所有的问题都是管理不当造成的，管理团队的优胜劣汰、不断进步是我们 UPS 工厂质量和效率不断提升的关键！"在供应链 2005 年度工作汇报会上，唐风用这句话作为开场白。

早在 2003 年 8 月，当 UPS 工厂开始走上正轨时，唐风就开始着力打造他的管理团队了，他的第一步是基层主管的竞聘。

竞聘对于唐风来说并不陌生，以前在辉圣时，供应链管理部也组织过类似活动，但是在后来一年多时间里，此项活动一直没有开展过。

这天，唐风接到一个质量投诉，客户在他们的大功率 UPS 产品中居然发现一把螺丝刀！还把照片一起发了过来。

过了不到半小时，权博士的电话就来了："唐风，你是怎么管理你的 UPS 工厂的？居然让客户发现我们发出去的机器中带有一把螺丝刀！"

唐风将程聪和大机工段长黄进叫到自己的办公室，说："其实这个问题在 UPS 工厂内部已出现多次了，检验部的 IPQC 在上个月就反馈了两次，都是因为装配员工在返完工后将螺丝刀遗忘在机器内造

第6章 竞　　聘

成的。"

"我记得针对这类严重而低级的问题,我还亲自制订了解决方案,就是对于返工的产品,装配员工一定要重新送检,你们为何不执行?"

过了两天,负责开局的用服工程师又投诉:"我们开局时发现了一个严重的产品质量问题,其原因是 UPS 机器中有个零部件的套管未按要求套,导致炸机。"

听到这话,唐风对程聪说:"我熟读零缺陷管理的著作,记得其中有这样一句话——从来没有所谓的'质量问题',所有的问题都是管理不当引起的——我觉得用在我们 UPS 车间很合适。我认为,团队建设是质量管理的基础,目前我们一些主管的管理水平有待提高,这严重影响了我们这个团队的战斗力。

"我认为我们车间的管理存在很多问题,这些问题的根源就是我们的管理团队不合格。我之前跟你说过,希望你将大机工段长黄进换掉,但是你一直说没找到合适的人来顶替他,所以我认为,你该下决心了。"

程聪为难地说:"将他换掉是简单的事,可是谁来接替他啊?"

唐风说:"你先兼任这个工段长一段时间,我马上向人力资源处申请,这个岗位采用公开竞聘的方式来选人。这个黄进是你以前选的,现在看来,我们要改一改选人的方式,由相马改为赛马。"

接下来的一周时间,唐风就一直张罗着工段长竞聘的事情,在取得人力资源处的同意后,他将竞聘公告在车间内张贴出来。其中明确了对竞聘者的要求和竞聘成功者的转正标准,以及转正后的待遇,要求有意参加竞聘者,在一周内提交个人竞聘报告,阐述 UPS 大机工段目前存在的主要问题,并提交问题的解决方案,两周以后召开竞聘会议。

员工对此举的反应热烈程度远超唐风的想象!

不到一周时间，就有 8 人报名参加竞聘活动并提交了竞聘报告。

唐风看着这些竞聘报告，心中的疑问又来了。

"如何在竞聘会上给这些应聘者提问和打分？"他在问自己。

在上次发出的竞聘公告上，有一个打分表，这是他参考人力资源处以前的竞聘公告写的，唐风对着这个表陷入了沉思。

项　　目	关键素质和技能	权重
表达能力、逻辑判断能力	语言表达能力是否达到要求；事情陈述是否清楚；问题分析是否透彻、清晰	10
沟通能力	与人良好沟通的能力	10
人生观、价值观	是否开朗，有主见和果敢	10
技能或潜力	是否具备管理技能或培养潜力	40
团队协作	是否具备团队协作精神	10
改善能力	是否具备改善的思路和不断追求完美的心态	10
总体印象	个人影响力	10

"这个表太虚了，不太好执行，因为这 8 个应聘者，都没有实际的管理经验，所以考察他们是否具备管理潜力很重要。"唐风嘀咕道。

整整一周，唐风都在思考如何选拔出有潜力的工段长这个主题，想来想去，总是找不到头绪，不由得联想到了自己的职业生涯。

有时候，唐风自己也觉得不可思议，在以前的几家小公司工作时，自己虽然技术能力不错，但是一直没有得到任何提升的机会。在辉圣这样一家大型高新技术企业，人才济济，竞争激烈，自己反倒能快速脱颖而出。

"我能得到快速提升的根本原因是什么？"唐风问自己。

第二天，他找到程聪和盛新志，向他们说起这个工段长的选拔标准。

"关于这个工段长的选拔标准，我以自己作为模板，想到了几点要求,现在想听听你们的意见。

"第一点是思维方式。这是我自己的一个体会,无论在哪个岗位上,我自认为都能快速地理解自己的工作要求,并且迅速地找出关键问题和解决办法,大家对我的评价是创新意识特别强。

"我曾经试图将自己的思维方式灌输给一些管理人员,培训他们如何快速发现问题,但是结果证明是徒劳的,有的人对问题天生不敏感,非要等到别人提醒时才能发现问题。

"第二点是学习能力。每次解决了一个问题,我都能从中学到解决问题的方法,并将之举一反三,应用到类似问题的解决方案中。

"第三点是自我挑战的习惯。这些年来,每次遇到工作上的挑战,从来没有害怕和退缩过,我认为这对于一个管理人员来说很重要。

"第四点是工作中的主动性和责任感。我最反感的是,身为管理人员,却推一下动一下,从来不想主动地把本部门的工作做好,这种人是没有办法通过培养成为优秀的管理人员的。

"第五点是我从FQC科长赵艺能身上感受到的,是理解能力。赵艺能总能从我的话中听出其背后隐藏的意思,当他的老板特别轻松。"

"关于这五点,你们有何看法。"唐风问二人。

"这个想法不错,但是要如何打分呢?"程聪问。

"已经做好了,请看看这个表格。"唐风让二人看他的电脑中的表格。

项　　目	判断标准	打分依据	权重
语言表达能力	说话口齿清楚,语言逻辑清晰	竞聘现场表现	10
沟通与理解能力	与人良好交流和沟通的能力	竞聘现场表现+平时表现	10

（续）

项　　目	判断标准	打分依据	权重
创新能力	发现问题的能力和解决问题的能力	竞聘报告质量+竞聘答疑表现	20
主动性与责任心	对自己的工作主动提出改善意见，工作中很少出差错	平时工作表现	20
学习能力	能从错误中学习和总结的能力	竞聘答疑表现	10
坚韧性	面对困难不退缩	竞聘答疑表现	10
团队协作	是否具备团队协作精神，主动帮助团队成员达成工作目标	平时工作表现	10
总体印象	个人形象及影响力	竞聘答疑表现	10

程聪说："我认为，这个打分表的内容相对我们前期发的竞聘通知上的打分方法来说要客观一些，不过我建议你把这个表发给人力资源处海工，让他也提点意见。"

"好吧。"唐风立即发邮件给海天阔。

海天阔的电话很快就来了："唐风，你小子做事挺用心的，这个打分标准表做得不错，到时我会来参加你们的竞聘会议。"

接下来的几天，唐风做了两件事情。

第一，他安排程聪将每位应聘者的平时工作表现汇总成一个表发给他，并叫来检验部的经理盛新志，三个人一起复核了这些人平时的工作表现，并打上分数。

第二，针对要在竞聘会议上考核的每个项目，唐风都详细设计了问题，还找了海工，一起探讨这些问题的有效性。

竞聘会议如期召开，由于参与人数众多，为了控制时间，唐风在会议室的白板上写下了竞聘规则：

1. 每位应聘者用 15 分钟阐述竞聘报告中的主要内容，重点介绍 UPS 大机工段存在的问题和解决方案，逾时者将被打断。

2. 评审团用 20 分钟提问和质疑，完成后现场打分。

第6章 竞　　聘

3. 所有打分结果交人力资源处备案，得分最高者获胜，由人力资源处择日出竞聘结果公告。

竞聘会议开了近4个小时，气氛异常热烈。对于每个应聘者，作为主要评审员，唐风几乎都用同样的问题来考察，并观察应聘者的表现，每个问题问完后，他都立即打好分数。

竞聘会议结束时，唐风与其他几个评审员用了大约20分钟，对参与竞聘者进行了点评，同时他还将这些竞聘者平时的工作表现向大家做了介绍。

唐风说："通过这次竞聘，我认为有两名应聘者的表现特别优秀，一位是大机的 IPQC 检验员金一铜，另一位是仓库的物料员廖坚固，看来我们的大机工段长要从此二人中选出，那到底选谁呢？我想听听大家的意见。"

"我提议选金一铜，因为他对产品和工段人员较熟悉。"海天阔说出了大家的心声。

"好！就这样决定吧。"唐风说。

"不过考虑到此举可能会影响到廖坚固的情绪，我建议你在竞聘公告发布前找廖坚固沟通一下，向其说明本次未录用他的原因。"海天阔对唐风说。

在竞聘公告贴出后，唐风特意找来金一铜，他开门见山地说："金一铜，在上次的竞聘会议上你的表现很不错，又考虑到你平时的表现，所以我们最终录用了你，我向你表示祝贺！"

接着唐风又问了他在竞聘会议上问过的问题："你现在已经是大机工段的工段长了，以前的同事现在成为你的下属，你马上要面临的一个问题是：万一有的下属不服你，你该怎么办？"

金一铜回答说："唐工，上周的竞聘会议上您问了我这个问题，当时我的回答可能未让您满意，下来后我仔细想了这个问题，我已有了结论。第一，我是通过公开竞聘的方式上去的，应该很少有人会不服我。第二，我对自己平时的工作表现有信心，工段上的员工对我还是比较认同的。第三，要真有刺头的话，不是还有您在背后帮我撑腰吗？"

"不错！"唐风接着说，"如果你每次处理事情都能做到正确无误，你的威信自然就能慢慢建立。相反，如果你的表现不足以让员工信服，就算我给你一把尚方宝剑，手下人也未必会听你的。因此，你的威信，不是凭着我给你的任命建立的，而要靠你自己干出来，你要切记这一点。"

金一铜的表现果然不负众望！

他对本工段问题的分析和解决方案都很到位，UPS大机工段的执行力和团队氛围很快得到改善，工段的作业质量直线上升，以前那些乱七八糟的投诉已很少发生。

唐风也经常找他过来，针对大机工段的问题，向他提问，但很少给他答案，每次都让他自己想办法解决。等到他解决了问题，唐风都会让他总结问题解决过程中的体会，偶尔也会指点一两句，金一铜的表现越来越好。

三个月后，在做完金一铜的转正答辩后，唐风与程聪、盛新志一起总结这次竞聘，唐风说："我认为这次竞聘取得成功的关键要素有四点。

"一是车间中有许多具备管理潜力的员工，他们积极向上，需要舞台来实现自我。

"二是我们对基层管理人员的素质要求有明确的认识，并且设计了合适的问题来识别这些素质。其实无论寻找哪个岗位的员工，只要找出这个岗位上的优秀员工的共同特征，那就是招聘基层管理人员的标准。

"三是各部门主管的热心参与，多一双眼睛来看人，准确度自然就要高一些。

第6章 竞　　聘

"四是公司公平开放的文化氛围,让员工有信心来参与这种公开选拔活动。"

说到这里,唐风说:"我认为我们这种竞聘制度效果不错,我建议我部所有的基层主管以后都通过这种方式来选拔。"

如唐风所言,后来,整个供应链管理部的基层干部几乎全部采用这种方式来选拔,这不仅对 EE 公司供应链管理部的基层干部队伍的建立起到了极为关键的作用,而且也大大提振了一线员工的士气。

"在 EE 公司,只要有能力,一定会有出头之日。"这是广大一线员工的共识。

随着 UPS 工厂产量和员工数量的提升,唐风手下的基层主管越来越多。

"如何通过快速培训,挖掘出他们的管理潜力来?"唐风开始思考。

唐风将生产部经理程聪、检验部经理盛新志叫到自己的办公室,说:"随着产量和人数的上升,现在我们部门的基层主管的培养成了一个突出的问题,两位有何看法?"

程聪说:"的确存在这个问题,我们前期通过竞聘选拔了一批素质不错的基层主管,但是这群人毕竟缺乏管理经验,表现出来的,就是我们的质量和效率存在问题,我们的产品在市场上还是有一些客诉。"

盛新志说:"我们能不能找人力资源处帮我们解决这个问题,他们可以外请一些老师过来讲课。"

"我一直认为,问题就是我们最好的老师!"唐风说。

"我认为,我自己的成长经历值得借鉴,在进入辉圣前,我一直认为,以我这种耿直的性格,只适合从事技术类工作,从来没想过自己会成为一个厂长。

"我把自己这几年的管理经验总结为八个字:学习、思考、实践、总结，从问题中学到经验，又将经验在实践中推广应用来解决问题，最终让这些经验变成自己的东西。"

"所以我认为，外请老师很难解决我们的问题。"

停顿了一下，唐风又接着说："我想在我们UPS工厂开展一个持续进行的案例研讨会。

"所谓案例研讨会，它是针对我们工厂出现的一些典型问题进行公开的检讨总结，每周我们找一个晚上，将工厂的所有主管集中到会议室，向他们介绍一个工厂近期出现的典型问题，然后问每一个主管：'假设这个问题出现在你所在的部门，你该如何处理以及如何预防此类问题重复发生？'

"当然，有时候，针对本部门一些有代表性的问题，讨论完后，我还希望每个主管写案例总结，写完后发给我，我看完后与之进行一对一的交流，以帮助其快速提升。

"《论语》中有这样一句话：'有德者必有言，有言者不必有德。'如果你写不出东西来，只能证明你的水平还未达到这个高度，对问题的认识还不到位。"

"你们觉得我这个方案怎么样？"唐风问二人。

"行。"二人说。

很快，案例研讨会在UPS工厂开展起来，这让一些主管颇有压力。

有压力就有动力，大家都变得喜欢思考和学习，许多被提拔上来的主管都反映，在唐风手下做事，压力很大，但进步特别快。

上次因为客户审核发现UPS工厂5S差的问题，被权博士狠批过后，唐风一直耿耿于怀。

这天，在每周例行的案例研讨会上，唐风向大家提出了这个问题："为什么客户的审核人员一来就能发现我们工厂的现场5S差，而我们自己却习以为常呢？"

第6章 竞　　聘

大家七嘴八舌地讨论开了，检验部的经理盛新志先发言，他说："我们其实也发现了这些问题，但大家都不当回事，不认为它有多么重要。"

其他的主管也纷纷称是。

唐风笑着说："这就是问题的关键，我再问大家：什么是问题？"

这个问题把许多人难住了，虽然每天都接触问题，每天都在解决问题，但是到底什么是问题，还真说不清楚。

"我来给你们回答吧，问题就是现实与要求之间的差距，零缺陷管理大师克劳士比说，质量就是符合要求，所以问题就站在质量的对立面。"唐风说。

停了一下，唐风接着又说："以前为什么我们的现场5S差，那是因为我们自己对自己的要求太低了，而客户的审核人员，每天都处在高水平的5S环境中，在他们的头脑中形成了一个非常高的标准，所以一进我们的车间，就能发现一大堆问题。

"通过这件事情，我的认识是，目标或要求提高，问题浮现；降低要求，看不到问题。所以，我希望我们每个主管要严格要求自己，对自己的要求要超过公司对我们的要求。"

这天晚上，又是UPS工厂的案例讨论会，大家一坐下，唐风就说："我们公司现在采用的工时管理制度，类似于计件方式，员工必须完成定额的产品工时，才能拿到当天的工资。这也带来了一个问题，就是员工对工作效率的提升没有热情，有时工艺人员去现场测标准工时，员工们还故意做慢点，让他们测不准，你们知道这些情况吗？"

"车间的确存在这种情况。"程聪说。

唐风说："这就是我们今天的研讨题目：如何让员工自发地提高作业效率，降低产品的标准工时？现在大家先讨论15分钟，15分钟后我们一个个发表看法。"

在七嘴八舌的讨论中，15分钟很快过去了，唐风打了个手势，说："现在一个个来说吧，谁先想好谁先说，但是每个人都要发表看法。"

程聪一向思维敏捷，首先发言："我认为要让员工自发地提高效率，关键是要有相应的激励措施。第一，如果有员工提了好的建议能降低标准工时的话，我们要将其纳入合理化建议中，主管代其提交合理化建议电子流，公司采纳后会有相应的奖励；第二，员工提了效率方面的改善建议后，工艺部不要立即下调标准工时，要给员工一个月的缓冲时间，让大家适应。"

接着盛新志也开始发表自己的看法："我建议将员工提的效率方面的改进提案放到员工月度绩效考核中，每条建议都能得到加分。"

几乎每个主管都发表了自己的意见，唐风最后一个发言。

唐风说："前些天我看了一本书，里面讲了一个动机的概念，在通常情况下，人做事都有动机，就是要做这件事的原因。这本书讲了一个观点：'理解动机或者找出人们真正的动机，几乎是解决所有问题的关键。'而动机一般可分为三种：经济动机、社会动机和道德动机。

"所谓经济动机就是人们不愿意损失金钱，喜欢得到物质或者身体上的享受，也就是希望获得好处。

"社会动机就是人们不愿意让其他人看到自己做一些错误的事情，换句话说就是做了好事想让尽可能多的人知道，干了坏事不想让人知道。

"道德动机就是人们不愿意去做一些他自己认为错误的事情，福永飞机场附近有个零仃洋，文天祥著名的《过零仃洋》就是在那里写的，里面有两句：'人生自古谁无死，留取丹心照汗青。'试问：文天祥为何宁愿掉脑袋也不愿意投降做元朝的宰相？"

唐风顿了一下，接着说："那是因为，他认为这样做是正确的，符合他的道德观念。好，现在我们用动机理论来分析我们今天讨论的主题：如何让员工主动配合我们降低标准工时？"

他开始一一解释。

"首先，降低产品的标准工时，客观上可能会造成员工的工作强度增加，但是收入不会增加。用另一句话来说就是，在工作投入不变的情况下，收入减少了，从经济动机上来分析，员工是不会愿意这样做的。

"因此，我们管理人员要想各种各样的激励政策，保证员工在配合我们降低标准工时的时候，经济上不吃亏。像刚才我们讨论的，申请合理化建议奖、纳入月度绩效考核、延迟调整标准工时给员工一个缓冲期等，都是这方面的措施。但是只有这几招还是不够的，所以我希望大家会后多想想办法，想到后发邮件给我或者当面告诉我都行。

"从道德动机层面分析，我们要多给员工灌输提高效率的重要性，让员工认可我们降低标准工时的做法。这里面又涉及员工对公司的认同感，如果员工不认可公司，他可能认为这是公司的事，与我无关。

"如果员工有这种想法，你就是说破嘴，也是没用的。这就要求我们每位主管加强自身修养，提高自己的威信和管理能力。我经常说'参加公司，离开经理'，这就是强调一线主管的重要性。员工可能听说 EE 公司是一个不错的公司而前来应聘，但是能做多久，做得怎么样，关键还是取决于我们这些一线主管，大家明白自己工作的重要性了吗？

"再从社会动机层面分析，我认为我们可以在 UPS 工厂举行一个合理化建议之星评比活动，对积极参与者进行表彰。"

唐风最后对大家说："请看大家今天的家庭作业：为了鼓励员工主动改进作业效率，降低标准工时，每位主管按照这三种动机，提出具体的激励措施，提得越多越好，下次案例研讨会上进行总结。"

除了案例研讨会，唐风在 UPS 工厂又开展不定期的读书研究会。9 月份的深圳异常闷热，这天晚上，唐风在 UPS 工厂的会议室中召开了第一次读书研究会。

唐风给大家带来的书籍是《卓有成效的管理者》，由美国管理大师彼得·德鲁克所著。这段时间，唐风一直在研读这本书，书中很多观点他都非常赞同，他认为有必要推荐给他的管理团队。

唐风的 PPT 只有短短几页，都是从书上摘下的原话，他打开 PPT 的第一页，这句话是："管理得好的工厂，往往单调无味，没有任何刺激动人的事件。那是因为凡是可能发生的危机都早已预见，且已将解决办法变成例行工作了。"

唐风看着大家，说："大家对这句话应该深有感触吧，记得我刚来 UPS 工厂时，几乎每天都很紧张。一会儿是仓库的某颗料账上有实物无，搞得一个订单不能完成，导致市场部投诉，一会儿是某客户投诉我们的产品上漏打一颗螺钉，搞得大家紧张兮兮。而现在，大家都轻松多了吧，原因何在，大家知道吗？"

又是程聪第一个答话："那是因为许多工作我们已经例行做起来，比如人员管理、车间作业管理、仓库管理、计划管理等，管理到位，就没有那么多问题了。刚搬迁过来时我们是一个新厂，要流程没流程，要制度没制度，员工人心不稳，各方面基础差，当然问题多。看到书中的这句话，我的感触是我们每个主管，都要主动寻找自己业务中的短木板，把管理上的漏洞补上，自然就不会忙乱了。"

唐风点头表示赞许，接着打开第二页，这一页摘录的话是"重视贡献是有效性的关键，贡献往往表现在以下三个方面：直接成果、树立新的价值观及对这些价值观的重新确认、培养与开发明天所需要的人才。"

这回是仓库主管齐勇开腔了，他说："这个直接成果当然就是我们的 KPI（关键绩效指标）以及我们已解决的问题，公司请我们来，当然是为了解决问题，我是这样理解的。"

唐风表示赞许："说得不错，我们每个主管必须重视对公司的贡献，企业是一个功利性组织，不是慈善机构，没有贡献，无论在哪一家公司，都是混不下去的。在公司中能否有所发展，取决于能否对公司做出贡献。"

停了一下，唐风又接着说："可惜我们有些员工，一进公司，首先想到的是公司能给我什么，而不是我为公司创造了什么，这样的员工怎么能得到他想要的东西呢？"

唐风接着点击鼠标，打开 PPT 第三页，这一页摘录的话是："一个没有突出表现的主管，应该无情地调职，这是管理者的责任"。

唐风说："我特别赞同这句话，兵熊熊一个，将熊熊一窝，我们在座的都是各部门的主管，如果有谁没有突出的表现，我会坚决地让他下岗，这是工作需要，希望大家能够理解。"

唐风说完，又点击第四页的内容，这页摘录的话是："把重要的事情放在前面做，而且每次只做好一件事，不要按压力来决定优先；任何一个组织都不缺乏'创意'，所缺乏的只是创意的执行。"

"什么是重要的事情，大家谁能说得清楚？"唐风扫了一遍全场，这回是程聪答话了，他站起来说："我前段时间刚刚看了《职业经理人讲座》，这是唐工上次向我们推荐的，里面有一句话：'何谓重要？影响深远也；何谓紧急？必须马上处理。'"

程聪看了看大家，接着又说："我们每天都要处理很多事情，但是其中大多数事情其实并不重要，都是比较紧急的事情。真正对我们影响深远的事情，没有几件，但决定我们部门工作绩效的，往往是这少数的几件重要工作。比如，这段时间，我在全力抓新员工的上岗培训，制定了相应的培训制度，并且落到实处，我们新员工的作业不良率明显下降。同时我们又制定了一线员工的晋级管理制度，这对车间员工的士气改善起到了关键的作用。"

"程聪说得不错！下面我们来看下一页。"唐风点击鼠标，这一页PPT的内容是："如果问题是经常性的，那就只能通过一项建立规则或原则的决策才能解决；有效的管理者碰到问题时总是先假定该问题为经常性问题，他总是先假定该问题是一种表面现象，另有根本性的问题存在。他要找出真正的问题，不会只满足于解决表面现象这类的问题。"

"这段话对于我们的工作太重要了！"唐风接着说，"我们每天都会面对许多问题，对于许多问题我们往往都认为是偶然问题，把问题处理完后就放过去了，很少会认真地分析一下：这到底是问题的表象，还是问题的根本？

"比如说，我前段时间换掉了我们的大机工段长，不知大家是否会认为我心狠手辣，做事不讲情面。几个月前客户反馈，我们发出去的机器中居然有一把螺丝刀在里面，后来研发部在处理市场炸机时又发现我们有一台机器未按要求套热缩套管。经过分析，我发现这些都是表象，真正的问题是我们大机工段长的管理水平低，所以我做出了换工段长的决定。这不，换人后我们大机工段的作业质量和效率都有显著的提高嘛。

"这本书内容很多，许多观点对于我们今天的管理人员来说，都有很好的借鉴意义。我建议大家抽时间详细阅读并将书中的观点运用到工作中去，如果只阅读不应用，那是没有意义的，而且也不可能真正理解书中内容的含义。"

停了一下，唐风总结道："今天是我们第一次召开读书研究会，大家的表现不错。我希望大家平时多学习，多研究，读书是一个很好的习惯。以后这个活动我们会不定期开展，只要有谁发现了好书，都可以像今天这样推荐给大家。我想两周后再抽一个晚上，组织大家讨论这本《卓有成效的管理者》读后的心得和体会，大家有没有意见?"

"没问题,这本书不错,的确值得阅读。"大家纷纷赞同,读书研究会终于在UPS工厂开展起来了。

这天唐风和程聪谈起案例研讨会和读书研究会,唐风说:"程聪,你有没有发现,现在我们UPS工厂的主管出现了两极分化,有的人如鱼得水,能学以致用,进步很快,而有的人则疲于应付,工作绩效也没有什么起色,是吗?"

"是的,这让我有点百思不得其解。"程聪答道。

唐风说:"前几天,我看了一本书,是两个美国人写的,里面有一个观点让我印象深刻,它说的是一个人的优势由才干、技能和知识构成,其核心是才干,才干是先天和早期形成的,一旦成形,很难改变,而且才干是个人所独有的,无法传授,也无法培训。

"联想到我们这段时间的案例研讨会和读书研究会,我发现,作为一个管理人员,知识和技能可以通过培训获得,比如说演讲能力,只要多上台讲,自然就会提高。

"而有些东西,比如工作的主动性、持续的工作热情、快速的学习能力、鼓动员工的能力,以及发现和分析问题的能力,很难通过培养来获得。

"所以我最后得出一个结论,你可以把一个有管理潜力的员工培养成为一个优秀的主管,而一个没有管理潜力的员工,无论你如何培训,都很难达到你的目标。"

看到程聪在点头,唐风接着说:"同样的道理也适用于普通员工,良好的管理可以让一个好人变成一个好员工,但是很难将一个坏人变成一个好员工,所以人才挑选的工作很重要。

"一次我在阅读一本杂志时,颇有感触,杂志上介绍了一位日企的老总发明的慧眼识人之法。据他的观察,工作能干的人有三个共同特点:一是嗓门大,二是上班早,三是吃饭快。

"用他的逻辑说,说话声音小的人,朝气及雄心欠佳;上班晚或早晚不准时的人缺乏集中力和工作热情;吃饭慢的人凡事都无法敏捷地对待。"

"我将我们工厂的主管按这三个特点进行了分类,我发现能干的人,基本上都具备这三个特点,你也可以按此标准来检查一下你手下的工段长。"

一段时间后,唐风对待管理人员的培养方式又做了改变,他宣布:"案例研讨会和读书研究会是自愿参加的会议,不感兴趣的可以不来,也不需要请假,因为对一个没有上进心的人来说,勉强加入也不会有什么收获。"

另外,唐风还要求,这两个会议对部门中的普通员工开放,每次会议前都在车间内提前公布,有愿意参加的员工可以前来参加讨论。

终于,半年后,唐风通过竞聘的方式,将几个表现平庸的主管全部换掉,整个UPS工厂管理团队焕然一新,UPS工厂的作业质量和效率大幅提升,以前那些乱七八糟的"质量问题"几乎都消失于无形。

"质量在于管理!在于管理团队的管理水平!"唐风经常对下属说。

本章点评:

■ 工厂管理团队建设为何是车间作业质量改善的基础?

质量的本质是管理,各级管理成员的工作态度和管理能力是质量管理的基础,没有合格的管理团队,就做不出满足要求的产品。

第7章
中山项目

- 防火防损是如何实现的？
- 质量问题预防与防火有何内在的联系？

"管理良好的工厂，往往单调乏味，没有任何激动人心的事件，因为所有可能出现的问题已被提前识别出来，并将解决措施变成了例行化的工作。"这天上午，在自己的办公室中，唐风与程聪在聊天。

"你还记得这段话吗？"唐风问道。

"太有感触了！"程聪答道。"我们UPS工厂成立已经三年多了，在您的带领下，整个UPS工厂，无论是业务流程和管理团队的能力，与三年前相比，都有了根本性的提升，每天的异常情况也很少，真的就像彼得·德鲁克所说的那样，我们的工作变得单调乏味了。"

正在这时，唐风的手机响了，他一看是顶头上司权博士的电话。

"唐风，中午下班时在工业园门口等我，我要请你吃中饭。"权博士在电话中说。

唐风颇感意外，他纳闷："这段时间我部门的工作表现很不错，没出什么问题。不知权博士找我有什么事，不会又像三年前一样给我新安排吧?"

果然,在餐厅中一坐定,权博士就开始发话了:"唐风你知道,随着近几年深圳最低工资标准的不断上涨,我们母公司的CEO在许多场合都公开表示,中国的广东深圳已经成为高成本的地区,他认为制造业向低成本区域迁移是一个大趋势。

"前期,我们在考虑了投资环境、供应链配套、与研发团队的沟通等各个要素后,决定在中山市投资建设新的工业园,由当地政府找人投资建厂,再租给我们公司。

"这个项目在去年10月份已启动,你也知道,之前由燕向涛在负责。"

说完这些,权博士顿了一下,说:"我今天找你,是因为这个项目的范围发生了变化,之前我们只想把变频器工厂搬迁过去,现在公司决定把UPS的一些产品也转到中山去生产。UPS工厂是你一手做起来的,大家对你的评价都还不错,所以我希望中山新工业园也由你来管理,现在已经建了一半,我希望由你来接手。另外,我会找人来接手你目前的工作,你看怎么样?"

建工业园对唐风来说是个新鲜事,他从来没有接触过这种工作,不过UPS工厂的运作已趋向完善,他每天觉得无所事事,正想找个新岗位来挑战一下自己,所以他一口就答应了权博士的要求。

真是想什么就来什么!

半年前,唐风在参加一次"团队建设"培训时,培训老师给他读了美国作家马克·吐温的一段话,让他印象深刻。

"若想要感觉安全无虞,去做本来就会做的事;若想要真正成长,那就要挑战自己能力的极限,也就是暂时地失去安全感。所以当你不能确定自己在做什么时,起码要知道,你正在成长。"

自此以后,唐风经常向手下的主管说:"为何有的人能快速成长,其原因就是能不断地挑战自己能力的极限,人的潜力是无穷的,只有接受挑战才能将自己的潜力激发出来。"

与权博士谈完后,下班回到家,唐风向妻子王玉讲了公司要派他去中山建工业园的情况,王玉为丈夫又有一个新的挑战机会感到高兴。

在交接完 UPS 工厂的工作后,唐风开始张罗中山新厂建设项目组的工作了。

这天,他收到了一封来自美国 EE 公司总部的邮件,邮件的大致内容是:"EE 公司所有新工厂的建设必须邀请公司的防损顾问 PPM 公司参与,工厂建成后要通过 PPM 公司的防损验收,达到 A 级标准(最高标准)。"

同时邮件又郑重声明:"在此项目中,PPM 防损工程师的意见就代表总部的意见,作为此项目的项目经理,你必须 100% 地配合,不得讨价还价!"

邮件措辞严厉,不容置疑。

见到此邮件,唐风赶紧找项目原负责人燕向涛了解情况,燕向涛说:"老唐,中山这个项目虽然已开工了半年多,但是一直未正式立项,我也未请 PPM 的顾问来参与项目运作,但是现在既然项目已在公司内部正式立项了,我建议你还是尽快找 PPM 的顾问来参与这个项目吧。"

2006 年 8 月 9 日,在广深高速公路上,一部别克商务车载着 PPM 公司的防损顾问 Jack 和唐风项目组的几位成员一起去中山工业园的工地。

这是第一次去中山,大家心情甚好,一路上谈笑风生,车辆在过了虎门大桥以后,道路似乎变得宽敞起来,两边都是开阔的平原,种植着一片片农作物,空气清新,和风扑面,唐风心旷神怡。

下了高速公路,车辆很快就到了与 EE 公司合作建厂的凌云公司，两栋厂房紧紧挨着，EE公司的厂房已在建设中，四周的混凝土结构已搭好，很多工人正在顶着烈日砌墙，正面墙上贴了1张大标语："奋斗60天，完成EE公司中山项目。"

一进到凌云公司，PPM的防损顾问Jack就对唐风说："你们这个工厂选址不太好。"

"为什么？"唐风问。

Jack回答说："我查过中山的地质资料，你们这个地方距离西江只有1公里，处于洪水区中，你看，这周围都是水塘。"

果然，在下午的第一次项目会议上，Jack开始发难。

"我认为中山的地势太低，不适合建工厂，我坚决不同意将新工厂放在这里！"

听到这话，唐风一下子愣住了，他没有想到Jack当着这么多人的面这样说，他忙问："Jack，我们的现状是工厂已开工半年了，现在有没有什么办法可以解决这个问题？"

Jack的回答很干脆："如果新工厂必须放在这里，那就必须抬高4.5米。"

"为什么要这样？"唐风没料到Jack会提出这样一个稀奇古怪的要求来，一下子惊呆了。

"按500年一遇的洪水标准，这个工厂必须抬高4.5米，才可以在海拔上超过南海的海平面高度，避免西江决堤时海水倒灌，洪水淹没工厂。"Jack说。

唐风的声音有点发抖："你的想法有点让人匪夷所思。"

"请你看一看，这是一张中山在105年前发生洪水的照片。"说完，Jack打开电脑，还真的调出了一张当时发洪水的照片。

已建了一半的工厂如何能抬高4.5米？！

唐风一听又急了，声音大了起来："Jack，我不是孙悟空，不会七十二变，我如何能让已快建成的工厂抬高4.5米？"

第7章 中山项目

　　Jack非常坚持："不行，必须按我的意见处理，否则我不同意这个项目的立项申请！"

　　见此情景，唐风只能走出会议室，给权博士打电话："权博士，有一个不好的消息，PPM公司的防损顾问Jack坚决不同意在中山设厂，除非新工厂的厂房可抬高4.5米。"

　　"我知道了，你先回来吧，回来后我们再讨论。"权博士挂了电话。

　　"我真不知道这个500年一遇的洪水标准是如何得来的，美国成立才两三百年啊。"在回家的路上，唐风对同车的人说。

　　"三边项目！"唐风和别人说起中山这个项目时，经常用这个称呼。

　　中山新工业园项目是个典型的边设计、边建设、边审批项目，虽然厂房建设已开工了三个月，但事实上，EE公司和凌云公司之间只有意向性协议，双方并没有签订正式租赁合同。

　　同时，因为项目缺乏整体规划，项目需求还不十分清楚，给项目的建设造成极大困扰。

　　果然，在10月份，当唐风将投资申请报告送往总部审批时，总部的风险经理在看了PPM防损顾问出具的厂址评估报告后，给出了意见："中山市水患风险很大，不同意在中山设厂，建议另行选址。"

　　项目一下子陷入了僵局！

　　唐风只好给凌云公司的项目负责人冯朝阳打电话："冯工，实在对不起，我想没有人能预料到会出现这种情况，请你们将厂房建设暂停。"

　　为了争取EE公司的项目，当地政府派人陪同PPM公司的防损顾问Jack考察了西江的防汛设施，以期改变其对中山水灾隐患的看法，其结论是中山防汛设施可靠，防汛工作运行良好。

终于，三个月后，EE公司美国总部做出了让步。

这天，唐风接到了从总部发来的一封函件："经认真审核，我们同意在广东中山建设新厂，但前提是必须按PPM公司500年一遇的洪水标准，将厂房抬高4.5米，同时厂房要满足PPM公司的其他防损要求，达到A级标准。"

这意味着原来已在建的厂房无法再用，项目需要从头开始。

"项目终于可以重新启动了！"唐风对手下的项目工程师陆高羽说。

但是唐风的麻烦也重新开始了，PPM公司近乎苛刻的防损要求在厂房的设计和施工过程中体现得淋漓尽致！

应PPM公司的要求，唐风与陆高羽参加了PPM公司在深圳举行的防损培训班。

在培训班上，培训老师的话让唐风耳目一新："按照我们PPM公司的防损思路，我们首先会鉴别新建项目可能存在的财产损失风险，比如说台风、暴雨、地震、火灾、洪水、泥石流、爆炸、化学污染等。

"然后，我们会对每一种风险进行量化，根据当地的情况，估计发生的概率和损失金额，再依此制订防损措施，制订防损措施后，还要对设计人员、施工人员和后期维保人员进行防损措施培训，并监督他们按要求做到位。

"所有设计、施工和维护保养过程对防损措施的落实情况，我们都会纳入PPM公司对该项目的评级得分。

"如果评级结果最终为A级，PPM公司会大幅降低EE公司后期的财产保险费用，因为我们认为，只要工厂的防损措施做到位，是不会出现财产损失的。"

在项目重新开工后，Jack要求唐风与陆高羽做的第一件事，就是安排Jack与负责本项目的设计院进行沟通。

第7章 中山项目

在第一次沟通会上，设计院各个专业的设计人员全部到齐。

Jack发话了："大家好！今天在座的人员都是EE公司中山项目各专业的设计人员，我会花一天的时间与大家沟通我们PPM公司对于此项目的设计要求。

在我正式提出具体设计要求之前，我先说一说我们PPM公司的防损理念。

"我们认为，一切财产损失都是可以预防，可以避免的。因此，在项目的前期，我们会识别出项目的主要财产损失风险，在此基础上，制订出财产防损方案，要求各个专业的设计人员，也就是在座的大家，将这些防损方案落实到各位的设计图纸中，我会一个一个地检查，以确保落实。"

听到这话，唐风站起来补充道："PPM顾问的要求就是我们甲方的要求，请各专业的设计人员必须遵守！"

接下来，Jack与设计院各个专业的设计人员针对厂房建筑、消防进行详细交流，Jack讲解了PPM公司对厂房设计、消防设备选型和施工的具体要求，会议持续了足足一天。

让唐风和设计院感到极为难受的是，每次Jack都能在设计图纸中挑出一大堆的问题要求整改，Jack反复强调："工厂必须在厂房设计阶段就严格按PPM公司的防损要求进行设计！"

除了厂房抬高4.5米外，Jack对厂房主体建筑的每一个部件的设计几乎都提出了明确的要求，确保厂房在台风、暴雨等极端情况下依然能安然无恙。在一次审图会议上，他问唐风："你们的厂房能否不设计窗户？"

"这怎么可以？如果是那样，我们的员工可能会认为我们盖的不是工厂，而是监狱了。"唐风笑着说。

"那就尽量少设计窗户，因为在台风、暴雨天气，窗户越多，玻璃被打碎的机会就越多，出现财产损失的机会也越多。"Jack很认真地说。

对于厂内消防喷淋系统的设计，Jack 更是一丝不苟，他和设计人员说："自动喷淋系统的设计必须符合我们 PPM 公司的要求，所有的关键部件必须采用通过 PPM 公司认证的产品。"

唐风后来了解到，这些通过 PPM 公司认证的材料，其特点是可靠性极高但是价格昂贵。

对于施工过程的管理，Jack 更是尽责尽心，每个月他都至少会抽一天到工地现场检查，每次都能发现不少问题，要求施工单位立即整改。

有一次，他发现消防喷淋管的内壁厚度不够，对唐风说："你们这个喷淋管的厚度与设计要求不符，必须立即停工整改！"

但是负责消防安装的工程队一时间找不到这种厚度的水管，项目因此停工一周，唐风急得快疯了。

没办法，唐风只好派陆高羽到香港，找到 Jack 和他的上司，与之详细研究了解决方案，消防施工才得以继续进行。

"必须停工整顿！"

在发现施工用来固定屋顶的螺钉规格与设计要求不符时，Jack 对着唐风和负责施工建设的业主方项目经理冯赵朝阳说。

唐风也只得下令停工整改，一大片已经安装好的屋顶被拆掉重新施工。

另外，对于厂内火灾隐患的防范，Jack 也提了许多要求。

他对唐风说："我要求，对于仓库中的可燃物料，你们要将之集中在一起，用具备一小时防火能力的水泥砖头砌墙，将其封闭起来，屋顶还要加装大口径的喷淋头。"

"同时，所有生产线用的包材不能储放在厂内，必须放在厂外，以避免包材引发火灾。"

Jack 的每一个要求都会让唐风忙碌好一阵子，付出巨大精力，

第7章 中山项目

项目的进度和成本也越来越难以控制。因为消防要求的提高，公司为此追加了360万人民币的固定资产投资，来自权博士的压力越来越大，唐风夜不能寐。

"我快崩溃了！"唐风经常自言自语。

"PPM公司改变了我的职业生涯！"在项目快结束时，唐风对陆高羽说。

原本这个项目在2007年初完成，现在因为防损的问题，项目延迟了近一年，在项目临近结束时，公司内的人事出现了变化，唐风被从中山调回，任命为供应链质量部的总监。

开完最后一次项目例会，唐风对Jack说："这一年多来，与你一起合作建设此项目，让我感触良多。"

"以前，我一直不理解一句话，这句话是：'质量的系统是预防。'我真不知道如何做预防。

"这一年多来，在我们这个项目上的防损经历，让我深刻地认识到：做质量管理就是做防损。

"把风险和要求识别出来，一个环节一个环节地分析质量隐患，针对每个质量隐患事先制订对策，并确保能严格落实，那么这些质量隐患就不会变成真正的质量问题！

"这一年多来，我没有做质量管理的工作，但是对质量管理的理解却比任何一年都要深刻，真是功夫在棋外！"

从中山回来后，唐风一口气写下一篇文章《质量是政策和文化的结果》，作为中山项目的个人总结。

唐风在文中写道：

"如果EE不是一家以'经营稳健'而著称的公司，而是一家强调发展速度的公司；如果总部的风险管控经理对新厂房的防损要求没有如此明确；如果总部的高管们对PPM顾问没有如此支持；如果……我们能拿到这个厂房的A级防损标准吗？不能！这种质量要求是一个组织政策和文化共同作用的结果。

"如果说一个组织的 DNA 决定了它的行为与特质，那么，政策和文化一定就是这个组织的 DNA，这个 DNA 承载了组织的工作行为和价值观。"

本章点评：

- 防火防损是如何实现的？
- 质量问题预防与防火有何内在的联系？

质量管理就是防损，防止出现产品不良而造成质量损失。预防的做法就是要认真分析产品形成的每个环节，从接单、研发、采购、生产到发货、安装，找出每个环节存在的质量隐患，并制定和落实相对应的预防措施，这样才能确保消灭"可能出现的不良"。

而要做到这一点，公司的政策很关键，所谓政策，就是公司管理层要求员工把工作做到什么程度。

第8章

四重境界

■ 如何用纠正和预防的方法彻底解决问题？

"质量的系统是预防！"到供应链质量部上任两个月后，唐风用这句话开始了他的第一次纠正预防案例研讨会，与会人员是质量部下属各部门的经理和骨干工程师，"中山工业园这个项目真是一个成功的防损项目，做完这个项目，我的体会是，质量管理就是防损，这是我们今天会议的主题，下面我与大家一起研讨纠正和预防这两种方法该如何运用。"

唐风说："我们质量部是专门负责解决质量问题的部门，老板花钱请我们来，肯定是希望我们能有效地解决问题。我认为质量问题的解决，可以从微观和宏观两方面来考虑，宏观层面涉及公司的流程管理、质量文化建设等深层次的问题，涉及面太广，在这里我就不说了。今天，我只想谈一谈如何从微观的角度来解决质量问题，这也是大家平时的主要工作。

"我认为，作为一个质量工程师或质量经理，有效运用纠正和预防这两种方法是我们解决质量问题最基本的技能。虽然目前8D、FMEA、SPC、六西格玛等方法在解决质量问题方面很受大家欢迎，但是面对一个具体的质量问题时，我认为纠正和预防的思路还是非常实用的。"

停了一下，他继续说："在ISO9000质量管理体系中，纠正是这样定义的：为消除已发现的不合格而采取的措施，如返工、返修。至于纠正措施，它是这样定义的：为消除已发现不合格的原因而采取的措施。

"纠正是针对不合格的现象采取措施，纠正措施是针对不合格的产生原因采取措施。二者的着眼点是完全不一样的，可惜我们许多质量管理人员，将纠正和纠正措施混为一谈，包括我自己，在刚担任质量工程师时也搞不清楚两者的差别。

"打个比方来说，医生给病人看病，纠正就是治标，纠正措施就是治本。而预防，讲的是解决潜在的问题，提高免疫力。在ISO9000中预防的定义是：为消除潜在不合格或其他潜在不期望情况的原因所采取的措施。为了方便大家理解，我举几个实例来说明。"

唐风的案例通过投影仪投到了会议室的大屏幕上。

- 实例一
  - 你晚上睡觉没有盖好被子，着了凉，第二天感冒了。
  - 根本原因：晚上睡觉没有盖好被子。
  - 纠正：吃感冒药或者到医院就诊。
  - 纠正措施：晚上盖好被子，避免着凉。
  - 预防措施：平时积极参加体育锻炼，强身健体，确保即使哪天晚上没盖好被子，仍然不会感冒。

- 实例二
  - 假设你是一位农夫，某天清晨醒来突然发现羊圈里少了一只羊，原来羊圈的栅栏上破了一个洞，羊就是从这个洞口逃跑的。
  - 根本原因：羊圈的栅栏上破了一个洞。
  - 纠正：组织人员出去把逃跑的羊找回来。

第8章 四重境界

- ➤ 纠正措施：用坚固的木材将栅栏上的洞补上。
- ➤ 预防措施：定期进行巡检，发现栅栏出现破损，就将破损的地方及时加固。

■ 实例三
- ➤ 假设你是一位园丁，经过一夜暴风雨的袭击后，由于缺乏防护措施，花园里面的小树倒了。
- ➤ 根本原因：小树没有做好防护措施。
- ➤ 纠正：把倒掉的小树扶正。
- ➤ 纠正措施：用木桩和绳子将倒掉的小树固定好。
- ➤ 预防措施：将花园里面其他的小树也用同样的方式固定好。

听完这三个实例，大家一下子对纠正和预防提起了兴趣。

接着，唐风说："我再拿一个具体的质量事故进行分析，来说明如何将纠正和预防的思路用到具体的工作中。"

唐风说："上个月，我公司的风能变流器产品在市场上出现了一次事故，某风场 38148 号塔筒变流器报电容接触器故障，我公司用服人员现场检查发现接触器上输入输出电缆连接处没有拧紧，接触器上有一相已经烧黑。

"针对电缆没有拧紧的问题，我们做了调查，发现不是生产线员工的作业不良，而是中试工艺部制作的装配作业指导书出了问题，本来这种 KM3 型号的接触器在安装时厂家推荐的力矩为 60 公斤力，而作业指导书中要求的却是 30 公斤力，生产线上工人按 30 公斤力去锁螺钉，当然锁不紧。

"因此，在此质量事故中，接触器被烧毁是故障现象，螺钉未锁紧是直接原因，而下一层的原因是我们中试工艺部对此种接触器设置的紧固力矩错误。他们为何犯此错误呢？原因是我们大多数的 KM3 接触器是用 M6 螺钉紧固，因此在我们的通用工艺规范中，规定 KM3 接触器的紧固力矩为 30 公斤力，而出问题的这款 KM3 接触器需用 M8 内六角螺钉紧固，厂家推荐用 60 公斤力来紧固，公司负责选型的结构工程师没有把这个信息告诉中试工艺部的工艺工程师，这是产生问题的根本原因。

"原因找到了，我们先来看看如何对此质量问题进行纠正。由于 KM3 接触器的功率节点紧固力矩偏小，导致前期发货的约 400 台整机都存在质量风险。市场累计已经出现 4 台由于接触器节点紧固不到位而导致的烧黑现象，我公司的用服部门需要组织人员进行逐点整改，对螺钉重新紧固。

"接下来，大家再来看看如何针对此问题制订纠正措施，我们当时组织结构设计部重新对 KM3 器件的力矩进行评估，采用 60 公斤力矩进行紧固，更新了操作指导书，并对所有在线、库存机柜进行重新返工处理。

"这样，我们将这个问题发生的原因消除了，但是问题的处理还没有完。接下来，我们还要制订预防措施。"

唐风指着质量工程部的经理李建设说："这个问题是我和你一起组织处理的，你来给大家说说吧。"

李建设接过唐风的话，说："我们所做的预防措施，实质上是对纠正措施的横向展开，实现由点到面的渗透和扩散。拿这个问题来说，我们的主要预防措施有以下几点。

"第一点，对于风能变流器、UPS 等机柜类产品，我们对所有开关、接触器等器件的功率节点力矩进行了重新清查，共发现 7 个编码的器件功率节点紧固力矩偏小，即我们使用的力矩小于供应商推荐的力矩。为此，我们组织中试工艺部重新优化了装配作业指导书，按照结构设计部最新评估的安装力矩进行了更改优化。

"第二点，优化中试工艺部制造作业指导书的流程，所有器件的功率节点都需要结构设计人员提供紧固力矩，结构设计部结合器件推荐力矩及我公司产品实际要求给出紧固力矩要求。

第8章 四重境界

"第三点,所有涉及电批安装的新编码器件,如接触器、开关、分流器等,必须经过结构设计部进行审核确认,厂家没有给出推荐力矩的器件,不予通过,这些要求都已列入结构设计人员的岗位操作指导书中。

"如果这三点能落实到位,那么许多类似的不良都可以得到避免,也就是唐工所说的质量问题预防了。"

"说得非常好!大家为李建设鼓掌!"唐风率先鼓起了掌。

等大家平静下来后,唐风又说:"还有谁对这个案例的总结再补充一下,给大家多一些启发?"

听到这话,质量体系部的经理田万亩站了起来。这个田万亩,以前在 UPS 工厂中做过质量工程师,后来调到质量部,其文笔极好,思维敏捷,在质量部中人称"田师爷",质量部平时的报告都是由他主笔的。

这会儿,他站起来清了清嗓子,说:"这个案例给了我很大的启发,结合自己这几年来的工作经验,我认为我们的主管或质量工程师在面对这类问题时,可以采取这样一个五步法来解决问题。

"第一步,我们要将问题描述清楚,在本问题中,问题的现象是风能变流器在市场上出现接触器烧毁的现象,累计已出现 4 起。

"第二步,我们要分析问题产生的原因,这可以借用日本丰田公司所提倡的'5 个为什么',这个不良产生的最表层的原因是接触器上的螺钉未打紧,接下来我们要问第一个'为什么',那就是为什么接触器的螺钉未能打紧呢?

"这下一层的原因就是我公司中试工艺部制定的作业指导书出了问题,将接触器的紧固力矩搞错了。

"好,接下来我们要问第二个'为什么',那就是为什么中试工艺部会将力矩搞错呢?

"原因就是在我公司的通用规范中,规定 KM3 接触器的紧固力矩为30公斤力，而出问题的这款KM3接触器厂家推荐用60公斤力来紧固，我们负责选型的结构工程师没有把这个信息告诉中试工艺部的工艺工程师，这是产生问题的根本原因。

"这个问题我们才问了两个'为什么'，根本原因已经找到了，后面的'为什么'不用再问了。

"第三步，找到问题发生的根本原因后，先对不良品进行处理，包括采取隔离、返工、返修等措施，可能会涉及在制品、库存品和客户端不良品的处理，这个过程就是纠正。

"第四步，针对问题产生的根本原因，制定出相应的解决办法，包括修改作业指导书、优化作业流程等，这就是我们所要采取的纠正措施。

"第五步，将纠正措施横向推广，由点到面，举一反三，看看类似的产品有没有类似的隐患，并采取有效的措施，确保这些隐患被有效消除，不会发展为质量事故，这就是我所理解的预防措施，不知大家是否认可我的观点？"说完后，田万亩一脸兴奋。

"田万亩说得不错！从这个案例中我还得到几点启示，在此与大家分享。"唐风接着发表自己的观点。

"针对特殊螺钉的用法，需要结构设计部进行案例收集、培训，避免再出类似错误，这一点我们质量部还要继续推动。

"公司的通用工艺规范并不适用于所有工艺控制点，针对一些特殊的控制点，像这种M8内六角螺钉的紧固方式，我们需要尤其关注，这些往往就是容易疏忽和出现质量问题的地方。

"一个小小的人为疏漏，流到后端将造成巨大的损失，问题从源头控制总是成本最优的。

"产品质量取决于工作质量，工作质量提升，产品质量自然会得到提升。

"另外，我认为纠正和预防的思路，不仅适用于质量部，也适

第8章 四重境界

用于计划部、采购部、制造部等其他的部门。你们说哪个部门没有问题？出了问题我们就要想办法彻底解决，这就要用到纠正和预防方法了。

"比如说，你是一个采购员，你的供应商今天没按你的订单交货，你当然火急火燎地打电话把货催回来，如果你催到货后就完事了，那你就只做到了纠正这一步。

"如果你把货催回来后，继续找供应商，要求它针对本次未及时交货的原因进行检讨，找到原因并制订具体措施来解决，这就做到了纠正措施这个级别。

"如果你在引进这家供应商时，就详细评估了它的交付能力，确保它有能力按时交付，那么就根本不会出现今天的不按时交付，也就是说问题根本不会发生，这就是我讲的预防。"

说到这里，唐风扫视了大家一圈，说："在座的各位，不知是否认同我的说法？我们下个月还会召开一次纠正与预防案例研讨会，参加的人员除了各部门的经理外，还有各部门的骨干工程师，请大家将总结好的案例提交上来，我们一起研讨，谢谢大家！"

三个月后，EE公司供应链管理部的年度述职会议在台北召开，会议开完后，所有与会人员畅游了台湾。

在山势陡峭的阿里山上，唐风看见前方一辆车正在将一堆塌下来的山石运走，使道路畅通，唐风乘坐的车只得小心行驶。

看到这里，唐风不禁想起了纠正预防的方法，他在思考："如果只是用车辆将这些山石运走，事后不做任何处理，这就是纠正，后续还可能再塌方，产生危险，我姑且可以将之定义为处理问题的第一重境界。"

"如果他们将山石运走后，再用水泥将塌方处砌上，确保此处塌方不再发生，这就是纠正措施，我可以将之定义为处理问题的第二重境界。

"如果他们将此处塌方处理完后，再开车沿着整个阿里山的道路走一遍，将所有可能塌方的地方都用水泥砌上防护墙，确保塌方事故不会在阿里山发生，这就是纠正措施的横向推广，我可以将之定义为处理问题的第三重境界。"

"如果在建设这条路前，负责该道路的工程设计公司就对阿里山的地形进行详细的勘探，将所有可能塌方的地方事先设计了水泥防护墙，并在道路开通前进行施工处理，确保塌方现象根本不可能在阿里山发生，这就是真正的预防措施，我将之定义为处理问题的最高境界：第四重境界。"

本章点评：

■ 如何用纠正和预防的方法彻底解决问题？

纠正和预防是解决问题的一种有效方法，不仅仅是质量工程师和质量主管需要掌握的方法，公司中其他部门和岗位，同样也需要用纠正和预防的思路来解决工作中出现的问题。

而要有效地解决问题，描述问题、分析原因、进行纠正、采取纠正措施、采取预防措施的工作思路很重要。当然，解决问题的最高境界就是预防，让问题根本不可能发生。

第 9 章
来料质量

■ 如何用预防的思路解决来料不良的问题？

唐风调任供应链质量总监已经三个月了，质量管理是他所熟悉的工作，部门的许多下属都是以前的同事，大家在一起感到很亲切。

"解决问题要从问题产生的源头进行！"在权博士的办公室，权博士对唐风说。

"供应链质量部的主要职责就是快速处理各种产品质量问题，在保证及时发货的同时，深挖问题的根源，将之连根拔起，确保其不再发生，你要时刻给我记住！"

从权博士的办公室出来后，唐风找来手下的质量体系部经理田万亩，说："田万亩，你帮我统计一下这三个月来发生的所有重大质量问题，明天把报告发给我。"

第二天，田万亩提交了报告，他说："经过统计，我发现，这些问题主要有两个来源，一是研发设计不良，二是来料不良，生产作业不良产生的重大质量问题很少。"

唐风说："我认为目前我们公司的工厂管理水平还是不错的，所以生产作业不良不应该是困扰我们质量部的主要问题。"

接着，唐风又说："公司质量管理部已明确了分工，研发设计不良由产品线质量经理负责推动解决，来料不良由我们供应链质量部负责改善，所以我们要想想办法，看如何将来料质量尽快提上去。"

这天，由于一个熔断器的来料不良，造成了客户投诉，唐风被叫到权博士的办公室，权博士对他说："目前我们的产品不良率太高了！尤其是风能变流器、大功率 UPS、变频器等产品，生产过程中不良率很高。有时候我怀疑我们的产品不是做出来的，而是修出来的，我希望你能拿出一个方案来解决问题。"

从权博士的办公室出来，唐风立即给物料质量部的经理胡利来和质量工程部的经理李建设打电话："到我办公室来谈点事。"

二人到场后，唐风说："权博士刚才找了我，他说我们的生产过程中不良率太高了，产品不是做出来的，而是修出来的，我认为主要还是来料不良造成的。"

停了一会，他继续说："如何才能快速提升来料质量？权博士真是给我出了个难题，我想听听你们二位的意见。"

胡利来为难地说："去年我们加强了进料检验，一些不良率较高的来料在 IQC（来料质量控制）就被卡住了。目前出现的来料不良，基本上是不良率低于 1% 的问题。您也知道，我们公司虽然每年销售额达数十亿元人民币，但是批量生产的产品不多，像 UPS、大功率变频器、风能变流器这类产品，每月的产量也就几百台，有的只有几十台，来料的批量很少，一般每次的订单量只有几百个，如果按国标的抽检要求，势必要全检。但在实际操作中这是不现实的，而采用抽检的办法显然又不能把所有的不良品筛出来。"

唐风把目光转移到李建设的脸上，李经理也说："老胡说的是事实，目前我们 IQC 检验员的能量已发挥到极致，70 多个检验员每天忙死累活的，干得够辛苦了。我认为我们得改变一种来料质量控制的方式，不能只依赖来料检验了。"

第 9 章 来料质量

"那如何解决我们面对的问题呢？"唐风问李建设。

"我认为应该召集所有 SQE（供应商质量管理工程师）一起来讨论这个问题，俗话说，三个臭皮匠，赛过诸葛亮，我们应该集思广益。"李建设说道。

"那行，本周五下午三点，我们召开全体 SQE 大会，议题只有一个，就是如何降低生产线上的来料批次性不良。"唐风说。

周五的会议如期而至，物料质量部的 SQE 有 20 多人，坐满了会议室。

等大家坐下后，唐风开腔了："今天这个会议的主题只有一个，那就是如何降低来料批次性不良问题，以保证生产顺利。老李，你是从 SQE 出去的，也是 SQE 的老专家，你先来开个头，给大家说说如何解决此问题。"

"那好，我就说说我的看法，希望能抛砖引玉。"李建设接过唐风的话题，开始说了起来。

"各位，我想大家都清楚，要降低甚至消灭生产线上的来料批次性不良问题，仅靠 IQC 检验肯定是不够的，前些天唐工给大家讲了中山工业园项目防损的案例，不知大家有没有听懂？

"我认为控制来料质量的关键，就是从源头来控制，也就是说从供应商身上想办法，我们 SQE 的兄弟认可吗？要知道，我们公司的销售规模已达到 60 亿元人民币，尤其是付款信用良好在业界是有名的，供应商挤破头也要进到我们的采购系统中，这让我们有了选择供应商而不是被供应商来选择的本钱，这也是我们管理供应商质量的基础。"

看到几乎所有的 SQE 都点头，李建设又说："我们 SQE 是公司中专职做供应商质量管理的部门，我们要如何来管理供应商，才能降低甚至消灭来料批次性不良呢？"

"我先问大家一个问题，我们是如何选择供应商的？"李建设开始发问了。

"我们要选择质量管理水平高的供应商,公司目前有一个供应商稽查表,我们每次都按这个表来打分。我们公司的标准是,得分达到70或以上为合格,在60~70之间需整改,得分低于60分直接淘汰出局。"坐在李建设对面的杨高飞答话了。

李建设回答:"我当然知道有这个表,这个表主要是根据ISO9000质量管理体系制作出来的,为了保证其实用性,我们还针对生产不同产品的供应商做了优化。但是,我想说的是,单单靠这样一个稽查表能准确衡量一家供应商的质量保证能力吗?"

停了一下,李建设接着说:"不能!如果你只是按这个表来评估供应商的质量管理水平,你最多只能算是一个初级SQE。

"如何从众多候选的供应商中挑选出能满足我们质量要求的供应商?我认为除了按这个表打分外,还可以从以下几个方面来展开。"

李建设开始一条条列出他的观点。

"第一,是结果分析,我主要通过以下三小点来说明我的观点。

"通常来说,规模较大的供应商质量管理水平较高,小厂的质量保证能力一般比不上大厂。所以,我在进门前先看看这家公司的厂房规模、装修水平,再到生产线上看看它的生产规模,最后再看看他的财务报表,查查它近年来的销售增长情况,通过这些来判断这家公司的整体规模和发展速度。我的经验是,规模大、发展速度快的公司,其质量管理水平一般也比较高。

"仅仅了解这些还不够,我认为还有一点也很重要,就是这个供应商目前的主力客户是哪些厂家,它的主力客户的质量要求与我公司的质量要求是否在同一个层次上,它目前的客户对它的质量要

第9章 来料质量

求越高越好。比如，我们是国内电力电子行业的前三甲，如果它的主要客户也是电力电子行业的前三甲，或者其要求更高，比如是医疗设备行业的客户，我们就可以放心合作。

"而要找出这方面的证据，我们可以查供应商的开票系统，看看它的发票是开给哪些客户的，与其宣称的主力客户是否相符。很多供应商与我公司做了一笔生意就宣称是我公司的供应商，对着别的客户大肆宣扬，这种情况是很普遍的。为了能找到客观事实，我经常在审厂时，查看供应商给某一主力客户在一段时间内开出的所有发票，这很难作假。

"为了进一步查清该供应商的质量管理状况，还有一招是查它的主要客户给它的质量考评。在我们这个行业内，大的厂家对于供应商的管理都有考评，一家供应商的客户对其进行质量考评的数据往往能客观地反映它的质量管理水平。

"以上三点，是从结果层面来评价供应商的质量管理水平的，我下面要讲的，是从过程管理的层面来评价一家供应商的质量管理水平。"

李建设滔滔不绝。

"首先我们要看一看这家供应商对于它的产品实现的过程是否有明确的识别和定义，也就是说有没有一张贯穿公司所有业务的过程关系图，这是过程管理的基础，不同行业的供应商，其业务过程是完全不一样的。

"在这些过程中，有一些是关键过程，对于供应商最终的产品质量起着十分关键的作用。搞清楚这些关键过程的管理细节上的要求，是我们SQE专业能力的体现。作为一个新入行的SQE工程师，你的知识面是有限的，不懂不要紧，你可以先找一家行业内管理水平很高的供应商，做一个过程稽查，了解它的产品实现的每个过程是如何管理的，特别是它的关键过程的管理要求，必须非常清楚。

"我们把这叫作 Bench Mark，也就是标杆管理。以这家供应商的过程管理方法作为基准，你就可以去审核其他生产同类型产品的供应商。比如说，我们磁性器件的主力供应商海俊，它是深圳许多大公司的主力供应商，如果你对磁性器件的制程要求不太了解，去海俊稽查一遍，你一定会大有收获，能搞清磁性器件的过程质量是如何控制的。

"我要强调的是，在过程管理这一项中，有几点是很重要的。

"第一，它每个过程的质量指标有无定义，数据有没有收集。就像我们公司的 KPI（关键绩效指标）一样，一般来说，有 KPI 的公司，质量管理水平一般比没有 KPI 的公司高。

"第二，它的 KPI 能否被老板很快见到，如果老板能实时看到他的工厂的 KPI，我会给这家厂加分。

"第三，查它的公司在面对 KPI 不达标时做了什么改进措施，只有指标没有改进措施，指标统计得再好也没有用。

"第四，也是最重要的一点，是供应商对它的关键过程的管理是否到位。比如说，去年我还是 SQE 时，采购部找来一家 PCB（印制线路板）厂家，说它的价格特别有竞争力，我去审厂时把它给否了，后来采购部反对，告到权博士那里，于是权博士把我找过去解释原因。

"结果，我说的一个事实，让采购部所有的管理者都无话可说。我审厂时发现这家 PCB 厂的钻孔工序是外包的，这个工序在 PCB 厂是个关键工序，控制不到位会产生很多质量问题，它外包出去，那对这个工序的质量控制能力肯定不足。听到我说这话，权博士把采购部的人骂了一通，说他们不懂供应商的选择。

"关于过程管理的审核，我想说的就是这四点，大家还有要补充的吗？"李建设说完，环顾四周，看到没有人搭腔，接着又说了

第9章 来料质量

起来。

"我要说的第五点是供应商的质量组织,质量部是一个负责推动质量改进的部门,它的主管如果有一定的权力,在公司的决策体系中占有一席之地,能独立向老板汇报工作,这样的公司往往质量管理水平会较高。至于如何去确认,我一般先找它的人事部了解,然后找质量部的主管本人去核实,还有一点,就是看它们公司中别的部门的员工对待质量部的态度,他们是不是很尊重质量部的员工。

"另外,质量部的人员结构也很重要,如果一家公司只有检验员,没有或者只有很少数量的质量工程师,那是很难推动质量改进的,这样的公司质量管理水平一般不会高。

"第六,要考察供应商的人员能力,这可以从两个方面去调查:一是去它的人事部查它每个月的员工流动率,流动率高的企业,员工能力是很难有保证的;二是在生产现场记下一些岗位的员工姓名,要求它的人事部提供这些员工的培训记录,不要看它为我们准备好的人员培训资料,一定要现场抽查。这样查,如果它的员工培训做不到位,是很难逃过审核的。

"第七,要考察的是这家供应商对它的合作伙伴的管理能力,重点查它选择供应商的准则和实际做法,以及它对供应商的绩效管理能力。我们可以重点看看它对一些绩效表现不达标的供应商是如何处理的,从而找到切实的证据来证实它的供应商管理能力。

"第八,要考察的是这家供应商的质量文化,我一般会看这家公司的员工如何对待客户端反馈的问题。在很多时候,最让客户受不了的是公司员工对待问题的态度,如果员工对于公司的质量问题反应迟缓或者漠不关心,那这家企业的质量文化一定会有问题。

"我们在选择供应商的时候,除了这八点外,供应商的技术能力也是要列入考察的范围的,毕竟,技术能力也是决定一家供应商产品质量的重要因素。

"关于供应商的选择，我想说的已说完了，用一句话来概括就是，我们要选择技术能力和管理能力俱佳的供应商。"李建设说完话，看着唐风。

唐风接着说："老李说得不错，真不愧是老江湖。但是选择合格的供应商只是我们管理好供应商质量的第一步，我们还要做哪些工作，以确保来料的批次性不良能得到有效的控制呢？"

胡利来接过话题，说："这段时间以来，听了唐工所讲的中山工业园项目防损体会后，我有了一些新的想法，打算把预防的思路用在供应商质量管理上，现在正好拿来与大家讨论。

"我想从以下几个方面来实施供应商质量管理的预防，首先我要讲的是新的供应商的引入，大家都知道，目前公司为了降低成本，加大供应商之间的竞争，每年都会引进一定数量的新供应商，淘汰一些不合格的老供应商。

"刚刚老李讲了很多，讲得非常好，我很认同，但是他讲的这八个方面不太好打分，所以我认为，我们必须将这八个方面列入对新供应商的考察内容中，找到相应的证据，作为我们新供应商稽查结果评审会上的材料，这是第一点。

"第二点，我想说的是，老供应商新物料编码的管控问题，我认为我们公司关于这方面的管理有些问题，造成了许多新编码物料的批次性不良。

"我认为我们的新编码应该按质量风险分为四个大类来管理，质量风险越大的，我们投入的精力就应越多，就像唐工所说的防火一样，火灾隐患大的地方，上面喷淋头的口径也要大。

"第一个大类，是一些标准电子器件，尤其是IC（集成电路）器件，都是国际大厂生产的，我们很难控制其生产过程。我认为要上一个新编码，必须经过样品承认、各产品线的可置换性分析、小批量试用这三个环节,而且每个环节都必须出报告。这个过程可能时间会比较长,但是没有办法,必须要走这些流程,这种物料出了问题,后果是灾难性的,我们不得不慎重。

"第二类物料,是一些公司重点的降成本项目,是供应商专门配合我公司引入的新编码物料。据我了解,今年有一些连接器、熔断器、功率电缆、散热器的新供应商引入,都是一些采购量大,而且在以往发生过批次性质量问题的项目。对于这些新供应商和新编码,我们不仅要走样品承认、小批量试用等流程,还必须由SQE参与供应商的研发、生产整个质量控制过程,帮助其找出每个过程存在的风险,制定出相对应的预防措施,确保在整个替代过程中不出现批次性不良。

"第三类物料,像一些结构件、包材、标签等,由于相对简单,来料不良的质量风险小,我认为打个样就行了,只要样品测试合格,就可以签承认书上新编码,进行采购。

"第四类是介于这三类之间的物料,如一般的磁性器件、电缆等,我们可以通过样品认证和小批量试用的方式来管控。

"当然,我讲的只是大的思路,操作时还要针对每类物料进行具体分析,看看它可以进到哪一类中,因此今年我们就要优化我们目前的替代试用流程。用一句话概括就是,我们要根据来料的质量风险,有区别地采取不同的管理办法。"

胡利来停了一下,接着又说:"刚刚我讲了新编码的替代管理,下面我要讲的是,我们在日常处理批次性来料不良问题时要将预防思路贯彻其中。

"大家都知道,我们同一编码的物料,至少有2~3家供货商,在其中一家出了问题后,将原因找到,并采取纠正措施后,我们要分析另外未出相同问题的几家供货商,看看它们是否也会存在同样的质量隐患,督促它们采取有效的预防措施,不能让同一问题在不同供货商之间重复发生，这是我的第一点要求。

"供应商在送给我们样品后，往往出于成本或者交付的考虑，会对产品进行变更。根据我们的经验，许多批次性质量事故就是在变更过程中产生的，所以我们必须让每家供货商签订PCN（产品变更通知）协议，确保其在主要原材料、重大加工工艺变更前知会我公司。我们的SQE要提前介入其变更，对于质量风险较大的变更我们坚决拒绝，这是我的第二点要求。

"我要讲的第三点是预防性稽查，大家都是有经验的SQE工程师，我希望大家结合以往出现过的批次性质量问题，找出供应商在管理上的薄弱环节，在其未出现问题时，我们就对这些环节进行预防性稽查，发现问题及时纠正，解决质量隐患，确保其不良品不会流到我公司，这是我的第三点要求。

"最后，我想再说一点，就是我们对供应商的日常绩效考评，对于质量考评不合格的供应商，我们的思路是先发质量警告，一个季度没有根本性改善，便坚决予以淘汰。

"我想说的就是这些，请唐工和大家补充，为了保证能落实到位，我会在四个月后组织一次SQE质量问题预防案例评比会议，每位SQE都必须参加，拿出自认为最好的质量预防案例来参选，对获胜者我们会予以奖励。"

胡利来讲完，唐风站起来说："老胡的这些想法昨天和我讨论过，总结起来就是四句话：识别隐患、主动预防；解决问题，纠正展开；深挖问题，实施预防；管理变化，预防在先。

"四个月后我会参加我们的SQE质量问题预防案例评比会议，期待大家有好的表现，散会。"

果然，四个月后，在胡利来主持的SQE质量问题预防案例评比会议上，涌现了许多优秀的预防案例，其中以杨高飞提供的案例最有说服力。

第9章 来料质量

轮到杨高飞上场时，他说："我今天带来的案例是大电流连接器的替代项目，这个项目在四个月前就已经开始了，当时正好唐工和胡工给我讲了预防的方法，我完全是运用唐工和胡工给我们讲的质量问题预防思路完成了这个替代项目。

"我先介绍一下这个物料替代的背景，大电流连接器主要用于通信电源产品，每年采购额约3800万元，约占连接器总采购额的40%，目前此类连接器主要由A供应商独家供应，降价空间非常小，公司决策引入B、C、D等厂商完成对A的独家替代。预计这种替代每年能够节约采购成本约460万元，其中B公司一家便能使我公司节约近300万元。

"在替代前我们进行了质量风险分析，发现的风险有二。

"一是系统风险，大电流连接器技术难度较高，工序比较复杂，但B、C、D公司此前没有大电流连接器开发生产经验。

"二是原来的A公司已经出现过一些批次性质量问题，如果这些问题不能得到正确的处理，很可能也会在B、C、D等公司出现。

"A公司以前出现过的主要质量问题有：电镀工艺不成熟，导致镀银端子批量氧化；包装设计不合格，导致端子批量硫化；黑白线接反；螺孔大、滑丝等。

"结合大电流连接器特点、原厂商历史质量问题、现厂商研发生产能力，以及现场稽查辅导发现风险点，按工序分类汇总替代主要风险点如下表。"

杨高飞边说边打开PPT文件，给大家看下面的表格。

工序分类	主要风险点
原材料	端子材料为紫铜，材质软，难以车加工，B公司的机加供应商采用传统攻丝工艺，经B公司来料检验时发现螺纹不良率比较高

(续)

工序分类	主要风险点
电镀	电镀后硫化钠试验标准为1% NaS溶液，浸泡镀银测试物30分钟，镀银层颜色不变；低于我公司5% NaS的标准
	镀厚金件没有建立硝酸浸泡检验标准
	电镀完后包装盒内没有放置干燥剂
冲压、注塑	无
热处理	无
端子压接	端子裁线、剥线、铆压设备不专业，为手动设备，压接质量不稳定，存在压不紧和压断芯线的风险，隐患很大
	B公司人员并不了解线材铆压控制要点，没有将端子铆压高度、宽度等内容纳入首件巡检
	在进行拉拔力测试时，拉力计没有固定，且器件没有工装固定，测量误差大
组装	黑白线由一个人同时安装，存在很大的插反风险
	装完止退簧后，没有设置工序对其进行检查，存在将止退簧装反的风险
	冠簧和线簧插拔力没有工序进行控制，存在插拔力不合格品流出风险
	没有工序检查短接片是否放置到位，以及短接片和引脚是否配合紧密，存在开、短路风险
检验	对开、短路等电性能只进行抽检管控，有不良品流出风险
包装规范	B公司对此产品包装要求不了解，A公司曾因为包装不合理导致端子批量硫化不良
可靠性	B公司此前没有大电流开发生产经验，对此产品型式试验标准不太了解

等大家都看完后，杨高飞接着说："在识别了这些风险点后，我们针对每个风险点制订了应对措施，并检查落实，确保闭环，请见下表。"

主要风险点	应对措施	闭环
端子材料为紫铜，材质软，难以车加工，B公司的机加供应商采用传统攻丝工艺，在来料检验时发现螺纹不良率比较高	切换为使用挤压螺纹工艺的机加供应商加工，不产生铜屑，螺纹质量明显提高	Y

(续)

主要风险点	应对措施	闭环
电镀后硫化钠试验标准为1% NaS溶液,浸泡镀银测试物30分钟,镀银层颜色不变;低于我公司5% NaS的标准	B公司按我公司要求修订了硫化试验标准,第一次硫化试验失败,不能满足我公司硫化试验要求;改进电镀参数后,第二次试验满足要求	Y
镀厚金件没有建立硝酸浸泡检验标准	已增加镀厚金件硝酸浸泡检验	Y
电镀完后包装盒内没有放置干燥剂	已在电镀后包装盒内和生产在线品盒内增放干燥剂,防止吸潮氧化	Y
端子线裁线、剥线、铆压设备不专业,为手动设备,压接质量不稳定,存在压不紧和压断芯线的风险,隐患很大	B公司采购回裁线、剥线、铆压专业设备,并制订设备日常点检表	Y
B公司人员并不了解线材铆压控制要点,没有将端子铆压高度、宽度等内容纳入首件巡检	我公司SQE提供了铆压质量控制相关要求给B公司学习,同时要求B公司查阅了业界标准,制订了端子铆压工艺规范,对端子铆压高度、宽度、拉拔力进行首件检验	Y
在进行拉拔力测试时,拉力计没有固定,且器件没有工装固定,测量误差大	已要求B公司制作工装,使用工装后测试符合要求	Y
黑白线由一个人同时安装,存在很大插反风险	黑白线由两个工位分开安装,防止装反	Y
装完止退簧后,没有设置工序对其进行检验,存在将止退簧装反的风险	在下一工序检验止退簧是否装反	Y
冠簧和线簧插拔力没有工序进行控制,存在插拔力不合格品流出风险	安排专门工序对冠簧和线簧插拔力进行100%使用吊砝码全检	Y
没有工序检查短接片放置到位,以及短接片和引脚是否配合紧密,存在开、短路风险	安排专门工序检查短接片是否移位或变形,并检查是否存在金属屑	Y
对开、短路等电性能只进行抽检管控,有不良品流出风险	安排专门工序对开、短路进行100%全检	Y

(续)

主要风险点	应对措施	闭环
B公司对此产品包装要求不了解，A公司曾因为包装不合理导致端子批量硫化不良	要求B公司制作吸塑盒包装，放置两包干燥剂，防止氧化、硫化	Y
B公司此前没有大电流开发生产经验，对此产品型式试验标准了解不清晰	要求B公司参考行业标准制定自己的企业标准。完成如下试验：接触/绝缘电阻、绝缘体耐电压、温升试验、湿热试验、高低温试验、温度冲击试验；物理试验：振动试验、冲击试验	Y

等大家看完后，杨高飞说："事实上，我们最后对C、D厂家的情况进行分析后，发现它与B厂家的情况是类似的，我们也按此思路进行了处理，下面是我们整个替代项目的结果。"说完他打开下一页PPT的内容。

"最终此项目的成果是：替代通过的新编码已经交货100KPCS，目前生产无批量问题反馈，只反馈1PCS短路不良。针对短路问题，我们已要求B公司进行电气特性100%全检。"杨高飞进行总结。

看完这些后，杨高飞继续发表对此项目的个人体会。

"事前预防重于事后补救，对于物料替代和新定制物料，要综合考虑厂商能力和物料工艺技术难度等因素，评估风险，对于风险较大的物料需要投入较多精力进行专项预防。

"质量问题预防的重点在于关注过程，物品认证主要关注的是样品的质量状况，其关注的是结果；SQE需要重点关注的是厂商批量供货的质量保证能力，必须关注过程，关注细节，可能影响产品质量的各个因素都需要稽查确认、跟踪落实，如主要部件的质量管控、各工序生产工艺、设备能力、制程管控等。

"公司的生产质量问题电子流记录了比较完整的物料质量信息，物料替代时，可在生产质量问题电子流中收集整理原厂商质量问题，予以借鉴。

"结合各厂商制程控制长处，总结历史质量问题经验，制定出物料组制程质量检查表，使经验固化，同时可使预防稽查规范化，减少随意性和盲目性。"

"杨高飞讲得很好，大家为他鼓掌！"唐风话音一落，会议室中便响起热烈的掌声。

"最后我再补充一句：质量的系统是预防，也就是说，只有通过一个预防的系统才能获得我们想要的质量。"唐风坚定地说。

本章点评：

■ 如何用预防的思路解决来料不良的问题？

关注结果还是关注过程？

供应商质量管理对于许多公司来说都是头痛的问题，对于供应商的来料质量，如果你只关注结果，那你的方法就是依赖进料检验，这肯定无法解决根本性的问题。

只有将预防的思想与平时的工作相结合，让供应商有足够的动机和能力解决自身的问题，将质量问题预防贯彻到每一个产品实现的过程中去，来料零缺陷才不会是个梦。

第10章
初试零缺陷

■ 零缺陷是一套什么样的管理系统？

"零缺陷是一套什么样的管理系统？"自从来到质量部后，唐风经常问自己这个问题。

这段时间，他把所有心思都放在了质量问题预防上，在来料质量、制程质量等方面大力推行预防的思想。在一次部门例会上，唐风对着在座的主管和质量工程师说："我要求在座的各位主管和质量工程师，务必针对自己所管的业务，找出每个过程存在的风险，制定有效的对策，确保解决地平线上的问题。我们一定要将重大质量问题扼杀在摇篮之中，要知道，没有质量问题才是质量管理的最高境界。"

这天，在公司总部，唐风与自己的业务主管，公司质量管理部的副总裁覃博士讨论零缺陷管理的问题。

唐风说："上周开会时，米总对我说：'要让我公司在质量管理上真正获得成功，我们必须推行质量问题预防，你们质量部一定要在公司中建立一套预防的系统'，我认为，这与菲利普·克劳士比的零缺陷管理的理念如出一辙。"

"覃博士，这些年来，我熟读克劳士比的《质量免费》和《质量无泪》这两本书，其中有一句话我始终琢磨不透。"

第 10 章 初试零缺陷

"哪一句话?"覃博士问。

"质量的系统是预防。"唐风答道。

"到底如何才能建成一套以预防为主的质量管理系统？我真的有点盲人摸象的感觉，我总是感觉到自己理解到了一些东西，但是又无法形成一套有机的系统。覃博士，您能否给我指点一二?"唐风很诚恳地说。

"针对这个问题，我也在思考，也有一些想法，不过今天没时间和你谈了，一会我还有个重要的会议，回头我再和你讨论这个问题。"说完，覃博士起身走开了。

几天后，IQC 经理赵艺能来到唐风的办公室，对唐风说："上周公司质量管理部组织了一个培训，名字叫作"质量零缺陷"，是由零缺陷管理中国学院的院长杨老师主讲的，内容很丰富。杨老师的质量管理理念很有前瞻性，和你讲的防火理论有相似之处，覃博士对他的评价很高，他建议你有空也去听一听。"

"真的?! 你赶快帮我了解一下，杨老师的培训何时再开班。"听到这个消息，唐风的眼睛开始发光。

接下来，唐风对秘书陈适娴说："小陈，你有空也帮我找公司质量管理部了解一下，看看杨老师的培训何时开课。"

第二天，陈适娴走进唐风的办公室，说："唐总，两个月后在杭州有一个零缺陷管理中国学院组织的国际质量总监培训班，也是杨老师主讲，我认为你可以报这个班。"

"好的，你立马通过公司质量管理部给我报上名，我要参加这个培训班。"唐风兴奋地说。

接下来的这两个月，唐风将自己平时在质量问题预防方面的疑惑记在笔记本上，准备在培训时与杨老师交流。

"终于来了!"飞机停稳后，唐风长吁了一口气，他期待着这次培训能给他解惑答疑。

在 EE 公司中，唐风经常接到一些莫名其妙的电话，让他很是烦恼。

有一次，他的手机上出现了一个陌生的电话号码，电话那头的人显然很不客气，直截了当地问："你是供应链质量部的总监唐风吗？"

"是，请问你是哪位？"唐风客气地说。

"你不要问我是谁，你要记得你是谁！我是 EE 公司上海办的，昨天有一单货，我们延迟发货了，今天我问计划员何进，'为何发不出货来？'他跟我说有质量问题，你能不能告诉我，'什么时候你们供应链才会没有质量问题？'"来电人说话声音很大。

"你能具体说说是什么问题吗？"唐风小心翼翼地说。

"我不说了，我已经把你投诉到公司米总裁那里去了，你等着吧！"来人不容你多说，就挂了电话。

"这类电话我接得太多了，为什么只要公司同事认定是质量问题，就会跑过来指责我这个质量总监呢？"唐风很是苦恼。

还有一次，公司进口的货物在运输过程中出了翻车事故，负责进出口管理的物流部总监朱明找上门来。

"针对这次事故，我认为，应该由质量部找物流公司处理，原因很简单，所有的质量问题都应该由质量部来处理，而运输质量问题也是质量问题。"朱明说得振振有词。

"你这样说我真就没办法了。"唐风苦笑着说。

课堂上，杨老师的第一个故事让唐风茅塞顿开。

"各位同学，欢迎大家参加本次国际质量总监培训班。"杨老师用这句话作为开场白。

"在座的不是公司的质量总监，就是质量经理，我先问大家一个问题：质量管理这份工作容易做吗？"

"太难做了！公司有问题大家就把责任推到质量部。"下面的

第 10 章 初试零缺陷

学员议论纷纷。

杨老师开始娓娓道来:"看来大家是感同身受啊,我来给大家讲一个故事,也许我们中的一些人已听过。这个故事是克劳士比的'79 个人的故事',故事的内容是这样的。

"克劳士比先生在 ITT 公司任质量总监时,有一次开年会,ITT 负责销售的副总裁第一个上台做报告,他说:'我们公司去年的销售成绩很好,利润增加了接近 15%,公司在一些新市场上取得了多项突破。'

"说着说着,他的声音小了下来:'但是我们的产品还有许多质量问题,客户还有抱怨。'

"这时候,会场上 78 个头齐刷刷地转向了另外一个人,这个人是谁,大家知道吗?

"克劳士比!"杨老师给出了答案。

杨老师的描述绘声绘色。

"见此情况,克劳士比'唰'的一声站了起来,大声说道:'请不要这样看着我!'

"克劳士比手指销售副总,问道:'你说,产品是我卖出去的吗?'销售副总摇头。

"克劳士比又手指研发副总,问:'产品是我开发出来的吗?'研发副总也只得摇头。

"随后,克劳士比又手指制造副总、工程副总,问:'产品是我生产出来的吗?''产品是我负责安装的吗?'被问到的人当然只能摇头。

"'既然质量部既不负责销售,也不负责研发、制造、安装,那为什么出了问题大家都看着我?'最后克劳士比扔下一句话,让大家目瞪口呆。

"根本没有所谓的质量问题,我们有的只是销售问题、研发问题、采购问题、制造问题、安装问题等，我们要从问题的源头来定义问题，而不能将之笼统地冠之以'质量问题'，将之归咎于质量部门。

"克劳士比的这句话在 ITT 公司引起轩然大波，也彻底改变了 ITT 公司的质量文化。"

杨老师讲完后，台下的所有学员都热烈鼓掌，大家对这个故事深有感触。

"许多质量人都面对过同样的问题，想不到数十年前在美国公司发生的故事，在今天中国的企业中还在不断重复上演。"

唐风听完这个故事，感慨万千。

接下来，杨老师开始讲解克劳士比的生平，解释零缺陷管理理论诞生的背景，最后重点讲解零缺陷管理的四项基本原则。

当他讲到第二项基本原则——"质量的系统是预防"时，唐风问了一个酝酿已久的问题："什么样的系统才是一个以预防为主的质量管理系统？"

杨老师微笑着说："你这个问题问得很好，问出了在座人员的心声，下面我来解释这个问题。

"一个以预防为主的质量管理系统，必须包括三大子系统：质量检验系统、质量保证系统和质量管理系统。我们平时都开车，我就用开车理论来解释吧，我把质量管理比作开车。

"我们开车时都有一个目的地，我们的目标是在可接受的时间内安全到达，在开车时我们车上的表盘会告诉我们目前的速度、发动机的转速、发动机的温度等指标，在路上也会有各种各样的限速标志，所有这些都在告诉我们，我们有没有超速，车辆状况是否正常，这就是我们的质量检验系统，它的核心是科学衡量。

"没有这些表盘和标识，我们很难开好车，但是光有这些东西也是不够的。

第10章 初试零缺陷

"车子自带的操作手册非常有用,它会告诉你如何来驾驶这辆车,出现异常情况时如何应对,这就是我们的质量保证系统,它告诉我们应该如何做事,它的核心是文献。"

"仅有表盘和操作手册能让我们开好车吗?"杨老师有点像自言自语。

"当然不能!最重要的是人,也就是驾驶人,他的安全意识、驾驶能力才是安全到达目的地最坚实的保证,这就是我们的质量管理系统,它的核心是:人的质量意识和质量文化。"

"克劳士比零缺陷管理系统认为,要想建立一个预防系统,就必须确保公司业务的每个业务过程都能建立这三大系统,当然最重要的是质量管理系统,也就是零缺陷的做事标准。"

接着,杨老师又讲解了克劳士比的质量管理哲学。

为期四天的培训让唐风收获巨大,之前的许多疑问都得到了答案。

临别前的一个晚上,唐风和杨老师在咖啡厅闲聊。

"唐风,我很欣赏你的经历,尤其你在中山项目中的防损经验和供应商质量管理的预防思路,给了我很大的启发,我想邀请你当学院的兼职老师,你觉得怎么样?"

"好啊,我也想深入了解零缺陷管理,看看它如何与实践相结合。"唐风的回答很爽快。

三个月后,唐风开始了他的兼职质量顾问的生涯,他被杨老师邀请参加一个零缺陷咨询项目,项目的主要内容是帮助一家国有企业建设零缺陷文化,以其中一个车间作为试点,成功后在全公司推广。

挑战来临!

唐风几乎所有的管理经验都是在 EE 公司获得的,对于国有企业的情况一窍不通。

一进入这家企业，唐风就被将了一军，整个咨询团队总共四个人，分为四个小组独立分担任务，唐风面对的是这家公司的物资科，这个物资科朱科长听说有零缺陷管理的专家前来指导，就提前纠集了一大帮供应商到会议室，坐等唐风他们一行的到来。

见到唐风，这位朱科长立即问了唐风一个问题，让唐风一下子愣住了。

他说："我们与供应商从来都是按AQL（可接收质量标准）来办事的，听说你们能帮助企业实现零缺陷，这让我们很震惊，这世界上怎么会有没有缺陷的东西呢？现在请我们的专家来给我们讲一讲，如何在不同的企业中实现产品的零缺陷，大家欢迎！"

唐风一下子懵了，他自己刚接触零缺陷管理，这个问题之前的确没有想过。他急中生智，赶紧掏出公司为自己准备好的名片，依次递过去，同时心中快速地想问题的答案，在递完名片后，他终于有了一个初步的结论。

唐风微笑着说："根据我的理解，零缺陷管理就是将克劳士比的质量理念融入公司的每个业务过程中，通过过程的零缺陷实现产品的零缺陷。"

会后，唐风问杨老师："我回答得是不是正确？"

"你的理解很到位，就是这样的。"杨老师的目光中饱含着赞许。

接下来，咨询项目组的四个人进行企业现状调研，提供零缺陷文化咨询方案，重点是将克劳士比的零缺陷文化建设十四步在这家企业中实施起来。

第一个咨询项目的参与给唐风带来的影响是巨大的，他经常在思考一些问题：

"零缺陷管理理论是在美国的跨国公司中发展和形成的，在中国目前的民营企业、国有企业以及外资企业中要如何运用？"

"零缺陷管理与目前流行的六西格玛管理和精益生产有何异同？"

"零缺陷管理理念如何在实践中落地？"

本章点评：

■ 零缺陷是一套什么样的管理系统？

零缺陷管理系统是克劳士比质量管理哲学的具体运用，其核心是建立全员一次做对的质量文化，通过每个业务过程的零缺陷达到总体结果的零缺陷。

突破篇

质量总监们为何"阵亡率"高?

第11章
品质总监的困惑

■ 为什么一家快速发展的企业突然放慢了脚步?

"心肌缺血!"看着手上的检查报告,唐风简直不敢相信自己的眼睛。

2009年9月的一天,他突然觉得胸闷,到医院一查,居然是心肌缺血,医生给出的原因是长期劳累,再加上精神压力过大,需要长时间休息静养。

唐风从来没有想过以这样一种方式离开工作了近十年之久的EE公司。

"还是辞职吧!工作诚宝贵,生命价更高。"想了好久,唐风终于下了决心。

离开EE公司后,唐风在家中休息了近半年的时间,直到身体完全康复。终于,在2010年2月,他加入了深圳另外一家民营企

第 11 章　品质总监的困惑

业任品质总监。

在人事部的会议室中，唐风填完入职表格后，人事经理李丽欣开始给他介绍公司的情况。

"我们康利得公司是一家民营企业，老板孙常青是广东潮州人，早年在一家著名的意大利公司做研发副总，后来又做过市场副总，公司常务副总姜固早年也曾在一家著名的外资电源公司做研发工程师，后来逐步晋升为研发副总，这两人你在面试时已见过。

"介绍你加入我们公司的是我们的市场总监刘志远，他是你在EE 公司的同事，我和孙总、姜总通过刘志远听说过你在 EE 公司的经历，大家对你期望很高。"李丽欣继续说。

"我们康利得公司于 2004 年成立，2005 年开始销售，刚开始以生产各种电源产品为主，后来扩展到小家电、电动工具、空调零部件、LED 照明、电力电源等行业。

"公司以技术研发为核心，强调创新，经过几年的快速发展，我们今年预计可以做到 7 亿元人民币的年销售额，大家都说，我们在行业里创造了一个奇迹。

"公司下设研发中心、市场中心、采购中心、行政中心、财务中心、工程中心、生产中心和品质部，我们的总部就在这里，这里位于深圳市福田区，除了生产中心和品质部位于宝安西乡外，其他职能部门均在公司总部。"

过了一会，身材瘦高的孙常青走了进来，说："唐风，请你到我的办公室中来一下。"

在办公室中，孙常青开始向唐风介绍康利得公司的情况。

"我们公司是 2004 年成立的，最初我们做背投电源，失败了，后来尝试做 PC 电源，也不成功，在 2005 年，我们终于找准了方向，生产打印机电源。

"我们马上就要上市！根据我们现在的盈利状况，上市后的股价至少会达到70元一股,你们这些股东很快就可以买别墅。"

唐风感到血往上涌,他庆幸自己找到了一个优良的工作平台。

孙常青继续说:"从EE公司过来的人不少,大家都反馈说我们的管理不行,尤其是品质状况差,但是我们既然能走到这一步,肯定也有合理的地方。

"因此,我希望你入职后,多看一看,多思考一下,如何把我们这样一家公司的品质管理做上去。

"不过我强调,你可不要照搬EE公司的做法,在品质提升的同时,把我的成本也提上去。"

唐风的入职仪式很简单,在西乡工厂,生产中心委员会主任木福高召集了品质部的所有主管和工程师,挨个向唐风介绍。

看到品质部的这帮人对木福高毕恭毕敬,唐风心里咯噔了一下:"这个生产中心委员会主任到底是个什么角色?"

入职后的第二个周末,唐风在家中对妻子王玉谈起了新东家。

"我现在才明白康利得公司为何要聘请我,原因很简单,公司表面看起来红红火火,生意蒸蒸日上。

"但是实际上,公司内部的品质状况异常糟糕,几乎每天都有客户投诉,几乎每天都有批量性的返工,品质部每天都在忙着救火。"

王玉有点担心:"那有你苦头吃了。"

"为什么一方面公司经营红红火火,销售继续增长,另一方面客户投诉却如雪花扑面,品质部每天忙于救火,内部极其混乱,两者之间形成巨大反差?"唐风百思不得其解。

唐风清楚地记得EE公司总裁米恒的话:"我们要实现业绩的稳步增长,必须各个环节均衡发展,无论是战略管理、市场营销、产品研发、供应链管理、质量管理,还是人力资源管理,都不能出现明显的短木板,只有这样才能确保我们公司的竞争力。

第 11 章　品质总监的困惑

"这就是木桶理论,一家企业的竞争力不是由最长的那块木板决定,而是由最短的那块木板决定。"

几天后,唐风和一个朋友陈明初聊起了康利得公司的事。

唐风说:"自从进到康利得公司后,我发现了一个问题,那就是木桶理论不适用我们这样的小公司,适用我们的是'斜木桶理论',即公司的竞争力不是由最短的那块木板决定,而是由最长的那块木板决定,公司赖以生存和发展靠的是自己的优势。

"我们公司的长木板在于产品研发和市场营销,公司拥有数名技术能力杰出的研发工程师,能开发出性能优良的新产品。

"我们的老板孙常青是研发管理和市场营销的行家,技术能力强,为人很精明,做事又很勤勉,带出了一批能打硬仗的市场营销队伍。"

"那你们有什么短木板吗?"陈明初问。

唐风说:"我们的短木板在于公司的平台管理能力,尤其是供应商平台和生产制造平台,这些不像研发和市场,靠几个英雄人物就能打出一片天地。

"自我入职以来,虽然客诉不断,但是大的质量事故却较少,其诀窍就在于公司的研发能力强。

"另外,公司的文化就是要求员工能吃苦耐劳,各级管理人员在出现质量问题后的反应速度很快,所以在行业内,康利得的产品给大家的印象是高可靠性和高性能。

"但是这种情况已在悄然改变,原因就出在公司的发展规模上,在最近这一年来,公司为了更快速地发展,同时进入了多个新行业。

"为此,公司招入了大量的研发人员,研发部由一年前的 30 多人迅速扩展到近 150 人,而公司管理水平跟不上公司发展的步伐。

"量变会产生质变的，公司规模一大，这只'斜木桶'恐怕要扶正了。"

陈明初似乎明白了："呵，原来如此。"

唐风继续说："以前研发中心只有30多人时，依靠几个骨干工程师的努力，一人带五六个新人，通过师傅带徒弟的方式进行管理，产品研发不会出大问题。"

"而现在研发中心人多了，之前的几个骨干工程师都升官当了领导，不再直接做开发，再加上公司缺乏规范的培训系统，后进来的员工技能已明显跟不上客户的要求，竞争对手攻击我们康利得是'徒子徒孙搞研发，方案贵没优势'。

"另外，新进的员工来自五湖四海，林子大了什么鸟都有，康利得以前反应快、负责任的文化被快速稀释。"

陈明初问："这与你这个品质总监有何直接关系啊？"

唐风答道："公司中所有这些问题，体现在产品质量和反应速度上，就是产品质量问题越来越多，反应越来越慢，以前极少出现的批次性电性能问题也开始出现。在我入职的前一个月，某客户发来一个重大投诉，原因是某产品因为器件选型不当造成客户上线后批次性不良。

"而与我公司形成反差的是，市场上竞争对手通过学习和研究我们公司的产品，使得其自身的技术能力越来越强，我们引以为豪的技术优势越来越小。

"市场等各个方面反映出的事实是，公司反应越来越慢，客户投诉越来越多，丢单率越来越高，公司的订单量已开始出现增长乏力的趋势。

"上周，我与工厂的老大木福高谈起这些事，他的感觉与我一样，他说，整个康利得公司就像在淤泥中扬蹄的老马，现在每迈出一步，都要付出很大力气。

第 11 章 品质总监的困惑

"而从市场前线回来的销售人员经常向我抱怨，现在他们的主要工作不是去拿订单，而是在帮着我们品质部处理客户投诉。"

听到这里，陈明初有点共鸣："这也许是中国民营企业在发展到一定阶段的通病，在快速发展的过程中，企业管理的水平跟不上发展节奏，很赚钱的小公司变成了不怎么赚钱的大公司。"

入职两个月后的一个周末，在公司总部的大会议室中，唐风向老板孙常青汇报目前公司品质现状。

"孙总，我来向您汇报一下目前公司品质管理的现状，我认为，主要表现在以下几点。

"第一，客户投诉频发。在最近的 27 个工作日中，我们总共收到 32 次客户投诉，平均每天为 1.2 次。

"第二，来料批次性问题多。平均每个工作日来料批次性不良约 1 批，造成生产频繁停线。

"第三，生产返工频发，浪费巨大，影响交付。以生产中心为例，12 月份总共生产 228,326 台电源，而返工量达到 100,650 台，返工率达 44.1%。

"第四，生产线异常频发。工程、研发问题多，每月批次性异常高达 200 批以上。

"因此，我的结论是：问题成堆，举步维艰。

"当然，上述的这些都是结果，说明我们公司的管理存在严重问题，下面我一一说明。"

唐风开始讲述自己的看法。

"第一，公司没有过程管理的概念，具体体现在以下两个方面。

"其一，是我们对公司所有业务所涉及的过程既没有识别，也没有想过要组织各部门的主管进行识别。公司质量手册中甚至没有一张反映公司业务管理关系的过程图，很多过程管理都是空白的，没有任何管理规则。

"其二,过程的绩效基本未测量,也没有组织检讨,我认为,我们公司的过程管理严重失控。

"第二,全公司都缺乏按流程、按要求做事的意识,在工作中都没有把文件和程序的要求当回事。

"第三,品质管理的基础薄弱,主要体现在以下几个方面。

"其一,标准化工作落后,尤其是管理的标准化程度极低。

"其二,品质信息工作落后,没有质量信息系统,产品品质信息和过程管理信息未能有效利用,没有衡量哪来改善?

"其三,计量工作几乎未开展。

"其四,品质教育工作几乎未开展,没有教材,也没有专业的师资人员,员工品质意识薄弱。

"其五,质量责任制未建立。以上这五个方面可以反映出我公司品质管理的基础薄弱,不知孙总您有何看法?

"没关系,你继续说。"孙常青摆摆手,示意唐风继续。

唐风继续发表自己的看法。

"第四,品质管理出现方向性失误,品质管理过分依赖检验,缺乏对过程进行测量、分析和改进的资源,主要体现在以下方面。

"其一,在研发中心没有专职的品质管理人员,供应商质量管理环节只有一名专职的 SQE,95%以上的品质资源都集中在内部生产制造环节,力量分布极不均衡。

"其二,对来料质量只有检验,而没有组织供应商进行改善。

"其三,对研发、生产、交付、采购过程中的质量状况没有系统性的关注,所有人都忙于救火,没有系统性的改善措施。

"其四,品质管理组织架构松散,品质部明说是公司的品质部,实质上是工厂的品质部。外协品质管理部定位模糊,既对生产中心负责,又对品质部负责。品质部权力十分有限,很难推动公司

第 11 章 品质总监的困惑

相关部门改进。"

说到这里，唐风停了一下，继续说："第五，外协厂和公司内部生产过程没有明确的控制标准，生产过程不受控，具体表现在以下两点。

"其一，对辅料没有明确的要求，造成客户多次投诉，以及生产过程中的多次返工。

"其二，产品转外协厂时，对外协厂的品质保证能力没有评估，也没有制定相应的标准。

"第六，供应商认证只考虑成本交付，基本上没有考虑质量要求，也没有试用、评审及有效的变更控制制度，来料品质风险大。

"第七，焊接工艺水平落后，焊接过程处于失控状态，焊接质量成本高，主要表现在以下两点。

"其一，每条生产线用于补焊、剪脚及外观检查的人员平均12人左右，占生产人员的比重达到1/3，这部分人员都在做不增值的工作。

"其二，每条生产线因此产生的人力、场地、管理等费用每月超过3万元，生产中心连同外协厂，总计有10多条生产线，每年损失超过400万元。"

说完这些，唐风看着孙常青说："我来公司不久，发现的问题可能还比较粗，不知我说的是否属实？"

孙常青反问唐风："问题谁都能够发现，关键是，我想知道，你要如何解决这些问题？"

"为了快速解决这些问题，我的建议是公司必须建立一个有效的过程管理体系，识别出公司所有的业务过程，将每个过程管理做到位。"唐风说。

"那好，你去做吧。"孙常青回答。

第二天晚上，唐风专门抽时间给工厂的所有管理人员培训了零缺陷过程管理的方法。

"大家理解了吗？"讲完后，唐风对着生产中心的一群人问。

"讲得不错！"木福高笑着回答。

"大家回去后要按唐总说的去做。"在散会前，木福高还特地对大家说了声。

两周后，唐风检查培训效果时发现，所有的工作，以前是怎么做的，现在还是怎么做。

"大家为何没有一点实质性动作？"唐风问木福高。

"可能大家比较忙吧，你再等一等。"木福高说。

见到这种情况，唐风心里很是着急，他专门去公司总部找老板孙常青，向他诉说此事。

"孙总，我之前向您汇报过，要解决目前的问题，我们必须建立一个有效的过程管理体系，为此我专门给生产中心的主管们做了这方面的培训，但是从实际效果来看，他们根本没有任何动作，这样下去，品质如何能得到改善呢？"

孙常青的态度让唐风摸不着头脑："你才来不久，不要着急，多了解一下情况再说，不要急功近利嘛。"

停顿了一下，他对唐风说："我们是一个小公司，折腾不起，我们公司来自EE公司的人不少，大家都向我反馈说公司这里不行那里不行，但是我们做到今天这个局面，肯定也有合理的地方。我希望你不要用EE公司的标准来对待我们，我们宁愿走慢一点也要确保把步子迈对，你要先适应我们的现状，我们不需要疾风暴雨式的变革，我们需要的是改良！"

见此情况，唐风知道再多说也没有用，他找了个借口离开了孙常青的办公室，转身去找常务副总姜固，希望借他的力来推行过程管理。

姜固说话更为直接！

他对唐风说:"我们不需要高深的管理理论,你只要做好一件事就行了,你要做的只有两个字:盯住。"

"前年,公司的品质部是由我直接管的,我的心得就是每天坐到生产线上去,盯住每一款产品的生产,发现问题及时处理,我认为这是品质管理最直接最有效的方式。

"你来公司已经好几个月了,我们对你的水平和能力非常认可,你现在要做的是了解每一款产品,了解每一个加工工艺。"

为了验证姜固的办法是否有效,唐风真的抽出时间来,坐在生产线上当检验员,结果他发现根本难以为继,因为手机整天响个不停,不是客户投诉,就是IQC发现批次性来料不良,再或者是品质部的人员与生产中心的人员起了冲突,需要他去调解。

每天晚上唐风回到家时,都感到身心疲惫,只要想起孙常青和姜固的话,唐风的情绪就非常低落,他反复地问自己:"难道我真的错了?"

本章点评:

■ 为什么一家快速发展的企业突然放慢了脚步?

管理惯性是杀手!企业在发展过程中,管理层无视环境变化,其管理理念、管理方法缺乏变化,最后导致企业在迅速变化的市场环境面前显得反应很迟钝。

企业发展的过程如同扎木筏,企业越做越大,木筏也越扎越大,但是再大的木筏也不可能成为航母,企业的最高管理层必须及时修炼内功,完成管理思想上的转变,才能实现从木筏到航母的转变。

第12章
真正的对手

■ 质量改进为何困难重重？

"公司的管理层用这种方式做事，我就是有三头六臂也解决不了这些所谓的品质问题！"

进入康利得公司快半年了，唐风一直在琢磨这家民营企业的管理特色和文化，这天，他与妻子王玉说起公司的事情。

"我们公司老板孙常青身上拥有中国人吃苦耐劳、勤俭节约的优良传统，他为人精明，浑身上下透着干练劲。

"还有，他做事总是不辞劳苦，亲力亲为，经常周日还在办公室中加班，周六更是从不休息，可以说是公司最辛苦的人。

"在孙常青的影响下，整个康利得公司形成了一种吃苦耐劳的文化，不管多晚，只要公司有事，老板一声令下，包括高级管理人员在内，所有相关人员都会立即被动员起来，表现出很强的行动力，而且公司成立初期就选对了产品，把握住了行业发展趋势，再加上公司的研发能力强，强调技术创新，所以公司成立后发展速度很快。

"但是，孙老板对于质量的认识我可是不太认同啊，他总是说品质部要盯住所有的问题。

"还有，昨天，我要求采购抽湿机，将仓库的温湿度控制住，

第 12 章　真正的对手

结果老板坚决不同意。我们老板经常在大会上说：'公司的各级主管要抠住每一个铜板，我们每个主管一定要想办法节约一切可以节约的资源，杜绝一切形式的浪费。'

"这不，连必要的设备都不买，到时候仓库会成为一个'品质问题'爆发的温床！"

妻子王玉开始调侃唐风："我看你也快赶上你们孙老板了，这几个月，你都没有请我们全家外出吃过一顿饭。"

唐风说："说到吃饭，前天，我们市场部的一个同事给我讲了一个细节，他说每次孙常青请客户吃饭，至少会点两次菜，因为一般第一次点的菜都不够吃，必须第二次或者第三次加点。

"还有，我也观察过，发现只要与孙常青到餐馆吃饭，他基本上不会让别人点菜，每次都是自己一个人搞定。

"还有，你知道吗？只要听说同行内有哪家公司倒闭了，我们的厂长木福高都会第一时间开着他的小面包车冲过去，与人家讨价还价，以原价一到两折的价格淘一些可用的二手设备，我有时觉得，他不像一个厂长，倒像一个兼职的采购员。

"在公司的股东会议上，孙老板强调得最多的就是节约成本，其次就是品质部要盯紧所有的品质问题。"

"策略决定格局，细节决定成败！"

孙常青用他的口头禅作为开场白，开始了这个月的股东大会，然后开始通报本月公司的财务报表。

孙常青说："大家都看到了，我们今年的财务报表非常漂亮。我认为，公司能有今天的局面，是因为我早些年制定的策略到位，这就是我讲的'策略决定格局'。"

说到这里，他又说："但是我们最近的品质问题太多了，公司为此花掉了不少钱，唐风，你们品质部要好好盯住，不要让这些问题带来客户投诉，降低我们的竞争力。

"我认为，只要执行到位，这世上没有做不成的事。现在，我们有这么多的品质问题，只能说明一点，就是唐风、木福高你们这群人的执行能力太差。"

"前几年，公司没有品质总监，所有的工作都是我和姜固一手抓的，我们的品质也做得很好。现在，我们品质部的人多了，品质反而下来了，唐风，我认为，是你们没有盯好。"

看唐风没有吭声，孙常青继续说："唐风，你要更勤快一点，更细致一些，要多抽时间坐到生产线去盯住每一款产品的生产，在那里，你自然能了解所有的品质问题，能找到有效的解决办法。"

会后，唐风找自己的副手——品质部副总监牛春雨了解前几年的品质状况。牛春雨说："孙总和姜总都是研发的高手，擅长关注细节，的确能在生产线上发现许多问题。"

"以前，我们的产品在市场上的口碑一直很好，很少有批次性电性能问题，而且就算有问题，在孙总和姜总的指挥下也能很快解决，这让康利得在打印机电源、电动工具控制器、LED驱动电源等市场如鱼得水。"

"或者，这就是孙总对自己的品质管理策略非常自信的原因。"牛春雨说。

让唐风心烦的事总在不断发生，因为一款产品KL4803Z的老化工装产能不足，看样子又无法满足交期了，计划部经理许高升给姜固发邮件："姜总，KL4803Z老化产能不足，我们无法赶上三天后的交期，我建议，将此批产品取消老化，请确认。"

姜固的回答只有两个字："同意！"

收到许高升转发过来的这封邮件，制程品质部经理楚春红立即过来找唐风，她坚决反对这样做！

"唐总，你要找姜总去说，每次出了这种问题，要么是要求取消老化，要么是缩短老化时间，这样如何保证产品质量？我们品质

第 12 章　真正的对手

部不能无休止地看着违反流程作业的事情在我们眼前反复发生!"

唐风想想也对,他立即打电话给姜固:"姜总,每次一有交货问题,我们就取消老化或缩短老化时间,计划部从来就没有针对不能及时交付的原因进行分析,这样下去,我们的产品出厂品质如何能保证?"

姜固的态度很坚决:"唐风,品质、交期、成本是客户需求的三个方面,我们在无法全部满足的情况下,只能折中处理,这也是公司一贯采取的中庸之道嘛。"

与此同时,姜固还给唐风做起了思想工作:"唐风,这么多年来,我们公司一直推崇的就是灰色文化,做事不要太绝对,要学会从黑和白之间寻找妥协之道嘛。"

"质量就是符合要求!这个黑白之间的灰色该如何把握啊?"听完姜固的这番话,唐风心情沉重。

当天下午,新来的 IQC 经理江中龙打电话给唐风:"唐总,有一家电感厂家甘茂,今天送来的货物出现有害物质超标的现象,我查过,这家供应商经常出现此问题,弄得我们鸡犬不宁,又是返工,又是隔离,我建议将它关掉。"

唐风早就听说这家供应商的来料质量一直很糟糕,听到这话,立即响应:"好!"

唐风发邮件给采购部,并抄送给姜固,他在邮件中写道:"我坚决要求将甘茂这家供应商淘汰,请采购部评审。"

谁知,采购部还未回复,姜固回复的邮件倒先来了,并且抄送给了邮件中的所有人员,他坚决反对砍掉这家供应商!

姜固态度鲜明:"不能这样做!自从我们引入这家供应商,每颗柱形电感节约了 1 毛钱,一年下来就节省了近 100 万元,这家供应商对我们公司做出了巨大贡献!"

为此,姜固还专门打电话对唐风说:"我建议你多买一台

ROHS（有害物质）测试仪，加强抽检，但是这家供应商无论如何不能砍掉！"

"我是打虎不成，反倒让采购中心看笑话呀！"唐风的心情跌到了冰点。

半个月后，又是江中龙打来电话："唐总，我们IQC今天在抽检时，发现甘茂送来的一批电感中的有害物质超标，我查了一下，其同一批次的产品中已有数千颗电感用在电源板上，已出货给某客户了，你看该怎么办？"

"这有什么好说的，赶紧将已发出的货物追回来啊。"唐风立即给商务部打电话，要求召回此批货物。

十分钟不到，孙常青和姜固的电话先后打过来了："不能召回，如果召回产品，我们的损失太大了！"

孙常青还特地嘱咐说："你千万不要将此事告知客户！这批产品使用起来是没有问题的，客户不一定能发现。"

这让唐风很是郁闷："这哪是品质第一的思维方式啊？昨天老板还在公司内发表了一篇文章《十年铸就质量之剑》，像这样做事，100年也铸不出这把质量之剑来！"

唐风对楚春红说："没有在利益面前的牺牲，怎么可能形成真正的文化？对员工影响最大的不是老板在说什么，而是他在做什么。老板在人前，总是品质第一、品质很重要云云，在公司大会上口若悬河、滔滔不绝，但是在品质和口袋中的钱发生冲突时，总是选择钱而扔下品质，这让员工们怎么看待品质？我们品质部是任重而道远啊！"

说到这里，唐风叹了口气："唉，以前我在辉圣时，公司老板也讲灰色文化和灰色领导力，可是他强调的灰色，是指我们管理者在面对矛盾和冲突时，要找到矛盾双方都能接受的方案，把工作顺利推进下去，不要因为双方争执而将工作停顿下来，但是对于产品

第 12 章 真正的对手

质量和工作输出从来都是要求明确,毫不含糊。

"但是孙总和姜总所讲的灰色,与这完全不是同一回事,在他们眼中,所有的东西都是灰色的,无论是对员工的工作要求、待遇分配,还是对产品的质量要求,都喜欢模糊处理,此灰色可非彼灰色啊!"

与楚春红谈完话,唐风回到办公位,查了查公司的体系和流程,接着,找来手下的体系经理郑志刚,问道:"我们公司规模也不小了,怎么流程和制度这么模糊啊?公司的组织架构也不清楚,而且经常变来变去的,这些归档的文件与实际操作风马牛不相及!"

郑志刚叹了一口气:"我们公司的管理风格一直以来,就是管理靠嘴,品质靠盯。

"你也知道,我们整个生产中心没有一份准确的、操作性强的流程文件,员工的做事方法基本上都来源于老员工和主管的言传身教,师傅带徒弟是公司主要的培训方式。公司培训的流程文件是有的,但是从来没有真正实施过。

"另外,我们公司的研发管理采用的也是人盯人的作业模式,每个骨干工程师会带五六个新员工做新项目研发。每次新产品的样机一出来,这些骨干工程师就会拿着万用表、示波器,根据自己的经验,在样机上指指点点,做一些小范围的点检,再送到工程中心下属的测试部进行测试,如果客户的订单急,连测试部都不送,便直接进行批量生产。"

说到这里,郑志刚反问唐风:"你知道我们的体系为何这么乱吗?这是我们公司的第三大股东——采购总监钱想富的杰作。"

"他有一段名言:'公司要发展,就必须满足客户的要求,我们当年为何要花钱做 ISO9000 质量体系认证,原因就是许多客户要求我们必须有 ISO9000 体系的证书,否则不和我们做生意。既然客户要 ISO9000 证书,我们就花钱拿到这些证书,这就算满足客户的

要求了嘛。'

"几年前，公司在申请 ISO9000 体系认证时，品质部有人提出来，要按 ISO9000 的要求对公司的流程进行梳理固化，结果被钱想富一通臭骂：'搞什么文件流程，交钱拿证书就够了，客户要什么我们就给他们什么，扯那么多没用的干什么！'

"所以公司的一整套程序文件最后是通过认证机构，直接引用了另外一家公司的文件体系，将这家公司的名字换上康利得的名字，又做了少许改动得到的。交钱拿证，双方都省时省力。"

郑志刚一肚子苦水："我也不喜欢这样，但是没有办法，我只能搞些假东西来忽悠客户，蒙混过关。

"还有，公司从来不按 ISO9000 质量体系的要求做管理评审，所有的质量目标和质量方针也都是应付客户审核的，从来没有想过要将质量目标和质量方针与公司的实际运作相结合。"

正在此时，老板娘打电话过来了："唐风吗？我是财务部赵姬，我听说，我们今天有家供应商出了品质问题，你为什么不及时通知我？"

赵姬的声音越来越大："难道你不知道我每天要付款给供应商吗？如果不能及时把货款扣下来，我们公司肯定又要吃大亏了！"

赵姬是公司财务经理兼出纳，在公司内行事一向以霸道著称，唐风对之一直是避之不及。

康利得公司的供应商更换极为频繁，这与赵姬的做事风格不无关系，在讨论来料品质改善时，很多供应商都向唐风抱怨："现在不是要解决如何做好产品的问题，而是考虑要不要继续做下去的问题，你们公司的付款条件太差了，每次找你们老板娘拿钱，就像是叫花子讨卖身钱！

"你们康利得公司最初与我们签订的供货协议，规定是 30 天现金付款，后来你们将之慢慢延长到 120 天付款，银行推出承兑汇

第12章 真正的对手

票后,你们又改为付半年期的承兑汇票。去年,你们老板娘又借口春节期间不付款,将付款周期又延长一个月,达到150天,这样我们在交完货后拿到钱,已经是一年以后的事情了。

"你们这样搞,我们供应商还要不要活了?"

每次听到这话,唐风立马语塞,他知道,康利得公司并不差钱,公司现金流充沛,账上随时都有2亿元以上的现金流。赵姬的策略是故意拉长账期,让供应商缺钱,来找她贴现,贴现的钱都是不用开票的,财务处理起来很灵活,而且是纯利润。

"今天肯定有供应商过来贴现,因为老板娘的脸上就像开了花一样,一直笑吟吟的。"这已是财务部公开的秘密。

"真令人难受!"接完赵姬的电话,唐风恨恨地说。

最近,他总是感到老板娘那双眼睛时刻在背后,有意无意地盯着自己。

有一次,因为工作需要,唐风请手下的几个主管和工程师吃了顿饭,花了300多元钱,在报销费用时被财务部退了回来。老板娘赵姬要求唐风在报销单上注明吃饭的具体事由、参与人数、主要参与人等,否则不予报销。

"我不报了!"唐风将退回来的报销单撕得粉碎,狠狠地扔进垃圾桶。

晚上在家里,唐风看一个电视讲座,讲课老师说:"一家公司要做大,财务不能有老板的亲人,因为这对公司高层管理者的心理影响太大。"

"真是有道理!"唐风自言自语道。

几天后,与工程中心的总监刘冠军在饭堂吃饭时,唐风开始吐苦水。

"对于高层管理者来说,老板的信任,在很多情况下,会带来巨大的动力,这就是信任的力量,可惜在康利得公司,这种事永远不会出现在我身上。

"有时候我真感觉我们品质部像个小媳妇，研发、市场、财务、采购、生产，不管是哪个部门，一有问题就会指责品质部，我感觉现在公司所有部门都是我们品质部的对手。

"昨天，我接了老板娘一个电话，你猜电话中她说了什么？"

"她说什么了？"刘冠军反问。

"她气冲冲地说：'我们浙江的客户强力生把我们这个月的货款扣了，说是有品质问题，导致我们财务收不到钱。唐风，你告诉我，我们公司什么时候才不会有品质问题？'

"老刘，你也知道，我们公司的质量状况在持续恶化中。自从我进来后，不到半年的时间内，因为研发问题和来料不良，已出现三起重大市场质量事故，公司两次派出研发人员随客户一起出国分析终端用户反馈的整机质量问题。

"在公司内部，品质部成了救火队，我就是救火队长，每天都在忙着指挥手下的工程师和主管，处理来料不良、制造不良、客户投诉等各种各样的问题。

"我想推行过程管理，奈何公司所有实权人物都不支持，我是举步维艰啦。"唐风一肚子委屈。

"还有，下班回到家后，你知道我最害怕的是什么吗？"

顿了一下，唐风说："我最害怕听到的是手机响，尤其是姜固的电话，他的电话从来没有好消息，不是客户投诉，就是生产批次性的品质异常，让我赶紧处理，我都快疯了。

"还有，我现在都不知道品质部到底归谁管，按照公司的组织结构，我们品质部是对常务副总姜固直接汇报工作的，与生产中心是平级部门。但是，品质部与生产中心的办公地点在一起，所有人员招聘、费用报销、车辆申请、薪酬奖金都要通过生产中心下辖的人事部和财务部处理，这些部门都归木福高管，他不同意，我很多

第 12 章 真正的对手

事情都办不成。

"老刘,你也知道,老板只信任木福高,他是生产中心唯一的权签人。

"说实在的,这生产中心,既不像一个公司,也不像一个部门,搞得我们品质部什么事情都不清不楚的,我真是窝火啊。

"作为公司的品质总监,入职时姜固告诉我,我掌管的是公司要害部门,在公司内我的级别高过木福高,但我从来都不知道自己到底有什么权力。

"另外,我们品质部下属的外协品质部,在每个外协厂都派了驻厂代表,作为公司交付和品质管理的唯一责任部门,但是这个部门还对木福高汇报工作,因为交货是木福高负责的,这让一些驻厂代表感觉工作很难做。外协厂不出品质问题还好,如果出了品质问题,这边是品质部要求暂停发货,进行整改,那边是生产中心计划部要求立即发货,到底该听谁的?

"我刚来时还发现一个奇怪的现象,我们品质部的人不敢通报生产中心存在的问题。后来我才知道,除了我外,品质部其他人员的工资奖金全部攥在木福高的手里,难怪这群人不敢反馈问题,在这个世道,有谁会傻到跟自己的钱包过不去?

"这真是应了那句老话:'手里没把米,连只鸡都唤不来。'"唐风很气恼。

"我看你还是找老板把这些事情搞清楚吧,否则如何能开展工作?"刘冠军说。

"好主意!"唐风答道。

过了几天,唐风鼓起勇气,走进孙常青的办公室,说:"孙总,我来了快半年了,很想改变目前公司这种品质现状,但是我发现,我连品质部的人都叫不动,哪里还能推动得了别的部门?您也知道,我们品质部的人事和财务权都掌握在木福高手上。

"如果品质部连独立的人事和财务审批权都没有,我建议您还是另请高人来当这个品质总监吧。"

孙常青有点窘,当场拿起电话:"姜固,你赶紧出个公告,我们品质部必须要有独立的人事和财务审批权!"

这个公告直到唐风辞职离开康利得公司也没有发出来,唐风后来又找过姜固几次,要求公司出公告,每次姜固都说"好的,好的",但就是没有动作。

与孙常青谈过后,唐风立即召集品质部的所有主管和工程师开会。

"各位,我们品质部是一个独立的部门,直接对常务副总和公司董事长负责,我已找过老板,他承诺马上发公告,以后大家的薪酬待遇不会再让木福高来决定。大家做事情不要怕,一定要大胆暴露问题,问题不得到彻底解决一定不能罢休!"

自打唐风入职后,他对品质部内部的分工进行了梳理,根据品质部的业务成立了品质体系部、外协品质部、制程品质部、客户品质部等部门,又将以前的IQC部升级为物料品质部,增加了两名SQE(供应商质量管理工程师),招聘了几名主管,品质部实力大增。

但是唐风总感到有一道无形的锁链捆住了自己,他对楚春红说:"我来公司这么久了,品质部人数也增加了不少,但是客诉问题丝毫没有减少的趋势,品质改进依然很困难,同样的品质问题总是重复发生,你认为原因是什么?"

楚春红说:"据我的了解,所有品质问题的解决只做到了返工或返修这一层面,没有人愿意认真分析问题产生的根本原因,形成书面的、可持续解决问题的制度。"

"是啊,你说得很对,但是孙总和姜总不这么认为,我得想办法让他们明白这个道理。"

第 12 章　真正的对手

第二天，唐风找姜固讨论此问题，但是很快两人开始争执。

唐风说："姜总，我们为什么会有这么多品质问题，我认为必须在公司内针对每个业务过程建立管理制度，将每个人的工作要求理清楚，然后严格执行，进行奖优罚劣，否则我们永远会停留在救火状态！"

姜固则更坚决："如果这样做，那我们康利得就不是康利得，而是你的老东家美国 EE 公司了！"

同样的冲突表现在公司的品质大会上，入职三个月后，唐风召集了第一次公司级的月度品质大会，邀请姜固和各部门的主管前来参加，本意是希望通过对各个典型的质量事故的讨论，来推动公司业务流程的建设。但是，会议一开始，就陷入了讨论每个具体问题的细节上，把与会人员弄得筋疲力尽。

会议的最后，在讨论一名中试计划员张欣开错工单导致客诉的问题时，唐风与姜固又起了争执。

唐风说："姜总，我认为张欣犯错的主要原因是，他的主管没有明确他的工作要求，导致他犯了错，所以不能处罚他本人。不知者无罪，单纯靠处罚无法解决问题，今天处罚了张欣，明天还有李欣、赵欣、王欣。"

"唐风，公司的流程不可能尽善尽美，永远都会有问题，既然犯了错，就必须通过处罚让他长长记性。"姜固态度强硬。

"我不同意你的看法！"唐风拧上了。

"我们公司就是靠人的！"姜固说完后就走人了。

开完会，唐风心中一直萦绕着一段话："没有了传统，文明是不可能的，没有对这些传统的打破，进步也是不可能的，困难在于如何在稳定和求变之间取得平衡。"

"唉，公司处处显示着对传统的眷恋，传统文化气息浓厚，像这样做事，想进步几乎是不可能的。"唐风的心头掠过一丝悲凉。

这次会议让唐风冷静下来，为了说服姜固支持自己，他决定亲自分析每一个重大问题，借此来找出公司在管理上存在的问题，推动公司建立过程管理体系。

两个月后，唐风再一次找到姜固，在分析了近期发生的重大品质案例后，他再次陈述自己的观点："姜总，我认为公司领导层必须尽快转变品质管理的理念，建立过程管理体系，否则品质改进是无源之水、无本之木。"

唐风继续说："姜总，我家附近有一个十字路口，早些年没有装红绿灯，我每天开车经过那里时，都感到很顺畅，因为车少，几乎不需要等待，偶尔有几个方向的车同时经过，大家互相避让一下，问题也就解决了。但是后来，车辆开始多起来了，我每天早晚开车经过时，发现堵的时间越来越长，有一次还出了严重交通事故。为此，交通局在该十字路口装上了红绿灯和电子眼。我发现，在车少的时段，红绿灯意义不大，反而让我多花时间等待，效率变低了，但是在大多数的时段，正是有了红绿灯和电子眼，道路才能保持通畅，有几次红绿灯坏了，立即引发了大塞车。

"我认为我们康利得公司，情况也是这样，以前人少的时候，的确不需要什么规则和制度，只要几个主管同心同德，问题一碰头就解决了，但是现在公司的员工多了，还是像以前那样做，靠员工自发性地解决问题，肯定是玩不转了。

"所以，我认为，我们公司存在这么多的品质问题，主要原因是我们管理太粗放。当然，我也不是说管理越细越好，我们的管理精细度必须符合我们公司现阶段的发展水平！"

姜固的观点依然牢不可破！

他说："我不这么认为！我给你句实话吧，我认为，像我们这样一个中小型公司，研发是公司活力的源泉，如果我在公司中定出太多的条条框框，那么就可能限制公司的创造力，这对我们康利得来说是灭顶之灾！

第 12 章　真正的对手

"还有一件事，你别忘了。"姜固停了停，对唐风说："别看这半年来我们在客户端出了不少品质问题，但是你看看我们的财务报表，净利润 6000 多万元！比以往任何时候都好，我们的品质管理要看什么？看利润！

"我反复和你讲过，我们不是处在一个非黑即白的世界中，我们要用自己的智慧，从黑白之中寻找到我们所需要的灰色，这才是我们公司的生存之道！

"唐风，你这个人什么都好，但是有一个缺点，就是做事太绝对，太理想化。你应该多读读我们老祖宗的书，学习一下，什么叫作中庸之道，不要老想着品质第一！"

最后，姜固盯着唐风，很认真地说："我还是那句老话，盯住！你必须坐到生产线上去，在那里你一定能发现所有的问题，你现在和我说这些，只能证明，你没有深入了解我们所处的行业的特点，并没有理解我们客户的真正需求。"

他停了停，接着说："所以，我认为你还没有真正入行。"

本章点评：

■ 质量改进为何困难重重？

品质总监最大的对手就是公司落后的品质文化！品质就是符合要求！它是原则问题，不可以妥协。

另外，许多中国管理者用人做事强调悟性，不愿意把事情讲清楚，而是让下属自己去体会，下属做对了，功劳是自己的，下属做错了，就是下属笨，这种做法对于公司品质文化的建立非常不利。

有人说，中国一些公司的传统文化是一种小农文化，他们做事的原则就是没有原则，怎么能赚钱就怎么做，表面上看起来这种做法颇为实用，能立即获利，但从长远的角度来看，这种做法对于公司品质文化的建设几乎是致命的。

第13章
过程模式作业表

■ 如何将一个业务过程管理到位？

"为什么孙常青和姜固总是认为品质与成本、交付是互相矛盾的？难道不能通过有效的管理，实现三者兼得？"走出姜固的办公室，唐风心情郁闷。

"但是我该怎么办？要想说服公司的最高管理层支持自己，按自己的思路来管理公司的品质，劝说的方法显然是行不通的了，他们不相信假设，只相信一个字：钱！"

在回工厂的路上，唐风一直在思考这个问题。

"目前的态势很明显，研发、工程、采购、制造等问题产生大户是不大可能支持自己的了，他们都看孙常青和姜固的脸色行事。

"还是从自己能控制的地方下手吧！"他终于下了决心。

回到工厂，唐风总结了目前生产线批次性的品质异常，他发现，除了研发原因外，第二大原因就是来料不良。虽然品质部对供应商的影响没有采购部那么大，但是消除来料不良却是公司从上到下共同的心愿，应该能得到大家一致的支持。

唐风立即打电话给手下 IQC 部的经理江中龙："你到小会议室来一下。"

江中龙是唐风几个月前刚招进来的，来自一家有名的台资电源公司。

等江中龙坐定，唐风开口了，"江工，你来公司有多久了？"

"有三个多月了。"江中龙小心答道。

唐风说："你可知道，这三个月以来，有多少人因为来料不良，到我这里投诉你，要我解雇你？"

江中龙一脸无辜："的确有很多问题，但是我来的时间不久，您总得给我时间吧。"

唐风说："仅仅是时间问题？好，我来问一问你，你部门目前有多少人？"

江中龙回答："SQE 工程师 1 名，IQC 检验员 28 名，文员 2 名，加上我自己，共 32 人，我昨天还面试了 1 名 SQE 工程师，入职后达到 33 人。您上个月不是要求我增加 SQE，将 IQC 部升级成为物料品质部吗？"

"那好，你们这 32 人每个月要花掉老板多少钱？"唐风又问。

江中龙说："检验员工资每人每月至少 3000 多元，加上五险一金等其他费用，每月公司实际付出的钱应该超过 4000 元，工程师和主管工资当然更高了，这样算下来，每月光工资，就超过了 13 万元，还不包括各种各样的其他费用。"

"不错，你还能算清楚这笔账，那好，你花了老板这么多钱，你们 IQC 这个业务过程输出了什么？"唐风突然问了一句。

"输出了什么？等一等，您让我想一想。"显然，江中龙对唐风的这个问题毫无准备。

"我认为，我们输出了合格的原材料。"想了一会儿，江中龙试探着回答。

"如果供应商送来的东西是不合格品，你 IQC 能把它变成合格品？"唐风咄咄逼人。

"是啊，如果供应商送来的东西是不合格的，我们 IQC 是不可能把它变成合格品的。"江中龙一脸茫然，不停地挠头。

"那我们 IQC 输出的到底是什么呢？"江中龙自言自语。

想了半天，江中龙还是不得其解："唐总，我以前实在没有想过这个问题，您能不能指点一二？"

唐风等的就是这一刻，他说："其实，不管你 IQC 有多少个人做事，每天干得有多累，你们的输出只有两样东西。

"第一，是一份进料检验报告；第二，是一批加盖了检验标识的货物。这些都是你交给下一环节仓库的东西，你认同吗？"唐风解释完，看着江中龙。

"啊，我们 IQC 部 30 多个人整天忙忙碌碌，加班加点，原来输出的就是一份检验报告和标识了检验状态的货物这两样东西。"江中龙有些惊讶。

"我们是做品质管理工作的，你来面试的时候我就问过你一句话：什么是品质，还记得吗？"唐风说。

"记得，当时我的回答是：品质就是符合要求，这是美国质量大师克劳士比对于品质的定义。"江中龙的记性还是不错的，能准确回想起当时说的话。

"那好，要求来自何方？"唐风紧追不舍。

江中龙说："要求首先来自我们的客户以及我们的下游工序，当然，有时候国家政府、行业组织的要求也必须遵守。"

唐风说："那好，江工，我想问你，IQC 的客户有哪些？你给我说说。"

"这个问题我以前没有仔细想过，您让我再仔细想想。"江中龙又开始挠头了。

"仓库、生产线，这是我们 IQC 的客户，唐总，我说对了吗？"

唐风伸出食指，指着江中龙说："难怪这么多人要我把你解雇，你连谁是你的客户都搞不清楚，工作怎么能做好呢？"

第13章　过程模式作业表

接下来，唐风打开自己的笔记本电脑，调出一个PPT文件，对江中龙说："最近，我用以前做咨询时学到的过程模式作业表，分析了我们IQC进料检验这个过程，得到这个PPT，今天我特地与你交流一下。"

唐风点击放映键，PPT第一页上出现的标题是：IQC进料检验过程目前存在的问题，标题下面列出了具体的问题点：

（1）批次性问题漏检次数多，仅定制件（电感、变压器、散热器、PCB、线材、标签、塑胶外壳等）来料批次性质量问题每月流到生产线上的至少就有30批以上，但是无法判断是否属于检验员漏检。

（2）经常在生产线上发现混料，有时甚至造成生产线大批量返工和客户投诉，但是无法区分是IQC检验后放错还是仓库发错料，或者是前加工车间放混料。

（3）检验周期长，平均检出周期超过3天，因为检出时间长，很多物料本来不是急料，结果被IQC变成了急料，有些数量少、体积小的来料甚至被发现在IQC处丢失，打乱了生产计划。

（4）因为急料信息反馈不畅，造成急料经常在使用前才发现还放在IQC处待检验，甚至由于急料被IQC批退打乱生产计划，计划员、物料员、采购员经常投诉IQC。

（5）检验效率低，平均每小时只能检出1.4批物料。

（6）供应商由于来料标识或包装不符合要求，经常被要求退货或返工，怨气很大，尤其是散件发货的CKD（Completely knocked down，全散件组装）物料，由于客户要求中性包装，不得在包装箱上出现生产厂家信息，包装不合格造成的返工率更高。

（7）生产线由于CKD物料不符合客户要求，经常要重新包装，浪费人力、物力，所以经常找我投诉。部分物料在检验后没有盖IQC的检验合格章，仓库也经常找我投诉。

(8) 客户审核问题多，如操作不规范、要求不明确等。

唐风指着这张 PPT 说："这是我安排别人统计的，你看看是否属实。"

江中龙逐条核对了一遍，回答说："的确，这就是目前 IQC 的现状，我压力很大啊。"

"下面我用过程模式作业表来分析我们这个过程为何存在这么多问题。"唐风说完，点击鼠标，电脑上立即出现了一张图。

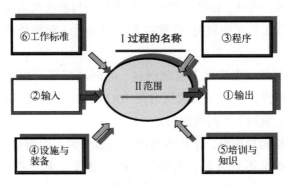

过程模式作业表

他开始对着图给江中龙讲解。

"我在零缺陷管理中国学院待过一段时间，参与过一些零缺陷咨询项目，做过它的兼职咨询师。据说这个表是美国质量大师——零缺陷管理的创始人克劳士比先生亲手开发的。一年多以前，当我第一次看到这张表时，我就认定它是零缺陷管理体系中最实用也是最核心的一个工具，这半年来我一直在思考一个问题，就是如何将它与我们的实际工作结合起来，解决我们实实在在的问题。"

唐风顿了顿，又接着说："为此，我专门请教了从事零缺陷管理多年的邵老师，他是我在做一个咨询项目时认识的，可以说是零缺陷管理实践的中国第一人。他给我讲了一些关于这张表的应用方法，让我颇受启发，遗憾的是，他没有提供给我具体的应用案例，所以到我们康利得公司后，我一直在思考如何运用，最近我终于想通了。"

唐风指着过程作业模式表说："克劳士比有一句经典名言：所有的工作都是一个过程。"

"我第一次在课堂上听到杨老师讲这句话时，感觉很平淡，但是这句话越琢磨越能感觉到它蕴藏的深刻道理。你想一想，既然所有的工作都是一个过程，如果在后面再加一句：所有的过程都能用这个过程模式作业表来进行管理，那岂不是所有的工作都能轻松做对了吗？"

"也就是说，产品或服务结果的零缺陷等于所有过程的零缺陷。"

"这个表总共有八大部分，Ⅰ是指这个过程的名称，这很容易理解，在我们今天的案例中，它是IQC进料检验过程，是吗？"

看到江中龙在点头，唐风又接着说："Ⅱ是指这个过程的作业范围，要知道，不同的作业范围，过程的输入、输出也会不一样。

"比如说，这个周末，你和你太太打算在家中好好做一顿饭，犒劳一下自己。如果所有的菜都已在周五晚上买好，放在冰箱里了，那么，做饭的第一步应该是洗菜，接着是切菜、炒菜、上桌。在这个过程中，你的输入应该是：冰箱中的菜和油、盐、酱、醋、辣椒等调味料，输出呢，当然是一盘已炒好的菜。

"如果你的菜还没有买好，那么，做饭的第一步应该是去市场买菜，接着是运输、洗菜、切菜、炒菜、上桌等一系列过程。在这个过程中，你的输入是：钱和采购信息。你能理解吗？"

唐风接着点击鼠标,放映出下一页的内容,这页内容讲的是目前康利得公司的进料过程。

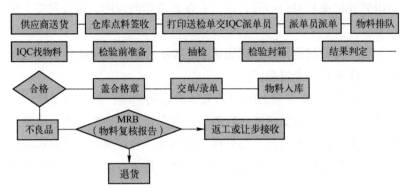

康利得公司进料过程

唐风指着图,对江中龙继续讲解,"这是我们公司目前的进料过程,我们进料检验的作业范围是从收到仓库的送检单开始,到交单录单结束,物料入库是仓库的事,是吗?"

看见江中龙点头,唐风接着说:"①~⑥这6个小项是过程的六大管理要素,不管多么复杂的业务过程,我们都可以将之简化为这6项来管理,只要你将这6项的要求识别出来并管理到位,这个过程就不会产生品质问题。

"我们首先来看第①项:输出,我刚刚给你讲了,我们这个过程输出了什么?两件东西:一是一份来料检验报告,二是一批加盖了检验标识的货物。

"零缺陷质量管理四项基本原则中的第一项就是:质量就是符合要求。这些要求来自我们的客户和相关方,在IQC进料检验这样一个过程中,有哪些客户和相关方呢?"说完,唐风又点击鼠标,放映出下一页的内容,是一张表格。

第 13 章 过程模式作业表

输出

输出	客户及相关方	客户及相关方输出结果的要求	客户及相关方对本过程的要求
检验结果报告标识了状态的货物	仓库	检验后外箱标识与检验报告结果相一致	1. 一次检对（品质总监） 2. 检验工时和周期要不断缩短（品质总监） 3. 检验过程不能损坏元件、检验后不能放错箱（品质总监） 4. 检验项目要有依据\检验报告可追溯（第二方或第三方审核人员） 5. 急料在检完后立即通知物料员（计划部、前加工车间） 6. LAR 值（合格率）要达标、检验周期不断缩短（计划部\采购部）
	插件线、前加工车间	检验报告判断结果与实物的真实情况要一致，不能错判	
	认证机构，如 CQC 等	安规件要有定期确认报告	
	CKD 客户	CKD 物料必须采用中性包装	

唐风指着这张表格对江中龙说："为什么各部门对你 IQC 的意见如此之大？我认为，我刚刚说的这些就是问题的源头，你没有真正理解客户的要求，甚至不知道哪些人是你的客户，这让你的工作成了无源之水、无本之木，在这种情况下，你怎么可能将工作做好、做对？"

"前些天牛春雨向我推荐了一个管理讲座，是由一位博士主讲的。他在视频中讲道，为什么我们的员工没有将一件工作做到位？管理者可能认为，主要原因是员工不愿意将工作做好。"

唐风点击鼠标，电脑上出现了一张图。

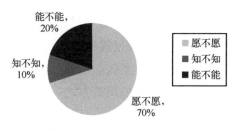

管理者对待员工出错的看法

对着图，唐风继续解释："对于管理者而言，当员工工作出错时，可能认为有 70% 的可能性是员工没有意愿将工作做好，有 20% 的情况是员工能力不够，只有 10% 的情况是员工不知道怎么做才叫好。

"而实际情况可能截然相反，在半数情况下，工作出错的原因是员工不知道工作做到什么程度才是好。"唐风点击鼠标，转到下一页，电脑上又出现了一张图。

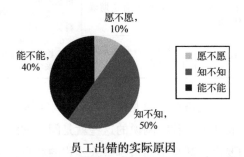

员工出错的实际原因

"当然对于这些说法，我没有能力去核对其数据的真伪，但以我的管理经验来说，我比较认可这位博士的说法。"唐风在谈论自己的经验。

讲完后，唐风又回到表格上来，他指着表格开始解释。

"在我们 IQC 检验过程中，仓库是下一环节，它当然是 IQC 的客户。还有，我们的前加工车间、插件线也都是 IQC 的客户，因为从 IQC 检验过程输出的物料就是这些过程的输入。

"另外，对于 IQC 进料检验过程来说，还有其他一些相关方，借用项目管理的说法，叫作干系人。比如我，我是公司的品质总监，代表老板管理品质部，也是相关方之一，我对 IQC 检验过程有什么要求呢？

"在检出质量方面，我的要求是一次做对，避免漏检。在成本和效率方面，我的要求是检验工时必须不断缩短，效率不断提高。在检验周期方面，当然是越短越好，周期过长，会让不急的物料在 IQC 变成急料，导致生产计划被打乱，目前检验周期是 3 天，我希望你在 3 个月之内把它降到 1.5 天左右。

"另外，对于计划部而言，急料是回公司后立即要上线使用的物料，IQC 检验的结果对计划部很重要，要第一时间把检验结果传达给它，这是计划部对我们这个检验过程的要求。"

看江中龙不断点头，唐风继续解释："对于采购部和计划部来说，如果供应商送来的物料不合格率太高，那就会影响后续的订单履行，所以它们对于我们检验过程的要求是 LAR（来料合格率）至少要达到 98% 或以上。

"因此，我对输出这个因素的体会是，输出的要求各种各样，有可能从你的下一工序开始，存在许多个内部客户和外部客户，每个客户对过程输出物的要求也许都是不一样的，还有一些本过程的相关方，他们对过程也会有各种各样的要求。

"关于理解过程的输出，我的体会是，要按以下几步来做。

"第一，将我们的知识或者服务的工作定义为有形产品。换一句话来说，就是回答以下两个问题：我们做什么？我们输出了什么产品？

"第二，识别客户，按角色区分客户和相关方。也就是说，我们要搞清楚我们为谁做事。

"第三，确定客户和相关方的期望值，他们想要什么？

"质量大师戴明有一句话：每个人都有客户，如果他不知道自己的客户是谁，也不知道客户需要的是什么，那么他还没有了解自己的工作。"

说到这里，唐风问："你只有充分理解了所有客户和相关方的要求，才能将你的工作做到位，你认同吗？"

江中龙说:"是的,您请继续讲。"

看见江中龙似乎彻底沉浸在过程模式作业表中,唐风放映出下一页的内容,也是一张表格。

输入

输入(材料及信息)	供应者	要　　求	控制方法	本要素目前存在的管理缺失点
货物	供应商	标识正确、有备品及出货检验报告、有安规件定期确认报告、包装坚固、物料符合规格要求	来料外箱及尾数箱标识要求、备品要求、供应商出货检验报告、安规件定期确认报告要求、来料LAR值改正报告、批次性问题8D报告、供应商选择和绩效管理办法等	要求不明确、无控制方法
采购订单	采购部	供应商为合格厂商、型号料号正确、对CKD订单要明确标出	IQC检验员核对	无要求、无控制方法
急料信息	计划部	每天下午5点前发布	急料信息发布办法	无要求、无控制方法
送检单	仓库	注明实物放置地点(以方便检验员快速找到待检物料)、数量型号与货物一致	IQC检验员核对	有要求、无控制方法
样品	器件认证部、研发部、结构设计部	版本最新、有工程师签名确认	IQC样品管理办法	有要求、无控制方法
规格书或承认书			IQC承认书管理办法	有要求、无控制方法

唐风指着这张表说:"输出确定了,下面首先来看输入,输入很重要,拿做菜来说,我是湖南人,喜欢吃辣椒炒肉,辣椒一定要够劲,如果买的辣椒不够辣,那炒出来的菜肯定不合胃口。

"一般来说,在一个业务过程中,会有两种输入,一是实物,二是信息。在我们 IQC 进料检验这个过程中，我认为输入物有 6 项：供应商送来的货物、采购部下的采购订单、仓库打印的送检单、计划部反馈的急料信息，以及我们检验时要用到的样品和承认书、规格书。

"要管理好输入这个因素，须主要做好三点：一是识别出这个输入物是谁提供的；二是明确我们对这个输入物的要求是什么；三是我们制订具体的控制办法来控制住它，确保它一定能满足要求。"

"在输入这个因素中，我们目前面临的最大问题是什么？"唐风突然问道。

江中龙回答："当然是供应商交来的货物质量达不到我们的要求。"

唐风继续说："好，那我们来看看这个问题是如何形成的。

"我进入公司时，公司没有 SQE，只有 IQC，品质部从来不参与新供应商的引入，所有的新供应商都是采购说了算，其结果就是与我们合作的供应商，其质量管理水平良莠不齐，交来的货物质量差异很大。

"另外，我们公司没有供应商绩效管理办法和数据统计系统，平时淘汰不良的供应商时，都是我和钱想富拍脑袋做决策，其结果就是对于一些品质表现差的供应商没有足够的动力去改善。

"为什么包装标识的问题造成的返工率高？原因很简单，我们没有一个明确的外箱及尾数箱标识要求给到供应商。今天张三当 IQC 的经理，他可能对一些供应商讲了一些要求，明天张三走了，李四来当 IQC 经理，他可能又会提出另外一些要求，更要命的是，这些要求没有审核，没有归档，没有发给需要这份文件的供应商，更没有形成文件发放和审核的机制。

"这才是我们存在的真正问题。"

唐风停了停，继续说："再看看急料的检验，每天的投诉不少吧。昨天计划部的经理许高升来找我投诉，说有一批电感，本来昨天就要发给外协厂去加工的，结果外协厂来领料时，发现它还被放在 IQC 待检区中。这可是采购部花了大力气去催回来的货，供应商的员工为此加了一个通宵的班，结果就是这样一个信息传递不到位，造成这批货被放在 IQC 待检区，一直没人检验，直到今天外协厂来领料，才发现这个问题。计划部为此把品质部投诉到姜总那里去了，搞得姜总打电话来训我。

"为了彻底解决此类问题，我要求你会后立即找来许高升，与他商量出一个急料信息的管理办法。其实很简单，只要每天下午五点半下班前，计划部把第二天要用的急料的信息集中发给 IQC，由 IQC 安排人员优先检验，问题就解决了。但是计划员可能会偷懒，有时会发，有时不会发，出了问题把责任推到 IQC 身上，说口头通知过，反正谁也没有证据。"

江中龙回答："的确有这种情况。"

唐风继续说："因此，我的对策很简单，不管第二天有没有急料，计划部都要发急料信息表，如果第二天没有急料，他可以在上面注明：明天无急料。要让这种做法形成一种制度，有制度，有规矩，就不会乱，只要计划部哪天没有发急料信息表过来，你就立即投诉，我来给计划部施加压力，能做到吗？

"在这个表格中，我还列了采购订单、样品、承认书、送检单等要素，这些都是我们这个过程的输入。目前我们这个过程的每一个输入要素，几乎都存在两个问题，一是要求不明确，二是没有控制办法，这是今后你工作的重点，你来自大公司，这些东西对你来说，应该不是难事吧？"

江中龙说："我能明白您的意思。"

"另外，我再补充一点，何谓控制？就是有标准，有监控，有纠偏的方法，即对照标准发现偏差时要及时纠正。"

第 13 章　过程模式作业表

说到这里，唐风停了一下，看见江中龙在点头，就继续说："下面我要讲的是第③个要素：程序，这个要素代表的是对过程所涉及的作业人员的指导，我们要想保证输出达到客户和相关方的要求，对作业人员的指导必须做到位。现在我们来看一看，我们IQC检验过程需要什么样的作业指导书，以及这些作业指导书要达到什么要求。请看这张表。"

程序

程　　序	制定者	要　　求	控 制 方 法	本要素目前存在的管理缺失点
各类物料的进料检验项目和检验标准	器件认证部、品质部	按指导书作业便不会漏检或损坏物料	1. 以往出现的检验问题要总结后在作业指导书中体现，避免再出类似问题 2. 学习其他公司的成功经验 3. IQC主管、SQE定期对作业指导书亲自验证	有部分作业程序
进料检验程序	品质部、仓库			有程序但是可执行性差
IQC岗位操作指导书	IQC主管			无作业指导书
各类物料检验指导书	IQC主管			无作业指导书
各种仪器、工具使用指导书	IQC主管			无作业指导书

"我对作业指导书的要求是，员工按作业指导书作业就不会出现漏检或损坏物料的情况，用什么办法来保证达到我的这个要求呢？很简单，表中我已经给你列了三点，你还可以思考其他的办法。"

看江中龙没有异议，唐风打开下一页PPT，继续讲解。

"下面我要讲解的是第④个过程管理要素：设施与装备，它体现的是过程中要用到的软硬件设施，这些设施如果出现问题，也会影响我们的过程输出。中国有句古话叫'工欲善其事，必先利其器'，就是这个意思。

"那么我们IQC检验过程需要用到哪些软硬件设备，以及如何管理这些设备呢？"唐风边说边打开下一页PPT。

设施与装备

设施与装备	提供者	要求	控制方法	本要素目前存在的管理缺失点
耐压测试仪	公司	能满足检验精度要求	仪器设备定期检验和点检制度、设备保养规定	要求不明确且无控制方法
综合测试仪	公司			
V-CUT测试仪	公司			
LCR测试仪	公司			
ROHS测试仪	公司			
锡炉	公司			
……	公司			

唐风指着表格说："我们IQC在检验过程中要用到不少仪器，当然，我对这些仪器有个基本要求，那就是能满足检验精度要求，如何保证达到此要求呢？当然要有相应的仪器设备点检和校验制度，这也需要由你来组织制订。"

江中龙说："我们IQC确实需要增加一些检验设备，比如电缆摇摆测试仪，没有它，我们无法测量电缆的一些耐用性指标。"

唐风说："下面我们再来谈第⑤个要素：培训与知识，其实这个要素所说的就是IQC检验员的能力，也就是我们平常讲到的应知应会。作为IQC的经理，你必须对操作者的能力要求进行识别和控制，那么，IQC检验员需要哪些培训与知识呢？"

说完，唐风点击鼠标，PPT转到下一页，这一页也是一张表。

第13章 过程模式作业表

培训与知识

培训与知识	提供者	要求	控制方法	本要素目前存在的管理缺失点
安规知识	安规部	掌握必要的元器件安规知识并通过考核	IQC检验员上岗培训管理办法	无明确要求、无控制方法
器件识别及检验	器件认证部	能有效识别待检器件并掌握器件的检验方法		
承认书理解	器件认证部	能理解承认书并通过考核		
作业指导书理解	IQC主管	能理解作业指导书并通过考核		
抽样方法	IQC主管	掌握抽样检验的方法并通过考核		
仪器使用	IQC主管	掌握检验中会用到的仪器并通过实战考核		

"由于IQC检验员能力不足而导致漏检的事情也是很多的,尤其在目前员工流动率较高的情况下。这张表中的内容是我们IQC检验员必须掌握的,那如何保证员工达到这个要求呢?要有控制办法,你要组织制订相应的上岗培训管理办法,只要执行到位,员工的能力就能得到保证。

"下面我向你介绍最后一个过程管理要素:工作标准。"唐风边说边敲键盘,PPT转到下一页,这一页的表格是介绍工作标准的。

工作标准

工作标准	制定者	要求	控制方法	本要素目前存在的管理缺失点
作业质量	IQC主管、品质总监	一次检对	IQC员工选择与离职管理、IQC品质奖罚管理办法、检验标识及印章管理要求、员工质量意识培训、品质标兵宣传	无明确要求、无控制方法
工作效率	IQC主管	检验工时标准	IQC工时管理办法	无明确要求、无控制方法

(续)

工作标准	制定者	要求	控制方法	本要素目前存在的管理缺失点
检验周期	品质总监	正常物料12小时内检完、急料2小时内检完	检验单据放置标识及管理办法、IQC产能管理办法	无明确要求、无控制方法

唐风对着表格继续解释，"在我们这样一个检验过程中，工作标准主要有三项：作业质量、工作效率和检验周期。

"我先说说作业质量，我的要求只有一个：一次检对。这是管理者对员工的要求，从某种意义上说，管理者的要求就是员工对待工作的态度。那么，如何保证检验员能以一次检对的态度面对自己的工作呢？

"选人很重要，根据我的经验，管理到位，可以让一个好人变成一个好员工，却很难将一个坏人变成一名好员工。我们没有那么大的能力来改造人，我们要做的就是将符合IQC检验员标准的人招进来，培训到位。"

说到这里，唐风又开始对江中龙提问了："我们检验员的招人标准是什么？你能给我说说吗？"

"责任心排第一，其他嘛，要有一定的检验经验。"江中龙答道。

唐风说："按我的理解，检验员的核心素质有两条：认真和细心。检验经验倒在其次，经验是可以通过培训和操作积累的，当然，道德品质是底线，我们不能把一个坏人招进来。

"何谓认真？我认为是严格按要求做事，不打折扣。何谓细心？就是能发现微小的差异，这些属于员工的素质，只能去发现，很难培养。"

江中龙说："您说得对。"

唐风说："但是如何去寻找这样的人呢？这就需要你去制订检验员的选择办法了。

"另外，绩效考核对于员工的工作态度也是很重要的，目前我们 IQC 没有绩效考核制度和责任追溯制度，我们必须赶紧制定这些制度。"

说到这里，唐风停了一下，缓慢地说："再看我们 IQC 的工作效率，目前每小时只能检 1.4 批物料，相当于检一批料需要 40 分钟，这太慢了。我以前在 EE 公司时，我手下的 IQC 检验员平均每小时可以检 3 批物料，是我们目前的 2 倍多。

"为什么会这么慢？因为没有工时标准，做多做少一个样，那员工为何要多干？所以你要制订标准检验工时。

"对于检验周期，其重要性就更不用说了，我们很多订单，你知道客户给我们的货期是多久吗？只有 10~15 天，如果 IQC 就耗费 3 天时间，那生产线就只能紧赶慢赶，来完成交货了，这样匆匆忙忙，也会带来品质问题。"

"我为什么按这个顺序来讲解过程模式作业表，你想过吗？"

江中龙说："难道这里面有什么逻辑关系吗？"

唐风说："有的。"

"我们确定了过程的名称和范围，就确定了输出和输入。接下来首先要定义好过程的输出，这是我们工作的出发点，输出的要求没有定义清楚，工作不可能做对。"

"定义了输出后，接下来就要定义输入，因为过程就是将输入转化为输出的一组活动。"

"再接下来，就是明确对作业程序的要求，也就是说，过程需要多少个作业程序，每个作业程序要达到什么标准，才能有效指导操作者把工作一次做对。"

"定义了作业程序后，才能定义软硬件设施，因为设备设施是在作业过程中使用的，如果作业程序没有定义清楚，设备设施也难以确定。"

唐风问："你想清楚了吗？"

江中龙说："想清楚了。"

唐风说："确定了输出、输入、程序、设施与设备这 4 个要素,第5个要素:培训与知识就可以确定了。"

"因为,过程中的操作人员的能力主要来源于以下4个方面。"

"识别输出和输入是否符合要求,充分理解作业程序的要求,以及熟练使用设备设施并判断其是否符合要求。"

江中龙说:"我明白了。"

唐风说:"为什么工作标准,即人员态度放在最后讲?因为只有把输出、输入、程序、设施与设备、培训与知识这5个要素都明确了,才有一次做对的基础。"

看见江中龙一直在点头,唐风认真地说:"所以,我希望你在3个月之内,将目前的检验周期缩短一半,达到一天半的水平,在半年之内,要缩短到8小时以内,急料在2小时内完成。

"如何达到这个目标?你要好好想一想,我认为,你一定能找到办法来解决它。"

唐风说:"这个过程模式作业表我已讲完了,最后,我来做个总结,我为何说它是零缺陷管理的一个核心工具,因为这张表把大部分的零缺陷理念都融入进来了。

"在过程管理模式表中,我们首先要定义出过程输出了什么,这些输出物的客户是谁,它们对输出物有何要求,这就充分体现了'品质就是符合要求'这个原则。

"如果把一个过程比作一个木桶,输出的要求就是桶底,输出要求不明确或者弄错了,就相当于木桶没有底或者底有孔,一个没有底或者底有孔的木桶如何能装水?"

"过程的其他几个要素如输入、工作标准、培训与知识程序、设施与装备等,相当于木桶的五块木板,这个木桶能装多少水,还得取决于这几块木板的高度。

"不管一家企业的规模有多大,也不管它的业务过程有多么复杂,最终它的业务都可以分解成一个个小过程,如果我们把每个业务过程的要求识别出来并管理到位,那就是实现了预防,所以说,这个表本身就体现了零缺陷管理的两个理念。

"第一，所有的工作都是一个过程；第二，质量的系统是预防。

"至于过程模式作业表的第⑥个要素——工作标准，这里面也充分体现了零缺陷质量管理原则，工作的标准是零缺陷。

"另外，克劳士比强调，关系是组织的灵魂，试想一下，如果我们不能正确处理与供应商和合作伙伴的关系，有钱一起赚，我们的输入能持续达到要求吗？像我们老板娘赵姬目前的这种做法，你认为会有多少供应商希望能与我们长久合作，与我们一起用心改善来料质量？

"还有，老板如果没有分享的概念，赚了钱都放进自己的腰包，员工会用一次做对的心态来做事？

"今天，我已经给你分析了IQC进料检验过程存在的管理缺失点。可以说，我们对这个过程的管理基本上是处在失控状态，用一句话来形容就是：要求模糊，控制方法不到位。

"当然，这个表使用时不能太死板，不同的公司用法也是有区别的。对于大公司来说，可以针对过程的6个要素全部严格制订管理要求和控制办法，全方位地管理到位。对于小公司，因为资源不足，所以将最重要的一两个因素控制到位，能解决大部分的问题，也许就够了。

"会后，我将这个PPT文件发给你，你先消化一下，下周我们一起讨论实施计划。"

本章点评：

■ *如何将一个业务过程管理到位？*

即使再复杂的业务，也可分解成为一个个小的业务过程，在理解过程输出要求的基础上用过程模式作业表对其进行分解，识别出每个输入要素的要求并制订出控制方法，加以严格执行，就能将过程管理做到位。

只要实现了每一个业务过程的零缺陷，就能实现公司整体结果的零缺陷。

第14章
进料检验过程管理

■ 如何有效开展过程管理优化，树立品质改革榜样？

与江中龙谈话后，唐风将PPT文件发给他，让他自行理解和消化，自己开始考虑如何实施的问题。一周后，两人再次在会议室中碰头。

这一次是江中龙先开口："唐总，我思考了一周，感觉受益匪浅，我从来没有想过，可以用这样一个工具来系统地分析我们的作业过程。"

"我把我的实施计划也制成了一个PPT文件，请您打开电脑，让我来介绍我的过程改善计划。"

唐风打开电脑，打开了江中龙的文件，文件标题是"IQC进料检验过程改善计划"第一页是一张表格。

序号	改善动作	改善方向	具体改善要素	预计结果	计划完成时间	责任部门
1	制定《康利得来料外箱及尾数箱标识规范》并发给各供应商	输入	待检物料	降低退货率，减少供应商返工、CKD包装车间返工次数，提升仓库收货效率	本周内	IQC部

第14章 进料检验过程管理

(续)

序号	改善动作	改善方向	具体改善要素	预计结果	计划完成时间	责任部门
2	制定《康利得供应商送料备品要求》并发给各供应商	输入	待检物料	减少因IQC破坏性检验导致的小订单物料不齐套现象	本周内	IQC部
3	制定《康利得供应商送料检验报告要求》并发给各供应商	输入	待检物料	减少因供应商检验报告不符合要求造成的来料不能及时入库问题,缩短检验周期	本周内	IQC部
4	发工作联络单通知采购中心,CKD物料订单必须在订单中注明"CKD"三个字	输入	采购订单	降低退货率,减少供应商返工、CKD包装车间返工次数	本周内	IQC部
5	制定《急料信息管理办法》	输入	急料信息	缩短急料的检验入库周期,减少与计划部的扯皮现象	本周内	IQC部、计划部
6	发工作联络单通知仓库,要求其收货员必须在送检单上注明待检料放置的位置,并严格要求检验员核对仓库填写信息的正确性	输入	送检单	缩短检验员的找料时间,提升效率和缩短检验周期	本周内	IQC部
7	制定《IQC检验样品管理办法》	输入	检验样品	提升IQC检验效率和检验质量	本周内	IQC部、器件认证部
8	制定《IQC检验承认书管理办法》	输入	承认书、规格书	提升IQC检验效率和检验质量	本周内	IQC部、器件认证部
9	制定《检验标识及印章管理规范》	工作标准	责任追溯	提升IQC检验质量	下周末	IQC部

(续)

序号	改善动作	改善方向	具体改善要素	预计结果	计划完成时间	责任部门
10	制定《IQC品质奖罚管理办法》《IQC品质标兵评比办法》	工作标准	作业质量	提升IQC检验质量	下周末	IQC部
11	申购文件架，将IQC当天未完成检验的送检单分为"三天以上""两天""当天送检"三栏，IQC主管每天下午下班前检查，发现待检料堆积现象及时调整加班时间	工作标准	作业进度	缩短检验周期	已完成	IQC部
12	制定《IQC岗位操作指导书》，将检验流程、抽样要求、各种易漏检的问题点等内容列入指导书	工作程序	岗位指导书	提升检验质量，避免漏检	下周末	IQC部

江中龙开始讲解表中内容："前面这12个项目是我列出的快赢项目，这些项目都是很容易做的，见效会很快，我想让各部门尽快见到改善效果，重新树立对我IQC的信心，这还需要您的大力支持啊。"

"很好，你终于找到准星了。"唐风的口气中有些赞许。

进料检验过程的改善正式拉开序幕，唐风差点把自己变成IQC经理，每天泡在IQC办公区，与江中龙讨论这些改善项目的推进情况。

唐风用精益生产的方法，画出了IQC进料检验过程的价值流程图，希望对此过程进行优化。

突然，他眼前一亮，赶紧找来江中龙。

第 14 章 进料检验过程管理

"江中龙,我们进料检验流程中这个派单员是怎么回事?"唐风问道。

江中龙回答:"仓库收货员送过来的送检单,先交给这个派单员,然后派单员根据送检数量写上抽检数和 AQL 值,再分给相应的检验组长安排检验。"

唐风说:"我在 EE 公司这么久,也管过质量部,从来没有听说 IQC 中还有这样一个岗位,你这个岗位是如何产生的?"

江中龙立即找来一个 IQC 组长,问:"我们这个派单员岗位是如何产生的?"

这位组长说:"是这样的,以前我们公司的检验资料很不齐全,经常出现我们 IQC 检验员检了一半时,才发现没有承认书,于是只好停下手中的活,通过 IQC 主管,找器件认证部的器件工程师要检验资料,一来二去,往往检验周期被拉得很长,大家感觉很不顺畅。

"于是,有人提议,设置一个派单员,在检验前先查查有没有承认书或材料规格书,如没有,先由他找器件工程师要来检验资料,再安排检验员检验,于是,这个岗位就诞生了。"

"原来如此!"唐风说。

"但是,它不但不能产生任何价值,而且还拉长了进料检验的周期,你不觉得吗?"唐风问江中龙。

"是呵,我们只要消除了承认书的问题,这个岗位就没有必要再存在下去了,我来处理吧。"江中龙倒是爽快。

唐风说:"另外,通过对价值流程图的分析,我发现影响进料检验周期的主要原因是 ROHS 测试(有害物质成分的测试)周期太长。

"我了解过,我们 IQC 只有一台 ROHS 测试仪,每次测试一颗料需要 6 分钟,IQC 平时每天要检验的物料在 200~300 批之间浮动，所以 ROHS 测试实际上是分为日夜两班不停测试的，这样才能满足检验产能的需要。

"我发现，IQC 检验项目分为两类，一类是常规检验，一类是 ROHS 检验。完成常规检验的物料不能及时入库，必须等到夜里完成 ROHS 检验后才能入库，是这样吗？"唐风继续问。

江中龙答道："是的。"

"我以前参加精益生产培训时，老师对我们讲过，决定一支行军队伍行进速度的，不是队伍中走得最快的那个人，而是走得最慢的那个人。"唐风开始分析。

"用在生产线的管理中，就是决定生产线产能和生产周期的，不是速度最快的工序，而是最慢的工序。"

"前面的常规检验做得再快也没有用，因为 ROHS 测试是瓶颈工序，我们要想办法突破这一瓶颈。"

江中龙说："要么我们再购买一台 ROHS 检测仪，但这可能要多投入成本。"

唐风思考了一会，慢慢地说："还有一种办法，我们将一颗料的常规检验项目与 ROHS 检验项目分开，常规检验完成后就可以开始入库，如果晚上的 ROHS 检测发现有问题，就将物料从仓库中隔离出来，再退给供应商，这种办法对成本毫无影响。"

"当然前提条件是，ROHS 测试不良率必须极低，否则如果频繁从仓库中退料也是很麻烦的。"

"你去查一查我们过去一年来的 IQC 检验记录，看看 ROHS 测试的不良率状况，回头我们再谈。"唐风说。

一个小时后，江中龙回来了，他说："我查了，ROHS 不良平均两个月才会出现一次。"

"那好！我们就采用第二种办法，不用增加一分钱成本，仅仅通过改变作业流程就行了。"

第14章 进料检验过程管理

"当然，入库后立即使用的紧急物料除外，紧急物料必须完成 ROHS 测试后才能入库，以减少质量风险。"唐风补充道。

"我们这些快赢项目基本实施到位，效果不错！"两周后，江中龙向唐风汇报战果。

"我们的进料检验周期应声而降！

"但是，唐总，我们现在面临的一个老大难问题就是，电感变压器的来料总是问题多多，对此我很是烦恼。"

唐风说："这样吧，前天我接到一个初中同学的电话，电话中他说他的侄子伍三石要到深圳打工，问我能否安排工作。

"他侄子我以前见过，小伙子为人还不错，也能吃苦耐劳。他入职后你安排他学习电感变压器的检验，一个月后作为我们公司的驻厂代表，前往我们电感变压器的主要供应商创悦，进行现场蹲点，创悦公司生产的产品，必须外检合格后才能回货。"

进料检验过程优化项目的工作持续了近半年，最困难的地方就是制定每种物料的检验内容清单及每个检验项目的判断标准，以前检验时都是员工先找到承认书，参考承认书上的要求，凭自己的理解一项项检验，因为检验内容不明确，所以造成了许多漏检。

为了彻底解决此问题，唐风找到信息工程部，花了两万元，买来了 ERP 系统的质量管理模块，将公司所有 8000 多种物料的检验标准手工录入到 ERP 系统中。

"现在，只要仓库收货员输入订单号，送检单上便可自动打印出该物料的检验项目、判断标准等各种信息，IQC 检验员只要按检验单上的要求进行逐项检验即可，遇到有疑惑的地方，再找来该料号的承认书确认一下。"江中龙向唐风汇报时说。

"此举大大提高了我们检验员的效率和检出质量！"江中龙一脸兴奋。

进料检验项目优化工作在耗时半年后终于结束了！

项目总结会由唐风主持，总结报告也是由唐风拟定的，所有品质部的主管和工程师均来参加，唐风还特地邀请了姜固、木福高、许高升和张双木等一干管理人员参加总结会。

会前两小时，姜固突然打电话过来，说："不好意思，有个客户临时来访，我不能来参加你们的会议了。"

接到此电话，唐风非常失望，他本来想借今天的总结会来改变姜固对品质管理的认识，看来又要落空了！

大家坐定后，唐风说："今天的会议是对我们半年来IQC进料检验过程优化项目的总结，会议的目的是希望大家把这种方法进行推广，下面我来向大家介绍这个项目的情况。"

PPT报告的第一页是一组数据。

过程绩效	月平均漏检批数/批	人均每小时检验批数/批	平均检验周期
改善前	30	1.4	3天
改善后	8~9	3	13小时

对着表中数据，唐风问所有在场的驻厂代表和制程品质部经理楚春红："最近半年来，对于来料批次性质量问题发生的数量，大家有什么感觉？"

来自外协厂麦斯电的驻厂代表杨高峰站起来："这半年来，凭我的感觉，来料质量的确有明显提高。尽管产量在不断上升，但来料批次性不良数却在明显下降，和此表中的数据是吻合的。"

所有驻厂代表都点头赞同。

唐风又问计划部经理许高升："许工，之前你们经常抱怨IQC检验不及时，急料未及时处理，最近半年来，你认为有无明显改进？"

"感谢IQC的改进工作，现在我们计划部对IQC检验周期基本满意。"许高升站起来说。

第14章 进料检验过程管理

"另外，大家看一看，项目开展前，我们 IQC 部有检验员 27 名，现在产量还增加了一些，但是检验员反而减少了 9 名，只有 18 名了。木工，你的人事部应该有人员报表吧？"唐风对木福高说。

"可能大家都了解，我们公司很多管理者都有这样一种观念：品质和交付、成本是冲突的，我们只能从中做出取舍，但从我们这个项目的改进经验来看，只要管理得当，品质、交付、成本是可以兼得的。"

大家都知道，唐风指的是谁。

接下来，唐风又以进料检验过程为例，向大家讲解了过程作业模式表的应用。最后，唐风谈了自己对这个项目的体会。

"在 ISO9000 体系的品质管理八项原则中，有一项叫过程方法，我今天给大家介绍的，也是过程方法。在此项目中，我们工作的出发点，就是客户和相关方的需求，这与 ISO9000 品质管理八项原则中的第一项，以顾客为关注的焦点是完全一致的。

"接下来我们 IQC 部要做的，就是每月分析漏检批数、检验周期和人均每小时检验批数这三个指标。这是我们进料检验过程的三个关键绩效指标，每月围绕这三个指标召开过程管理会议，开展我们过程的改善工作，这也体现了 ISO9000 体系中基于事实和数据做决策的品质管理原则。

"在这个项目中，我采用的思路其实和六西格玛的 DMAIC 是一致的。按我的理解，首先我定义出我们要改进的是进料检验这个业务过程，这是 D 的阶段；然后我统计出这个过程目前所有的问题点和相应的过程数据，这是 M 的阶段；接下来我用过程模式作业表对这个过程进行分析，找出问题产生的原因，这是 A 的阶段；再由江中龙提出具体的改进方案和行动计划，这是 I 的阶段；最后我们制订出相应的管理规范，确保改善成果能够持续，这是 C 的阶段。

"另外，在这个项目的改善过程中，我们还用到了精益生产的方法和工具，尤其是在缩短检验周期时，我们当时做了好几个改善项目。

"第一，是将IQC派单员的岗位去掉，因为这是一个不增值的岗位，反而拉长了检验周期。第二，将ROHS检验与常规项目的检验分开，此举大大缩短了检验周期。第三，我们将每天留在IQC的送检单分为三类，3天以上的归为一类，2天的归为一类，当天送检的归为一类，并设置了每天待检批的控制目标，此举大大地缩短了物料排队的时间。

"这都归功于我以前做过精益生产，通过画出进料检验过程的价值流程图，很快找出了几个主要的待改善点。

"我们这个项目所用的改善方法，其实是零缺陷管理、精益生产和六西格玛管理三种方法的结合，我希望我们部门所有的主管和工程师都要认真学习这种方法，将之用到自己的工作中去。"

本章点评：

■ 如何有效开展过程管理优化，树立品质改革榜样？

一个空降的品质总监的最大困难也许是难以树立榜样，所以他以进料检验过程管理改善项目来证明，只要管理得当，品质、效率和交付是可以兼顾的。

从自己可以控制或影响的地方入手，用实实在在的改进成果说服公司管理者，也许是最有效的办法。

第15章 品质月

■ 一个雄心勃勃的质量改进项目为何会失败?

"我们的员工品质意识太差了!你和木福高来我办公室,我们一起讨论一下品质管理的方案,尽快拿出一个品质月的活动计划来!"在电话中,姜固对唐风说。

在去总部的路上,唐风与木福高聊起公司目前的品质状况。

"现在,几乎每个月都会出现一些批次性的客户端不良,产品不是拉回来返工,就是面对客户巨额的品质索赔。"看得出来,木福高说这话时心情不佳。

唐风回应:"是啊,每次问题处理完毕,接下来就是按姜总的要求,由我们品质部进行追责,由品质部开出的罚单如同雪花一样,飘向了各个部门。"

唐风也是愁眉不展,他继续说:"现在最麻烦的是,无论什么样的质量事故,品质部都脱不了干系。因为,IQC 和 OQC 这些部门总是归我们品质部管的,来料质量问题与 IQC 检验紧密相连,客户投诉与 OQC 总是扯不清关系,因为无论如何,有问题的产品都是经过 OQC 检验后才发出去的。

"公司的品质通报处罚名单上几乎每次都有我的份,算下来,在公司中因为品质问题被处罚的次数,我这个品质总监反而是最多的。

"我这叫打落牙齿往肚里吞。"说到这里，唐风有点叫苦不迭。

"但是，这半年下来，这些品质处罚单弄得各部门主管怨声载道，但问题仍不见有半点改善的迹象。"木福高也很困惑。

他接着说："孙总和姜总也很苦恼，他俩几乎夜不能寐，现在老板们也很困惑，大家怎么也不明白，以前我们百战百胜的那一套打法为何突然不灵了？"

在姜固的办公室，姜固对唐风说："唐风，你来我们公司快一年了，公司的情况你也基本了解了，坦率地说，公司成立这么多年来，我们从未陷入如此困境。你给我说一说，针对目前如此糟糕的品质状况，我们应该如何快速扭转品质下滑的势头？"

"既然您这样说，我就谈一谈，像我们这样一家公司，品质管理要如何来做。我认为，企业的特性都一样，无论是哪家公司，其品质管理都可以分为三个层次来实施。"唐风开始发表议论。

"第一个层面，我把它定义为QC（质量控制），这个层面的核心是检验，我们必须在一些关键的节点上建立有效的检验制度，通过检验得到的报表，可以反映出我们公司目前存在的问题。比如说，IQC（进料检验）报表可以反映我们对供应商质量管理的水平，IPQC（过程检验）和OQC（出货检验）报表可以反映我们制程管理的水平，研发测试部的测试报表可以反映我们研发管理的水平。"

"这就如同开车，如果没有速度表、发动机温度表、发动机转速表、油表等一系列表盘，我们很难开好车。"

"目前我们在质量控制层面投入的资源已经够多了，品质部70号人中，近60人是检验员。根据我的经验，检验只能解决最初级的问题，毕竟，品质是做出来的，不是检验出来的，这您肯定明白。"

说到这里，唐风停了一下，看姜固没有回应，就继续说："品质管理的第二个层面，我把它定义为 QA（质量保证）。这个层面的核心是文献，主要是制定各种各样的工作流程和岗位操作指导书，以及对公司的各种资源制定相应的管理制度。

"还是拿开车来说吧，这些文献就如同我们的用户手册，它对于一个新手来说，相当重要，也很实用。

"像我的老东家 EE 公司，其流程制度相当完善，把平时容易出的问题都已经固化到流程中，只要按流程办事，大多数的错误都可以避免，各级主管的主要工作也是优化本部门的业务流程。

"为了保证流程能有效执行到位，公司还投入巨额资源，大力打造 IT 平台，将纸面上的工作流程变成电子流，实现了防呆。即使你想违反流程办事，都很难做到，这就确保了流程的执行率。

"员工入职后，就要接受各种各样的培训，平时做事也要按要求来做。如果这个层面的工作能够做到位，就进入了品质管理的第二重境界，这从业界对 EE 公司产品质量的评价可以看得出来。

"但是如果事事都按流程办事，缺乏变通，公司的反应速度就可能会下降。对于我们这样一个消费电子行业来说，速度几乎与成本、品质一样重要。这也是 EE 公司只能在工业级的电力电子领域中称雄，但是很难涉足民用消费类产品的原因之一。

"在反应速度这个环节，我们比 EE 公司要快出许多，也灵活许多，但是由于我们的流程管理水平要落后它许多，所以表现出来的，就是我们的品质问题多。"

说到这时，唐风有意停了一下，接着说："要想在速度、成本、品质三个环节全面超越对手，光有检验和流程远远不够，最重要的是优良的质量文化，这就是我讲到的品质管理的第三个层面：QM（品质管理）。这个层面的核心是品质意识，如果一家企业的所有员工都能正确地识别出内外部客户,做到以客户为中心,认真识别出顾客真正的需求,并且在执行过程中坚持一次做对的话,就做到了品质管理的第三重境界。

"还是用开车来打比方吧,不管仪器表盘指标如何正确,道路安全标识如何明显,用户手册如何详细,最能决定我们能否及时安全到达目的地的因素,还是驾驶人的安全意识和开车习惯,它是保证我们安全到达目的地的最终保障。

"这三个层面,用一句话来说,QC针对的是物,QA针对的是事,QM针对的是人,品质管理的规律应该是从物理进化到事理,最后再进化到人理。

"针对我们公司来说,目前可能连质量控制层面都还未做到位,公司没有像样的作业流程。最近,公司进了这么多新人,由于没有培训制度,都采用师傅带徒弟的方式来培育人,员工能力很难跟上公司的发展。因为新人多,公司的文化被快速稀释,我们的工作仅限于物理,没有延伸到事理,更没有上升到人理。所以,我认为这是我们今年品质管理陷入困境的根本原因。

"说了这么多,其实我还是那句老话,脱离过程管理来谈品质,是缘木求鱼。"

说完这些,唐风静静地看着姜固,他知道,要说服面前这个人是非常困难的。

姜固说:"唐风,我明白你的意思,但我上次已和你说过了我的意见,我不想再说一次,我只希望你给我拿一个品质月的项目方案出来,项目时间不宜过长,半年即可。先在生产中心做试点,做成功后公司其他部门可以借鉴。目的只有一个,就是把气氛搞起来,让所有员工都重视品质,我去一些大公司,一进门,到处都是大红的横幅,上面写满各种口号,车间内品质气氛很浓厚,我们也一定要做到这一点。你不会告诉我,连这样一个QCC方案,你都

第15章 品 质 月

拿不出来吧？"

唐风说："马上就是春节了，我今年不回老家过年，这段时间我策划一个品质月的方案，年后与你讨论吧。"

经过一个春节，唐风的品质月活动方案已思考成形了，春节后唐风上班后的第一件事就是，叫上木福高、姜固，一起讨论生产中心品质月的方案。

唐风打开PPT，第一页的主题是"顾客为什么会流失"，内容是一张表。

客户抛弃我们的原因	所占百分比（%）
我公司职员表现出漠不关心的态度	68
我公司产品令人不满意	14
竞争者争取顾客	9
客户受亲戚或朋友的影响	5
客户搬走	3
客户破产	1

唐风对着表说："这是从一本杂志上摘录下的，是一家公司做的抽样调查，上面标注了顾客为何会放弃一家供应商的原因，其中最大的可能性就是这家供应商的员工在面对客户时表现出的漠不关心的态度，占68%的比重。

"我无法核实这些数据，但是凭我的工作经验，我比较认同这种说法。比如我去餐厅吃饭，如果进门时前台服务员对我不闻不问，我会掉头就走，因为凭我的经验，如果前台服务员表现出这种态度，那么这家餐厅不可能向我提供优质的服务。

"这就是我们这个品质月活动的目的：提升员工的品质意识，主动关注顾客需求。"介绍完这页，唐风接着讲下页的内容。

"这是我们本次活动的题目：生产中心一次做对工作质量大比武。"讲到这里，唐风停了一下。

唐风解释道："为何是工作质量大比武，而不是产品质量大比武呢？按我的理解，产品质量取决于工作质量，如果单论产品质量，可能许多人会认为这个项目与自己无关。比如说，一个计划员，他是负责排产和追料的，他的工作看起来与产品质量无关，但是实际上，如果他的工作做得不到位，造成生产安排混乱，生产线通宵赶货，那发出去的产品质量怎么能得到保证呢？

"又比如人事助理，他的工作做得不好，员工心存不满，会导致员工做事时专注度下降，也会带来产品质量问题。因此，我提的是工作质量大比武。

"我们对员工的工作质量具体有什么要求呢？这就是我们本次活动的主题：满足要求，一次做对；尽心尽力，不断改进。

"这16个字所蕴藏的内容有两层意思，前面8个字的意思是，做事之前先把客户的要求搞清楚，然后力求一次就把工作做到位，不返工、不返修、不折腾。当然，要做到这点，很困难，姜总是做研发出身的，我们研发一个东西总是要经过很多次试验和尝试才能成功的，很难一次研发对，是吗？

"这就带出了我们后面8个字的含义，在无法做到一次做对的情况下，我们就要尽心尽力，不断去改进，力求能一次做对，这就是我们要极力提倡的工作态度。

"如果公司每位员工都能具备这样的工作态度，我相信我们公司大多数的品质问题便可以消除。"

说到这里，唐风问木福高："还有，为什么是一次做对，而不是一次做好呢？木工，我记得车间每天早会时，员工都要喊口号——'一次做好'，是吗？"

"我还真没想过这个问题。"木福高回答。

第15章 品 质 月

唐风说:"其实很简单,好是没有标准的,而对是有标准的,满足了客户的要求,就是做对了。一辆售价8万元的低档汽车,如果它能满足车厂承诺的所有标准,它就是'对'的产品,是质量达标的产品。而一辆价值50万元的高档汽车,如果它不能满足车厂向顾客承诺的各种要求,它就是'不对'的产品,是质量不达标的产品。

"当然,后者比前者更好。"唐风说。

接着唐风继续介绍项目的活动计划。

"我的方案参考了美国质量大师克劳士比的质量文化变革十四步方案,这套方案在克劳士比的专著《质量免费》和《质量无泪》中均有阐述。

"克劳士比的质量文化变革十四步实际上是分为两个阶段来完成的,第一个阶段是前七个步骤,我们这次的试点项目也是按这个套路完成前面七步的。

"第一个步骤是管理层的决心及承诺。质量文化变革,领导最重要,员工的品质意识关键还是取决于各级领导的品质意识。

"在这个步骤中,我希望姜总发一封《总经理致全体员工的一封信》,里面重点讲述公司管理者对员工的做事要求,要求员工把工作做到什么样的程度,这就是我们公司的品质政策。当然,这封信由我来拟初稿,姜总来审核和发布就行了。

"另外,我们必须召开一次项目启动会议,姜总、木工,你们必须发言表达你们对本次活动的态度和要求。

"在会上,我还会公布本次项目的绩效考核办法,在这个项目中,木工是组长,对项目的成功负全责,我是副组长兼执行秘书,负责项目的日常管理。

"你们对此有何意见?"说完后,唐风望着二人。

"很好,往下讲。"姜固点点头。

唐风继续解释："第二个步骤是品质改进小组。我计划在生产中心和品质部中成立6个左右的品质改进小组，由各个主要的部门经理来当品质改进小组的组长。

"第三个步骤是质量状况衡量。由各小组长将不符合要求的主要问题评估并展示出来。

"第四个步骤是质量成本。主要工作是把各小组的问题用质量成本的方式评估出来，以方便考核改进工作绩效，当然，如果改进项目实在不方便用质量成本来展示，这个步骤也可以省去。"

"第五个步骤是品质意识。它主要包括两项工作，一是每个小组的小组长组织小组全体员工定期开会检讨问题及并提出改进措施，二是将有关品质改进的信息通过海报、竞赛等方式进行宣传。"

"第六个步骤是改进计划。主要是各个小组长分析目前存在的问题，并提出解决方案和行动计划。"

"第七个步骤是成果验收。主要工作就是各改善小组组长汇报改进成果，验收成果、进行表彰，并提出下一步改进计划。

"我们这一轮改善活动，有三大里程碑，第一是让中基层主管的品质意识有明显改变；第二是有5~6个改善专案，确保至少有2~3个取得成功，为改革树立榜样；第三是在生产中心培养一支质量改进与文化变革的核心骨干，为后续的品质文化变革提供造血功能。"

一口气讲完这些，唐风看着姜固和木福高，静听他俩的意见。

"我认为这个方案还是不错的，也符合我年前布置的要求，但是如何实施这个项目，我认为首先要组织一个培训，给各级主管介绍质量改进的方法。"姜固若有所思地说。

"好，那就由我来主讲，题名就叫'康利得管理层品质意识研讨会'，请木工安排人事部发会议通知，时间就安排在本周六9点

第15章 品质月

钟开始,生产中心和品质部所有主管和工程师全部参加,另外请姜总通知公司总部的采购、研发等部门的领导也一起参加,你本人也要来呵。"唐风说。

"好,我立即安排。"木福高立即找来人事助理,进行交代。

星期六的研讨会在生产中心的培训教室按时开始,这回姜固早早就到了会场,第一个上台发言。

"各位想必知道,过去的这一年,我们的产品在客户端发生了多起批次性品质问题,给公司造成重大损失,公司在行业内的品牌声誉因此大受影响。以前同样的一块电源板,我们的报价比竞争对手高出3元钱,客户还是会选择我们,但是从去年开始,哪怕是贵1元钱,客户都不会把订单下给我们,原因很简单,我们的产品质量与竞争对手相比,已没有任何优势。

"出现这种情况的原因当然是多方面的,但是其中有一个重要因素就是我们员工的品质意识已在弱化,表现出来就是在客户端出现众多品质问题。

"大家可以看得出来,今天的场面非常大,我是希望通过这次研讨会,重新树立我们正确的品质意识,下面请唐总主讲,大家欢迎!"

姜固说完后走下台,将话筒交给唐风。

唐风微笑着上台,开始发表演讲。

"大家上午好,今天我们的主题是'管理层品质意识研讨会',首先我想问大家一个问题:什么是品质意识?"

台下一下子骚动起来,大家开始窃窃私语,但是没有一个人肯站起来回答唐风的问题。

"王宝瑞,你来说一说。"唐风指着前加工车间的主管,示意他站起来说。

"对不起,我真不知道。"别看王宝瑞平时能说会道,这时就像个小女孩似的，害羞起来。

"有人愿意分享自己的意见吗？"见无人响应，唐风扫视全场，希望能有一个人站出来回答自己的问题。

见还是无人应答，唐风又开始提问："大家知道三鹿公司吗？"

这回是仓库主管张双木站起来答话了："我知道，因为奶粉质量问题，其董事长田文华一审被判处无期徒刑。"

"丰田在前几年总共在市场上召回多少万辆汽车，造成了多大损失，大家知道吗？"唐风又抛出另一个问题。

"超过1200万辆，损失超过数百亿美元。"许高升站起来说。

"这些案例带来的教训是什么呢？"唐风自问自答："品质很重要！"

唐风说完，打开了一页PPT，上面是老板孙常青常说的一句话："如果产品品质好但是成本高，我们公司很难获得发展；如果产品品质糟糕，我们公司就很可能倒闭。"

唐风说："现在我来给大家解读我刚才提出的问题：什么是品质意识？

"所谓意识，就是我们对某一事物的基本看法，其中最重要的一点就是，这个事物在我们心目中的重要程度。

"所以，品质意识就是我们对品质的基本看法，以及它在我们心目中的重要程度。

"下面我来问几个关于品质的问题，请大家举手回答。"

唐风点击鼠标，投影仪上显示一个问题：

"人非圣贤，孰能无过"，所以我认为，在工作中出现一些个人失误是很正常的，无须大惊小怪。

"同意此说法的请举手。"唐风数了一下，发现在场的大多数人都认同这种说法。

"我不发表意见，我们看下一个问题。"

第15章 品 质 月

说这话时，投影仪上显示了下一个问题：

对于公司存在的各种与产品品质相关的问题（如设计缺陷、来料不良、制造不良等），我们都把它统统定义为"品质问题"。

唐风说："认为这句话符合公司现状的请举手。"

现场立即出现一片密集的手，唐风仔细清点，发现几乎所有人都举了手。

唐风说："好，下面还有一个问题，请大家回答。"投影仪上又出现一个问题：

品质部应当牵头组织大家解决所有的品质问题。

"如果你认同此观点，请举手。"唐风话音刚落，现场几乎100%的人都举起了手。

"好，下面我用一个问题来开始我们这一节的研讨。"伴随着唐风的话音，投影仪上出现了一个问题：

- 某天，A准备过马路，红灯亮了，A想了想估计没事，就闯了过去，谁知刚走到马路中间，一辆汽车急驰过来。
- 非常不幸，A被当场撞死……
- 谁来承担责任？

"这是要讨论的第一个问题，下面还有第二个问题。"唐风一点鼠标，投影仪上又出现了一个问题：

- 某天，A准备过马路，绿灯亮了，A理所当然地过马路，但刚走到马路中间，孰料这时一辆汽车急驰过来。
- 非常不幸，A被当场撞死……
- 谁来承担责任？

唐风说："好，现在有两种假设，第一种假设，你是本案的法官，你如何来判这两个案子？第二种假设，你是当事人A或者是他的父母，你如何看待这两个案子？

"请大家6人一组，分开讨论，10分钟后每组派一名代表上台发表本组的意见。"

唐风话音一落，培训室内立即热闹起来。

10分钟一过，唐风便走上台，拿起麦克风，说："请大家安静一下，现在请各组派代表来阐述本组的最终意见。"

第一个上来的是前加工主管王宝瑞，"我们组的意见是：如果我是法官，针对第一种情况，行人闯红灯，我会判行人负主要责任，司机负次要责任，根据实际情况赔点钱了事。针对第二种情况，当然是司机负全责，该罚款就罚款，该判刑就判刑。

"如果我是行人A，无论是第一种情况，还是第二种情况，我都会在过红绿灯时尽量小心，避免出现交通意外。"

每个组的代表都上台发表了本组的意见，还未等到唐风开口，姜固就走上了台，开始点评："这个问题设计得非常精巧，我想说的是，在本案中，无论这个法官怎么判，这个司机和被撞的人都不会满意，所以，尽量不要发生车祸。"

说完，姜固将话筒交给唐风。

唐风点击鼠标，投影仪上出现了几行字。

- **关键问题是：**

——你有没有办法改变这个局面？或你是否试着要改变这个局面？

——你是任由结果发生，因此承受生命代价，让社会公平机制（法官机制）来惩罚对方，还是个人承担责任，采取行动，影响结果，改变结果？

"这是我今天要重点介绍的内容之一：对自己百分之百地负责任，也是我常说的主动思维。为了避免出现车祸，自己首先不要闯红灯，不要犯错。同时，即使在绿灯时过马路，也要提防别人闯红灯，毕竟，生命是自己的。

"我在调查一些重大品质事故时经常遇到一种情况，针对从本部门流出去的不良品,大家经常说,这是上一环节的错,或者是研发的问题,或者是采购的问题,从来没有想过,自己要对自己做的产品负责任。不管是研发的问题,还是采购的问题,你要做的,就是把问题解决,不要让不良品漏到客户端去,就像本案中,不要让车祸发生,才是真正的问题解决之道。

"下面大家用'即使……,我也要……,因为………'这个句型造句,在组内互相分享。比如,即使领导不称职,我也要努力工作,因为我要为自己的未来奋斗!"

等大家讨论完后,唐风点击鼠标,在投影仪上又出现了一个案例:

● **案例:我公司第一次为客户加工的空调产品电源板器件漏装(来自空调产品线×××的邮件,2010-12-11)**

各位:

此次200套,客户测试完成了,发现4套有问题,见下面邮件。其中3台电机异常,研发人员本周会去对方工厂确认。但是另外1套,居然没有安装晶振,请工厂查明原因。

该问题很严重,不在于漏装一个器件,而在于这个器件漏装后,ICT/FCT是可以测试出来的。

不装这个器件,控制器是不会动作的,怎么可能通过测试?

唐风指着案例,说:"这是我们空调产品线总监水建国发给我的邮件,让我调查原因,大家来看看我们生产线主管给出的解释吧。"

接着,投影仪上又出现了下一页:

生产线拉长的解释:

(1)新产品第一次量产,无作业指导书指导生产,导致插件作业员漏插。

(2)当时试产时生产现场混乱,人员乱拿产品,导致状态标识不清晰，导致漏测试产品流出。

"这种情况在我们生产中心太普遍了，是吗？"看大家默不作声，唐风点击鼠标，投影仪上又出现了几行字：

- **所有的员工对自己的工作输出百分之百地负责！**

——这是每一个员工的职责，也是每一个主管的职责！更重要的是，它是公司品质管理的基础！

唐风说："现在回过头来看看刚才我的问题：品质部应当牵头组织大家解决所有的品质问题。

"几乎所有人都认为这是正确的，品质部嘛，当然得组织大家解决品质问题了，这是我们一贯的想法。经过刚才的讨论，大家的观点是不是要改变一下：我要来牵头组织大家，解决从我这里流出去的品质问题，因为我要对我的工作输出负责任！"

随后，唐风又介绍了过程作业模式在进料检验过程中的运用，让大家用过程模式作业表来分析本部门存在的问题。

大家学起来很认真，很快掌握了这个表的运用。

最后，来自许高升的问题代表了大家的疑惑："这会不会让我们做一大堆的文件呢？"听到这话，唐风的心里顿时掠过一丝阴影。

第二天晚上，唐风与木福高、许高升等核心骨干成员开了个小会，讨论品质改进小组的成立问题，唐、木二人很快起了争执。

唐风说："这个品质改进小组不宜过多，6个左右比较合适，只要保证有3个左右的小组取得成功，我们的示范效应就出来了。"

木福高反对："不行，既然是姜总强烈要求搞气氛，那么我们就必须尽可能地发动所有部门和所有主管参加，这样才能显得有声势。"

第15章 品质月

"赞同木工的建议。"与会其他人员纷纷表态。

"那好吧。"唐风叹息了一声。

最后,他只好按木福高的意见,成立了15个品质改进小组,几乎每个部门经理都派了项目,一些人还参加了多个项目。

第二天,在讨论品质月的奖罚方案时,唐风与姜固和木福高起了争执。

唐风说:"为了提升员工的参与热情,我们应该出一个明确的奖罚方案,对达成目标的项目组成员实施一定的物质奖励,对消极怠工者进行处罚,这一点最好在品质月开工会上就明确。"

姜固反对:"参与品质改进是每个员工应负的责任,到时候视情况给些奖励就行了,还要什么明确的奖罚方案?"

"就该这样。"木福高说。

见此情况,唐风只好不再说什么了。

一周后,品质月正式在生产中心拉开序幕,启动会议由唐风主持,生产中心和品质部的所有主管全部到会,姜固第一个发言:"各位都是我们制造体系的骨干,大家都知道,过去一年来,公司的产品品质严重下滑,客户投诉频发,导致竞争对手趁机抢占了部分市场,如果我们不能实现自我变革,还是停留在原来的状态,那就非常危险,所以我希望通过这个品质月活动重新唤醒大家的品质意识。

"我宣布,对于在本次活动中表现优秀的部门和个人,我们将有重奖;反之,对于消极应付的人,我们也会进行批评和处罚,下面请唐总给大家讲解活动计划。"

唐风接过话题:"刚才姜总也说了,目前市场上客户投诉很多,我把具体问题仔细一分析,发现什么样的原因都有,似乎每个环节都有问题,这使我极为困惑。

"如何才能有效解决这些客户投诉呢,大家有没有明确的办法?"说完后,唐风用眼光扫过所有与会人员的脸。

见无人应声,唐风继续说:"我说说我的观点,希望能抛砖引玉。

"我读过一本书,里面讲了一个故事:美国社会在1995年之前,犯罪率非常高,社会学家们非常悲观,认为美国的犯罪率将持续高涨。

"但是后来的实际情况却是:在1995年后,犯罪率直线下降,为什么会出现这种情况?"唐风反问大家。

见无人应声,他继续说:"专家们列了以下几种可能的原因:第一,较高的经济增长率;第二,新的枪支管制法案的实施;第三,新的巡管方案。

"这些原因看起来都有可能成立,但是作者经过分析,发现另有真正原因。他认为,真正的原因是,20年前一桩普通的堕胎案而引发的《罗伊·威德法案》,该法案赋予了妇女自由堕胎权。

"整个事情的过程是,一位已生有两个孩子的21岁女子,它名叫诺玛·迈卡维,后改为珍妮·罗伊,因为第三次怀孕希望进行一次人工流产手术。她贫穷,没有受过教育,也没有任何专业技能,整天酗酒、吸毒,已生的两个孩子都交给别人领养了。她想堕胎,但是在当时的得克萨斯等几个州,堕胎是违法的。

"迈卡维的请求得到一些权势人物的支持,他们推举其为第一诉讼人,状告达拉斯市刑事法官亨利·威德。

"这件案件后来被转到美国最高法院,最终最高法院判罗伊女士胜诉,允许在全美实现堕胎合法化。

"在此案后,成千上万名女性都跑到医院实施堕胎手术,这些人大都是贫穷、未婚或是未成年的女性,如果她们的孩子出生的话,他们成为罪犯的可能性要远远大于普通孩子。

"所以,作者得出一个结论:真正导致美国犯罪率大幅下降的

第15章 品 质 月

是潜在的罪犯数量的急剧减少。"

说到这里,唐风解释道:"将这个故事引申到对我公司客诉问题的分析上,我的结论是:为什么我们会有这么多客户投诉,原因在于我们的研发过程、生产过程有太多的不合格,任何一个不合格,只要没有被堵住,流到客户处,就变成了一个真正的客户投诉。

"换句话说,我们公司潜在的客诉问题太多了,我们要做的,就是减少这些潜在的客诉问题,就像故事中潜在的罪犯减少一样。

"下面我来给大家介绍本次品质月的行动方案。"唐风打开投影仪,开始讲解品质月的项目计划。

品质月正式开始了,按唐风的要求,每周召开一次项目例会,由各改善小组的组长向木福高和唐风汇报项目计划。

前面一两周的工作推进很顺利,大家热情很高,但是唐风发现,这就像一阵风,来得快,去得也快。

项目进行一个月后,有人在收到唐风的会议通知后,开始请假,当然理由很充分,都是要处理一些十万火急的大事,就是木福高,有时也借故不来。

到了第二个月末,基本上只有品质部负责的几个项目还在坚持例行汇报,其他项目的小组长经常缺席会议,唐风很着急,赶紧找木福高商量对策。

"木工,这样下去不行啊!现在连品质月例会都开不起来了。"唐风说。

木福高也很着急:"是啊,我们整个生产中心目前面对的问题太多了,问题像下冰雹一样,越下越多,旧的还未融化,新的就来了,真不知该如何是好!"

"看来我们前期所立的项目太多了,这些业务骨干们,白天要处理异常,晚上还要开会,已经开始顶不住了。"唐风说。

"越改善，问题越多，现在整个项目改进小组的成员们士气很低落，不知道如何搞下去，唐总，你想想办法吧。"说完，木福高走了。

"为什么我用克劳士比这套金光大道十四步法在 EE 公司中推行精益生产时效果很好，在康利得公司却举步维艰？"唐风很是苦恼。

这天，又是项目汇报日，唐风突然接到市场部的电话："唐总，我们安徽的客户反映，我公司交货的空调控制板出现大批量的显示故障，这是它一个月内的第三次品质投诉了。这家客户是我们公司空调产品线的战略合作客户，请务必想办法快速解决问题！"

孙常青的电话也很快过来了："唐风，这么一个简单的空调控制板，为什么一而再，再而三地出品质问题？上次客户投诉后，我让你和木福高亲自上线盯着，你盯了没有？！你们品质部一大帮人，每天在干什么？！为何连这样一个简单的产品都盯不住？"

孙常青的声音越来越大："你马上与市场人员一起，立即出差到这家客户，去看看到底是什么原因，为什么这样一块简单的控制板我们都做不好，让它多次在客户端出现品质问题！"

唐风立即打电话给妻子王玉，让她带几套换洗衣服火速到福永飞机场等他。虽然才是 4 月份，但是深圳的天气已异常炎热，等唐风火急火燎地从工厂赶到机场时，妻子王玉已提着一个提包出现在候机楼门口了。

飞机从深圳飞到南京，再转大巴车去安徽，到达滁州时已是深夜。第二天一大早，唐风一行就赶到客户的工厂，查看原因。

不良原因极为简单，经查看，是空调控制板上的数码管存在虚焊现象。

第15章 品质月

唐风打电话给中试工艺部的经理马能行："马工，我仔细查看板上这些数码管脚的焊点，发现这些出现虚焊的焊点湿润性特别差，焊点上锡量与普通焊点相比严重偏少。"

马能行回答："我知道了，这个数码管的引脚采用了钢针，而不是普通器件上用到的铜针，钢针在过锡炉时，焊锡的湿润性较铜针要差很多，所以焊点不够饱满。"

"为什么要这样？"唐风有点不解。

"这样做，一枚针可节省约一分钱的成本。"马能行解释道。

"所以，为了避免出现虚焊，使用数码管的厂家在其过锡炉前，会事先将其引脚剪到规定的长度，避免过炉后剪脚，而且炉后补焊时会有意在它的焊点上加锡。

"我们公司进入空调控制板这个行业不久，不了解这个工艺常识，没有在过锡炉前对数码管进行剪脚，而是在过炉后进行剪脚，也没有特别补焊这些剪过脚的焊点，造成这些焊点的虚焊比例很高，我认为，这才是根本原因！"马能行继续说。

在回家的路上，唐风陷入了沉思："这一年多来，公司拼命扩张，同时进入多个新行业。只要有客户答应合作，不管自己对这个行业是否了解，也不管这个行业的竞争对手的实力如何，几个研发人员一到位，再加上几个市场人员，一条新产品线就成立了。

"这样如何能保证不出品质问题？"带着感慨，唐风回到深圳。

唐风变得异常忙碌，除了组织15个品质改进小组的工作外，还经常会被市场部和客户找去检讨品质问题，给出纠正预防措施报告，他感到自己像一头奶牛，快被榨干了。

品质改进小组的工作推进也越来越缓慢，唐风发现，主要原因有几点：

第一，项目太多，大家精力分散，对问题的分析总是浮在表面，找不到问题产生的根本原因。

第二，大家都不喜欢用明确的文件来规范操作，对同一项工作，每个人的做法都不一样，加上员工流动率高，造成同一问题总是反反复复发生。

第三，虽然唐风给大家培训了过程管理模式表，但是大家还是按以前的习惯，眼睛只盯住结果，不愿投入精力去优化自己所负责的过程。

第四，最高管理层的支持只停在口头上，姜固自从开过启动会后，就再也没有出现过，木福高也经常缺席项目例会。

第五，缺乏奖罚机制，大多数参与人员将品质月的改进项目当成是额外的工作。

项目启动两个月后，唐风终于主动停止了品质月项目例会。

"我认为，必须在最高管理层进行彻底的思想和文化变革，没有领导参与、没有机制保障，这个品质月无法继续。"唐风对木福高说。

本章点评：

■ 一个雄心勃勃的质量改进项目为何会失败？

幸福的家庭家家相似，不幸的家庭遭遇各有不同！质量改进项目为何会失败，无非是以下这些原因所致：

（1）把质量改进当成一个一次性的方案，而非一个持续的过程，着眼点不是为了提升各个业务过程的管理水平，而是紧盯着结果的改善。

(2) 所有的方案都是针对中基层的,领导们认为自己没有问题,要改变的是员工,而非自己。

(3) 管理层急功近利,总想毕其功于一役,他们没有想过,要想在沙漠上种庄稼,首先要做的是松土浇水,而不是一开始就播下种子。

(4) 缺乏机制的保证,执行人员抱着怀疑态度,固守陈规。

第16章
品质反思会

■ 谁该为质量事故反思？

"不从管理的角度来看待品质，我们公司只有等死！我这个品质总监也只能等着被公司炒鱿鱼。"接完公司上海办事处主任刘刚的电话后，唐风对副总监牛春雨说。

刘刚的电话是这样的："唐总，最近我们华东的客户对我公司的品质表现极为不满，我希望你立即与我们一起挨家挨户去拜访客户。"

为此，刘刚还给公司的其他高管发了邮件，其邮件如下："姜总、唐总，近好！最近一个月上海办事处收到很多客户的罚单，这些客户有：

① 台州广纪元；
② 嵊州天悦；
③ 义乌忆华；
④ 绍兴大利生；
⑤ 杭州高投。

"具体的品质问题都已陆续反馈到品质部，有些客户的罚单已经开出，有些已经通知，有些还在与我们协商当中，初步预计损失接近20万元。

第 16 章 品质反思会

"客户开罚单的目的是希望我们能尽快整改，请品质部把最近上海办事处反馈的客户投诉进行系统整理，痛定思痛。我们已经安排唐总，明天从杭州高投开始，拜访所有投诉的客户，之后回公司总结具体的出问题的环节。"

唐风急忙交代好部门的工作，赶到上海，与市场人员会合后逐个拜访客户。客户投诉的原因各不相同，有的是产品外观不良，有的是电性能与客户的产品不匹配，有的则是康利得公司修改了板上某个器件未通知客户。

"你们康利得公司必须给我们提交整改报告，否则取消后续合作！"许多客户对唐风说。

在回深圳的路上，唐风对同行的销售员王伟东说："客户反馈的问题大都是公司管理上的软肋，我是任重道远啊！"

"电源板大批量出现炸机！"

从华东出差回来，还未来得及处理这些客户提出的问题，唐风又听到一个噩耗。

"你们康利得公司交货的电源板我们生产线上组装后，上电频繁出现炸机现象，我们已经停线，你们公司要立即派研发人员来分析原因！"客户在电话中对唐风说。

第二天，派出到客户处的工程师给唐风打电话："经过我的分析，产生此不良最大的可能原因是，这批电源板用了 FB3151C 的 PCB 板材，它是一种纸质板材，这种板材易吸水，很少有人敢在电源产品上使用。

"另外一个可能的原因是，这些产品是由我们的外协厂高技生产的，其使用的助焊剂和锡条可能存在问题，我看这些板子的焊锡面很脏，有可能因此产生了离子污染，改变了板上电路的分布，造成炸机。"

"原来如此！"唐风想起了两个月前的一件事情。

两个月前,为了降成本,常务副总姜固在公司中亲自策划导入这种板材,在最终的评审会上,唐风与姜固又起了争执。

"我认为这种板的品质风险太大,我坚决反对使用这种板!"唐风说。

姜固说:"你的意见太保守了!你就只会站在品质立场考虑问题,也不考虑一下公司的成本压力,我认为这种板可以批量使用!"

最后,公司在没有经过验证的情况下,一次性购入10万片板。

这10万片电源板在两个月前出货,总共发出了8万片,发给了6家客户,仓库中还有两万片待出货。不知是近期各地湿度大还是其他什么原因,问题集中性地爆发了。

"我真的要疯了!"从仓库中拿出一块电源板,唐风对牛春雨说。

他指着板的焊锡面说:"老牛,你看,这板上已经有一小片区域涂了三防漆,一般的洗板水是不可能洗得掉的。"

牛春雨说:"这又是姜总给我们出的难题,这两万片板肯定是不可能报废的,肯定又要我们品质部组织大家拿出方案来返工,我们该怎么办啊?"

唐风说:"我真恨不得拿个大铁锤,将仓库里的这些电源板全部砸碎,丢到孙老板和姜总面前,让他们看一看他们自己所造的孽!也省得又要我们来组织返工。"

牛春雨叹了一口气,说:"唐总,别说气话了,我们还是认命,赶紧想办法返工吧。"

唐风回到自己的座位上,气得一言不发,等了半晌,才打电话给马能行:"老马,又有任务了,需要你这个工艺专家出马了。你赶紧到工厂来吧,现在我们要想办法把这两万片电源板进行返工。"

第 16 章 品质反思会

最后,两人一起做各种试验,制定返工策略,最后终于试验出一种方法,就是用天那水将板子洗干净,风干后再重新刷上三防漆。

于是唐风一面联络外协厂高技,要求其派人协助处理客户端问题,一面组织人员对仓库中的两万片电源板进行返工,一时间,整个工厂充斥着天那水和三防漆的味道。

唐风开始失眠了,每周他都要抽时间去看失眠科医生,从医院回来后,总是带回大包小包的中药。

"高技这家外协厂必须关掉!我实在是忍无可忍了。"唐风对木福高说:"你还记得上次的事情吗?我刚入职不久,这个高技就出了一个大问题。"

木福高点头说:"是啊,当时它为我们一家印度客户生产了50000片电源板,结果这批产品发到印度后,在客户生产线上的电性能不良率竟高达5%。"

唐风说:"这种电源板结构非常简单,上面只有稀稀拉拉的几十个零件,我当时拿着一块这种电源板,第一感觉是,就算不做任何测试,这块板的不良率也不至于高得这么离谱。"

木福高说:"没错,最后经过我们调查,发现这些电源板不仅没有做老化,而且也没有做测试。当时因为交货紧急,高技临时从其他生产线上抽来人员,没有经过任何培训,一帮人通宵加班赶出来的货。因为担心不能及时交货,被迫出空运费,所以这批电源板既没有做测试,也没有做老化。"

唐风说:"当时我就强烈要求关闭这个加工厂,但是因为高技的管理层和孙总、姜总私交甚好,再加上高技每次的加工费报价都最低,所以最后这个外协厂还是保留下来了。

"在这半年之中,这个高技已多次招来客诉,这回哪怕和姜固撕破脸,我也要将它关掉,木工,你的意见呢?"

"我支持你,明天叫上许高升,我们一起去找姜总。"木福高说。

"不能关!这家厂有成本优势,只要你的驻厂代表能够盯住,它还是可以把品质做好的。"听到唐风要关掉高技,姜固的第一反应是不同意。

"姜总,这家厂不要再保留了,我们都快被它折腾死了!"木福高和许高升也在抱怨。

看到大家都这样说,姜固没有办法,只得说:"那好吧,我来通知高技公司的管理层,告诉他们,我们的业务关系要结束了。"

好不容易将高技关掉,唐风还未来得及喘口气,又一个大投诉来了。

公司最近开发的战略客户四川泰升,通过康利得的业务员陈良发来投诉,说康利得第一批交货的15000片电源板,其生产线才使用500片,就发现有9片不良,全部是电源端子插反,这批产品也是这家外协厂高技生产的。

针对此事件,负责这个项目的销售经理谢从之也发邮件给公司各主要管理层:"孙总、姜总,陈良的这封邮件真的是噩耗啊!KL-0205产品共发给泰升15000片,现在500片试产的产品里已经有9片不良了,我们完全有可能彻底出局。上周五临下班前,其采购处长致电我,并承诺,如果7月5万片订单交货及时且品质稳定,8月订单在10万片以上。可现在,连端子插反的不良率都有1%,这让市场人员怎么解释啊?这次我去泰升本来是为了疏通客户各流程节点的关键人,但现在我要和陈两个人在那做产线工人了。"

公司内部,老板娘赵姬回复大家的邮件是:"品质部最近战火不断啊。"

老板孙常青也给唐风发了邮件:"唐风,品质问题一直没有大的改善,除了研发问题外,根本问题是你不进步,不下基层,不研

第 16 章　品质反思会

究，不分析，这可如何是好！"

这天下午，唐风的手机响了，他看了一下，是孙常青打来的，心里咯噔了一下："该来的迟早会来。"

电话中孙常青极为愤怒："唐风，为什么我们最近有这么多品质问题？你作为公司的品质总监，是干什么吃的！到底是你的能力有问题，还是你的态度有问题？！如果是别人有问题，你告诉我是谁，我把他开除！"

唐风叹了口气，他心里说："我们公司真正需要开除的，应该就是老板你啊！"

但是他不敢说出口，只是默默地听着。

孙常青的电话持续了足足 15 分钟，骂完后，接着说："唐风，你通知木福高，本周六召集品质、生产、计划、采购、物流各部门的经理，在生产中心开会检讨近期的品质问题！"

唐风挂了电话，心里说："唉，看来这又是一次批斗会，我真的快要崩溃了。作为品质总监，要有效地开展工作实在是太难了……

"我真正的对手还是我的这两位上司，他们的观念实在是太陈旧、太不适合现在公司的形势了。"

唐风不由得想起上次与中试工艺部经理马能行的对话："我认为我们公司的主要问题还是在两个老板身上，如果不能改变老板的一些基本观念，我这个品质总监迟早要冤死。

"一是标准化作业，老板们总是认为公司的核心优势是研发，如果提倡按规范按流程作业，就会限制员工的创造力，所以无论如何都不肯严格推行规范化管理。

"二是过程管理，他们认为品质很简单，只要品质部努力点，多盯着点就行了，客户给的交付周期时间很短，出点问题是正常的，品质部要做的就是把所有问题盯住，不让有问题的产品流出去。

"记得上一次，公司ISO9000的证书到期，需要换证审核，我与来审核的顾问公司的审核组长就聊过，品质问题从本质上讲就是管理问题，一家管理得好的公司是没有品质问题的，他极为赞许。"

想到这里，唐风暗自下定了决心："也许真的到了该放手一搏的时候了！"

他立即召集品质部的所有主管，说："我们不能再这样下去了！品质部从来都没有制造问题，但是公司每次有客户投诉，都是品质部先帮别人擦屁股，再背黑锅，最后是挨板子，这种局面必须在我唐某人手中得到彻底扭转！

"我认为，所有的品质问题都是公司管理上的问题，品质问题的背后就是管理问题，大的管理漏洞带来大的品质问题，小的管理漏洞带来小的品质问题。请大家将近期发生的典型问题反馈给我，我一定要在会上向老板明确表达我的观点，不成功便成仁！"

看大家默不作声，唐风继续说："根据我对质量的理解，我认为完整的质量管理应该从四个层面入手。"

"最上面的是产品质量，比如说客户投诉和产线异常。"

"为什么有这些乱七八糟的问题？是因为我们公司的过程管理很混乱，质量管理体系虚设，表现出来的就是过程能力不足。"

"透过每一个所谓的品质问题，我们都可以发现其背后存在许多过程管理漏洞，是吗？"

"是的。"大家纷纷点头。

"为什么过程管理做不起来？我认为可以从三个方面来解读。"

"第一是人员能力，公司的现状是员工招聘和培训体系欠缺，很少组织培训，带来的结果就是员工能力不足。"

"第二是员工思维，公司没有绩效管理体系，分配靠老板拍脑

第 16 章 品质反思会

袋。还有,员工没有正确的质量意识,出了问题就把责任推给品质部和其他部门,从来不会向内看。"

"第三是员工治理,最突出的就是几乎没有管理体系,整个一游击队做派,对供应商的管理也很弱,无法为员工提供一次做对的条件。"

"这三个方面反映出在品质管理方面,我们公司的组织能力很弱,我将之称为质量竞争力薄弱。"

"那么,决定公司质量竞争力的主要因素是什么呢?"唐风问大家。看下面的人无人吭声,唐风说:"这里的因素很多,包括战略选择和经营能力,以及鼓励改善和驱动变革的能力。"

"当然,最重要的因素是领导层的质量认知,我将之称为质量领导力。"

"如果领导层认为公司的质量管理与自己无关,出了问题将责任全部推给品质部,公司永远无法打造出质量竞争力。"

说到这里,唐风幽幽地叹了口气,说:"如果这次会议开得好,从此以后我们将走出困境。如果开得不好,无法提升老板们对于质量的认知,我想,这也是我唐风在康利得开的最后一次会了!"

大家都明白,如果老板还是固执己见,唐风唯一的选择就是辞职。

唐风这时又补上一句:"在康利得这样的公司中当品质总监,每天都是在油锅中煎熬啊!"

在随后的几天中,唐风将周六会上要表达的内容一句一句地写在笔记本上。

同时,每天晚上睡觉前,他都在心里模拟会场上的情况,反复推敲在会场上应如何来表达自己的观点。

另外,他去人事部要来一份辞职报告,认真填写完,封在信封中,准备一旦谈崩了,立刻交到老板手中,他实在无法再坚持下去了。

做完这一切,唐风松了一口气,打电话给自己的一个朋友刘友成:"兄弟,我快扛不住了,你能否帮忙推荐一些适合我的公司?"

刘友成也是一家公司的质量总监,平时常跟唐风聊质量管理上的事情,这会儿听说唐风打算辞职,不禁也有点感慨。

"质量总监这个职位在公司中的阵亡率是很高的。"刘友成突然冒出一句。

"为何要这样说?"唐风有些奇怪。

"原因有二,第一,几乎在所有公司中,大家都喜欢把客户投诉、来料异常或生产返工返修之类的问题归纳为质量问题或品质问题,你目前的公司是不是这样?"刘友成问唐风。

"对极了。"唐风深有同感。

"问题一旦定性为质量问题,包括公司老板在内,大多数人都认为质量部应该对质量问题负责,或者口头上认可人人都要对质量负责,但是真的面对现实时,想法就变了。你们公司的老板是这样吗?"刘友成继续问。

"天下乌鸦一般黑。"唐风笑着。

"第二,质量部的工作成绩不好衡量,不像市场部、开发部等部门,业绩很容易表现出来。虽然有些公司已经开展质量成本统计的工作,但是大多数公司没有做这项工作,也没有精力去组织大家建立这样一套系统。"刘友成说。

"是啊,连品质异常都处理不过来,公司业务流程不理顺,内部异常多得不得了,品质部哪里会有精力去搞质量成本的统计工作?"唐风有些感叹。

"这就导致质量总监的工作绩效不好体现,在公司质量管理工作做得好时,老板会把成绩归结到研发、生产、工程等业务部门头上,而对质量状况不满意时,老板又会认为这是因为质量部的工作

第16章 品质反思会

做得不好。"刘友成接着解释。

"英雄所见略同!"唐风回应道。

唐风叹了口气,说:"质量专家们都说要通过质量成本来表现质量总监的业绩,他们的话也许有道理,但是知易行难啊!"

刘友成也叹了口气,说:"质量之功,在质量之外,如果你无法改变最高管理层的管理思维和公司的品质文化,质量总监的冤死在所难免。"

星期六的会议如期而至,上午九点钟,公司董事长孙常青、常务副总姜固、生产中心委员会主任木福高准时到会,会上,品质、生产、计划、物流、采购各部门的经理济济一堂,会议室座无虚席。

孙常青等大家坐定后,首先发言:"今天讨论的主题是品质,唐风,你来主持会议吧。"

唐风接过话题:"好,我来主持会议。大家都知道,最近公司的品质问题非常多,孙总几乎天天打电话骂我,认为要么是我的能力有问题,要么是我的态度有问题,是这样吗,孙总?"

看到老板在点头,唐风接着说:"作为公司的品质总监,公司品质搞不上去,我责无旁贷,但是只有我一个人来承受压力是不够的,也是不公平的!今天我有很多话要说,而且可能话还很难听,如果大家不认可我的意见,可以随时打断我,我们一起停下来讨论。

"首先,在我们康利得公司,不管是什么问题,客户投诉、罚款、还是生产线返工,我们都喜欢给它戴个帽子,将之称为品质问题,是这样吗?"

说这话时,唐风双眼一直盯着孙常青。

孙常青点头:"是。"

唐风又说:"现在,问题一旦定为品质问题,所有的矛头就都指向了品质部,指向了我这个品质总监。

"比如,上个月我们的客户沈阳同浩退了我们一批货,商务部同事去找老板娘请物流款,老板娘问什么原因退货,商务部回答说是品质问题,老板娘立即气势汹汹地来问我:'为什么又有品质问题?'结果,当我告诉她,是研发部未发 ECN(工程变更通知书)导致的,她立马就不吭声了。"

突然,唐风的声音高了起来:"现在,我向大家问一个问题:到底什么是品质问题,谁能给我说清楚?为什么公司品质问题多,我这个品质总监就得挨骂?!"

说完这句话,从老板孙常青开始,再到常务副总姜固,唐风的目光一轮轮地来回扫过会议室中每一个人的眼睛。

一时间,会议室中鸦雀无声,空气似乎凝固了,只听到墙上挂钟"咔嚓""咔嚓"走动的声音。

30秒、一分钟、两分钟、三分钟,唐风看着墙上的挂钟,见没有一个人出声,就开腔了:"看来大家对这个问题没有想清楚,现在让我来告诉大家什么是品质问题。"

他清了清嗓子,继续说:"我想大家都知道,解决问题要抓源头,我认为,首先要从源头来定义问题。

"比如说,研发部将一个电路设计错了,测试指标通不过,我们应将之定义为研发问题;我们工程部将作业指导书写错了,导致产品做错了,我们应将之定义为工程问题;我们生产线将一个产品做坏了,我们应将之定义为生产问题;我们采购部买回来的一种物料,不能使用,导致生产线返工,我们应将之定义为采购问题。

"而现在,所有这些问题我们大家都把它叫品质问题,我们的老板一听品质问题多了,就来骂品质部,来骂我。

"就拿这次出问题的外协厂高技来说,在今年3月份考察它以后,我就给几位领导发了邮件,强调这个外协厂不能再合作下去了!"

第 16 章 品质反思会

"姜固,还记得当时我说过什么吗?"唐风直勾勾地盯着姜固的眼睛,直呼其名。

见姜固默不作声,唐风继续说:"你肯定不记得了,我来替你说吧,当时我说了四点!

"第一,我们是消费品行业,我们的代工厂家,必须反应快,而高技的文化和运行机制都无法做到。

"该公司的主管,一到下班时间全部走人,根本不会顾及产品在生产过程中会有什么问题。它的业务运作模式也不同于我们其他的外协厂,一个 ECN(工程变更通知书),别的外协厂都是直接发到生产线使用,简单快捷,但是它偏偏要将之录入到它公司的文控系统中,经过层层审批后才能实施,导致反应速度很慢,有时在这个过程中还会录错,造成批量性返工。

"第二,我们当初选择它是因为它的工厂处在顺德,当地的工资水平较深圳低,但是目前国内的人力已经是供不应求的状态,它用人的低成本导致它用的人大多数素质较低,难以培训和管理,品质意识差。

"第三,高技采用整体计件制,一个月下来,员工最多只有一两天休息时间,每月发完工资,都会有很多员工辞职,人员极不稳定。

"第四,高技处在顺德,距离我公司较远,客观上造成它的反应慢、物流成本高,为了弥补这块成本,它势必要想方设法在其他方面降低成本,比如焊锡、助焊剂、包材等自行采购的辅料,它都用最便宜的,而这样没有底线地降低成本,必然会引发品质问题。

"所以,最后我的结论是:高技不可能做出高品质!当时我给你发了封邮件,要求你把这家外协厂关掉,可你连邮件都没有给我回,理都不理,我品质总监的话在康利得公司中根本没有任何影响力!"

唐风声音越来越大，指着孙常青和姜固说："孙总、姜总，我说的没错吧，而且我记得很清楚，我当时的邮件主送的是姜固，抄送了孙总、木福高和许高升，但是你们没有一个人回过邮件，事情就这样不了了之。"

"所以，这次我们的产品在客户处出问题，我认为根本原因就是我们的外协厂选择不当，而在这个选择中，我作为公司的品质总监，根本无法发挥任何影响，但是出了问题挨骂的却是我。"

"我最近不是决定把它关掉了吗，你总得给我时间吧。"姜固分辩道。

唐风不理会，接着说："我认为这种局面不改变，我们公司的品质管理是很难有起色的，所以，我们不仅要从源头来解决问题，更要从源头来定义问题。

"那么，到底什么是品质问题呢？我来告诉大家。我的IQC检验员，如果将一颗合格物料在检验的过程中损坏了，或者检完后将之放错了包装袋，导致混料，这叫品质问题。

"我的OQC检验员检完电源板后将之放混了，导致客户投诉，这也叫品质问题，因为它是由品质部所产生的。我刚进公司的时候，这类品质问题是有的，但是现在请大家看一看，我们面对的诸多问题，有哪一件是由品质部造成的？

"所以，我认为我们公司没有品质问题，只有管理问题！

"上个月，因为空调控制板的客户投诉，我专门跑了一趟安徽。结果发现，问题的根源就是我们进入这个新行业时，过于匆忙，没有吃透其工艺特点就大批量生产，导致大批量的不良在客户端发生。

"另外，我们刚刚处理了FB3151C的PCB板材问题，大家为了这件事，忙了大半个月，我都快疯了。这个问题是怎么产生的，姜总，还用我提醒吗？

第16章 品质反思会

"这些问题不都是由于管理混乱造成的吗?!"不知道哪里来的勇气,唐风指着孙常青和姜固说。

见两人默不作声,唐风继续说:"我们公司面临这么多的问题,总结起来就是四个字:管理混乱!谁对这种管理混乱负责,当然是权力越大责任越大。孙总,你是董事长,公司中你的权力最大,所有事你一人说了算,你应该负最大的责任。"

然后,唐风对姜固说:"你是总经理,总部那边的事情基本上你说了算,你的责任第二大。"再接着,唐风指着木福高说:"木福高,工厂这边你的权力最大。所以,公司品质管理做不好,你的责任排第三。

"我们品质部现在是当了你们的替罪羊,每次出了问题我都得背黑锅,你们三个有没有什么意见?"

唐风停了大约一分钟,看大家都没有出声,又接着说:"既然大家不出声,那就是认可我的观点了,下面我就来说说我们公司具体的管理问题吧。

"我认为我们面临的最大问题就是:公司最高管理层的管理思维跟不上形势的发展。具体表现在:崇尚人治,强调品质是盯出来的。出了品质问题就是因为员工不好好工作,责任心不强,品质部没有好好盯住,所以解决问题的方法就是搞气氛。出了问题后老板的处理方式永远都是指责!通报!罚款!开除!

"公司管理层从来不认为,自己才是造成这些品质问题的根源!"唐风的声音很大。

"孙总,我认为这就是你的问题!"唐风斩钉截铁地说,口气异常严厉,孙常青面无表情。

"再拿这次四川泰升的客诉问题来说,这个产品是一个新产品,客户是一个新的大客户,按公司的要求,根本就不能到外协厂生产!可是计划部事先把订单下出去了,物料也已发给了外协厂,直到物料快要上线生产了，我才知道有这样一个重要的订单要在高技生产。

"为了确保不出问题，我当时派了周文（研发项目经理）、牛春雨（品质部副总监）、老马（中试工艺部经理），会同我的两个驻厂代表，在高技又找了10个QC人员，将做好的电源板一块一块地连夜挑选，忙了个通宵。你们知道这批板当时第一轮挑出来的外观不良率是多少吗？28%！挑了三轮，最后发到客户那里，不良率还是有1.8%。

"现在出的这个问题，恰恰证明了品质是做出来的，而你却总是认为品质是盯出来的。孙总，你老是和我们说：'我以前只要坐在生产线上，所有问题都盯得住，你们呢，现在老是把问题漏到客户那边去，原因只有两个，要么是你们没有按我的要求坐到生产线上去，要么是你们做得不卖力。'是这样说的吧？"

说完这些，唐风看了一眼孙常青，见老板不说话，他继续说。

"孙总，你以前那种人盯人的方法已经不灵了，现在需要的是全攻全守。道理很简单，以前我们公司规模小，像做这样一个产品，有可能与客户沟通需求的是你，做电路设计的是你，进行工艺设计和器件选型的也是你，到生产线去跟踪产品生产的还是你，而且当时可能就一两条生产线，产品也不过只有10来款，所以也许还能盯得住。

"现在，你看我们生产中心加上外协厂，已超过16条生产线，我们公司有多少款产品？应该超过1000款了吧。公司里面分工已经细化，研发工程师甚至都不知道他设计的产品在哪条线上生产，我们怎么盯得住？

"而且，孙总，只要一出问题，你只会指责品质部没有盯住，而不去责备真正制造问题的人，你难道没有想过，这样会带来什么后果吗？"

第 16 章　品质反思会

看着孙常青不吭声，唐风继续说："大家伙儿肯定会认为，反正有品质部在后面盯着，出了错老板会打他们的板子，我偶尔出点错有什么关系？如果公司所有人员都有这种想法，那就危险了！

"因此，我认为，我们公司最大的问题，就是最高层管理者的品质理念和管理策略不当！"

说完后，唐风反问老板："孙总，你有不同意见吗？如果有，我们现在就可以讨论。"

"唐风你接着说，大家不要打断他，我们要学会听批评意见。"尽管从来没有这样被下属公开斥责，实在有点下不了台，但是孙常青还是表现出了大将风度。

见老板如此表态，唐风继续说："孙总，如果这次在四川泰升出现的问题发生在 2005 年，发生在我们第一家客户山河的身上，我认为可能根本就不是问题，不就是插反了几个插座吗？换成是山河，很可能不用我们处理，客户就安排员工将这几个插座反着插过来，问题就解决了。

"为什么同样的问题出现在泰升，在客户处和我们公司就引起了轩然大波？"唐风问道。

见无人应声，唐风自问自答："原因很简单，就是现在我们客户的层次提高了，要求提高了，我们的做法还没有变，我们输出的产品质量也没有变，问题就来了，投诉也来了。

"我之前给大家讲过一堂课，是关于如何解决问题的，我对大家提的第一个问题就是'什么是问题'，大家还有印象吗？

"所谓问题，就是现状和目标或要求之间的差距，目标或要求提高，现状不变，问题就产生了。

"因此我说，孙总，过去你成功的经验极有可能是造成将来我们公司失败的导火索，套用中国一句老话来说，是'成也萧何，败也萧何'！

"你想想，2005年时，我还在EE公司管UPS工厂，当时的员工多听话，多遵守规矩！因为工作难找，管理人员让他干什么，他就会干什么。"

"自从2007年以后，珠三角的一线工人由以前的供过于求变成了供不应求，员工变得越来越难管了！

"还有，2005年时，我们的外协厂是谁？泰比特！加工行业中的翘楚！其管理水平是高技这个烂厂能比的吗？"

唐风停顿了一下，接着说："所以我强调一点，现在我们的产品变了、客户变了、供应商变了、员工变了，但是孙总你的脑袋却没有变！你还在强调'品质是盯出来的'，品质有问题就是我们品质部没有盯好，如果你坚持这种观点，我们公司的品质是无论如何都不可能做上去的。

"现在，我引用达尔文《物种起源》里的一句话来做个总结，'凡是能够生存下来的物种，不是最强壮的，也不是最聪明的，而是能够随着环境改变来改变的。'"

唐风的意思很明显，公司老板孙常青的确很聪明，但是其对品质的认识有很大的误区，总是认为出了品质问题就是因为员工不努力，品质部不负责任，导致公司品质管理改进举步维艰，唐风寸步难行。

"是啊，要想让客户降低要求是不可能的，关键在于我们自己如何提高管理水平。"虽然表情有些不自然，但是孙常青还是肯定了唐风的意见。

见老板如此表态，唐风继续说："接下来我说康利得的第二个大问题，我的总结是'集团军的规模，游击队的打法'，我们公司总部加上生产中心，再算上专门为我公司加工电源板的外协厂，员工总人数应该超过了2000人，我们的销售额今年应该会超过9亿元人民币，这已经不是一个小公司的规模了。

"但是你看看我们公司员工的做事风格,可以用一句话形容:'跟着感觉走,走到哪里算哪里'。各部门、各个环节的工作要求不明确,员工按流程、按要求做事的意识差!

"举个例子来说,前几天我们一个变压器在版本升级后,供应商送来的还是老版本的物料,按大家的说法,这又是一个品质问题。

"我有点奇怪,我们公司不是所有的定制件在版本升级的同时都会更改料号的吗,为什么这次没有改?我去找器件认证部,结果尹英杰(器件认证部的经理)给我的答复是,'我们认为能管好的就不改料号,管不好的就改料号。'这不是跟着感觉走是什么?

"而且,事后我还专门调查了关于定制件版本升级的管理,发现公司根本就没有文件对此项工作进行规定。

"在我们公司里面这种游击队长太多了!

"我认为,ISO9000 的精髓有两个:一个是标准化作业,另一个是过程管理。我们公司的标准化水平低,我想不用我多说,至于过程管理嘛,我记得刚来时,连一份公司各个业务过程管理关系图都没有,公司管理层对于过程管理连一点概念都没有,只是拿了一堆证书,挂在墙上,给客户看,介绍说我们通过了 ISO9000,通过了 ISO13485,通过了什么管理体系,大家从来都没有想过要认真实施它的要求,按它的精神来做事,这怎么会不出问题?不出问题才怪!"

唐风扫视了会议室中的所有人,见没有一个人搭腔,继续说:"我认为第三个大问题就是,公司的组织分工与权力分配存在很大问题,高层管理者的职权与角色错位。"

说到这里,唐风对着姜固说:"姜固,你哪里像个总经理,你分明就是个工程师嘛,你 80% 的时间都在做工程师的活,我每次到你的办公室找你谈事,你要么是在看一个器件的选型,要么是在讨论一个技术问题，要么是在帮采购部谈价钱。作为总经理，该管的事情你管了多少？我以后称你为全能工程师好了。"

平时见面，唐风总是"姜总、姜总"地叫，这回，也顾不得称呼了，干脆直呼其名。

尽管被唐风说得一愣一愣的，但是姜固还是肯定了唐风的说法："是，你批评得对，我在管理上的确有很多问题，该管的工作没有管好。"

唐风接着说："我不明白公司为什么一定要搞一个生产中心委员会来管工厂，我对这种组织架构的评价就是一句话：大锅饭，执行力差！木工总是认为他只是生产委员会主任，不是工厂厂长，所以工厂中出现的问题要生产委员会5个人来负责，而权力却掌握在他一个人手中。他自己一天到晚，跑到外面去采购设备、找供应商谈价买行政用品，做的是行政采购员的活，我找他讨论工厂的管理问题，总是找不到人。

"你们一个是常务副总，一个是工厂厂长，权力都比我大，管的人都比我多，掌握了公司绝大多数的资源，但是一个干的是全能工程师的活，一个干的是行政采购员的活，公司中该管的事情不管，出了问题就叫品质问题，让我老唐来替你们背黑锅，替你们挨骂，你们认为合理吗？

"另外，我认为我们品质部的位置非常尴尬，明着说是公司品质部，实际上是工厂品质部，我所管理的品质人员全部集中在工厂端，对于品质问题产生的源头——研发部，我们没有资源配置。还有，你们一天到晚反复强调，让我唐风坐在生产线上盯问题，我这个品质总监都快变成品质检验员了！"

唐风刚进公司时，他就要求公司给品质部在研发环节配置研发QA，监管研发质量，但是孙常青认为研发是他和姜固在管，不会有大问题，唐风只要将工厂端的品质管好就行了，所以这个研发

第 16 章 品质反思会

QA 一直未配置。

尽管挨了唐风的批评,但是木福高还是支持唐风:"虽然老唐在批评我,但是我认为他讲得有道理,我们品质问题的大源头的确在公司总部,我们品质部没有问题,真正有问题的是研发部、采购部、工程部和生产部。"

唐风看大家没有异议,接着说:"我们公司掌权的只管琐碎事,不做管理,也不懂管理,只是口号说得好听——'一荣俱荣,一损俱损'。现在品质部因为没有权力,要做点事太困难了,我们经常有漏测试的产品流到市场上,我想推动将目前测试后在板边上画颜色的方式改为测试后在板上盖章的方式,以实现责任追溯的功能。就这么一件小事,我亲自推了 3 个月,现在还没有结果,木福高,我说的没错吧。"

这的确是事实,上次在参观一家生产空调控制板的厂家时,唐风看到它的员工在测试完后都会在 PCB 上盖一个数字章,用来追溯是哪位员工测试的。

唐风提出来也在康利得工厂推行此方式,结果制造部经理钟良才认为他可以找到更好的印章,结果折腾了两个月,也找不到合适的印章。后来唐风又找工程部人员去购买印章,结果买来的印章盖不了,因为盖在 PCB 上,很容易被擦掉,因为此问题,这件事最后不了了之。

唐风说:"我要说的第四个管理问题是:战略不当导致我公司的资源配置存在问题。我们公司号称要做中国的西门子,结果这两年,同时进入多个行业,客户给项目就接,没有选择,也根本不管自己有没有能力完成,但是公司的资源有限,很多工作做得太粗了!

"我们海外项目的产品标签错误问题层出不穷,我在找结构部调查原因时,经理刘铁志对我说:'老唐,你知道我们公司每年的新项目有多少吗？几百个！每天的工作量太大了，但是结构部只有3个人，所以标签在打样和给供应商签承认书时，我们根本就不会审核．'

"所以，只要一个人一不小心做点错事，就会导致客户端的批量性质量事故。"

唐风停顿了一下，又接着说："前几天我还在公司班车上和小郑（工程部副经理）开玩笑说，我们康利得公司就像是一只狮子，不管有没有力气，见到猎物就扑过去。"

的确，这两年，公司在内部管理上很少下功夫，一门心思去找客户，招研发人员，只想着把产品做出来，对内部管理上存在的问题总是听之任之，认为只要业务规模做上去，这些问题自然就会得到解决。

"请问大家，这个资源配置没有做好，造成品质问题频发，难道也是我品质总监的错?！"唐风越说越激动。

"第五个我要说的管理问题是员工能力问题，我们公司的培训体系欠缺，没有相应的培训制度，记得以前在EE公司时，我每讲一节课，公司还补贴我150元钱，所有的会务工作都是秘书安排妥当。

"现在看看我们公司，讲课没有一分钱补贴，我还得当秘书，每次讲课都得自己布置会场，发会议通知，弄了几次后，我这个最爱做培训的人都不想做培训了。

"还有，我每次给品质部干部培训，都会邀请生产中心其他部门的主管一起参加，但是很少有人愿意来听我老唐的课。

"我们有些主管，都太实在了！真的可以称得上有奶就是娘，没有什么价值观，从来不管谁对谁错，谁能给自己好处，就听谁的。"

唐风见没人吭声，继续说："我要说的第六个管理问题就是，

第 16 章 品质反思会

我们公司的文化有问题,我们公司目前对待品质、成本、交付的态度就是:交付第一,成本第二,品质第三,在品质和交付、成本发生冲突时,我们往往将品质放在最后考虑,先将货发出去再说。

"比如,每次工厂出现老化产能不足时,为了满足及时发货,我们计划部的许工就会找姜总,要求取消老化,或者缩短老化时间,姜总的回复每次都简洁明了:同意!

"是这样吗,姜总、许工?"唐风逼视着姜固和许高升,两人不敢吭声。

"试问,大家有没有想过,这样做对产品品质有没有影响?这样做对员工的品质意识有没有影响?公司的现状就是:品质说起来很重要,做起来次要,关键的时候不需要!"唐风的声音越来越大,说到后来,几乎是一字一句。

"另外,我们公司中缺乏对自身工作结果负责任的文化。比如说,我们的产品经过测试环节后,流到后面的包装线,经常发现混板、漏测、撞件等问题。我去找李根枝(测试组主管),他经常跟我说,这是工程部的作业指导书错误造成的,这是计划部的排产有问题等,从来没有说过'这是我的错!'也从来没有想过,自己要对自己的工作输出负责任。我在 3 月份给工厂管理层培训时讲过,不管外部环节的输入有没有问题,我们每个管理者都要对自己部门的工作输出结果负责任,但是目前公司的主流文化与此完全相反!"

平时能说会道的李根枝这会儿连大气都不敢出,低着头看自己的手机。

唐风一口气说了半个多小时,最后总结道:"我刚刚说了这么多,总结起来只有四个字:管——理——混——乱!"

他的声音很大,尤其是最后四个字,几乎是咆哮着一字一句地对着孙常青和姜固说的。

"我们公司没有品质问题,只有管理问题,我们现在面临的品质问题只是公司管理混乱的表象。"

"拜托大家，以后请不要在我面前谈品质问题，要谈就谈管理问题！"唐风说话斩钉截铁。

"如果大家没有意见，我建议由各部门主管来谈谈我们到底还有哪些管理问题，如何来解决这些管理问题。"

这是唐风自工作以来，第一次以这么严厉的口气跟老板说话，他把这一年多以来在康利得公司所窝的火一口气全部发了出来。

孙常青接过话题："唐风，你平时在生产中心也是这样说话的吗？"

"是，老唐的确给我们讲过许多品质管理的方法，但是我们没有做到位。"这时候，木福高开口了。

"对不起，我刚才很激动，批评了大家，也列出了许多问题，但是我不是个只会提问题，不会解决问题的人。"唐风接着又说下去。

"我认为，只要管理得当，品质、成本、交付速度是可以兼得的，下面我以我们的 IQC 进料检验过程管理优化项目为例，给大家介绍过程管理的方法，告诉大家如何来管理品质。"

说完，唐风打开了自己的笔记本电脑，打开上次 IQC 过程管理的项目总结 PPT 文件。

"这是我们刚结项的过程管理项目，所有的结果数据均来自真实的统计结果，大家可以随时去核实。"

唐风先介绍了本次项目的改善结果，再介绍过程模式作业表的运用。谁知他才讲了几页，就被孙常青打断了："你不用再讲了，我已经明白了。"他指着木福高说："这有什么复杂的？你们按这种思路去做就行了。"

看到此情景，唐风的心开始往下沉，他本来希望，通过让老板详细了解自己的品质管理思路，借孙常青和姜固的东风，在全公司中推行过程管理方法，快速提升公司过程管理的水平。

看到老板的这种态度，他心里透过一丝悲凉："没希望了！"

会后，唐风对楚春红说："通过今天的会议，我为大家种下了一颗希望的种子。从此以后，不管我老唐是否还在品质总监这个职位上，品质部的处境都会彻底改变，但是，我只成功了一半，因为，我没有彻底改变老板的质量认知。"

唐风说这话时，语气显得有些落寞。

本章点评：

■ 谁该为质量事故反思？

"质量很重要！"每个老板几乎都这样说，那是因为如果不这样说，他的公司早就倒闭了。但是对于如何得到质量，谁对质量影响最大这个问题，很多老板都不太清楚，一旦在产品质量方面出了大问题，大多数的老板都会认为，这是因为下面的管理者和员工能力不够或责任心不强造成的。

所以，他们就在公司里面召集各种各样的反思会议，要求自己下面的管理人员进行反思，从来不会认为，自己才是真正造成问题的人，真正需要反思的是自己，真正需要改进的是公司的管理水平。

也许有人会说，如果这样说，品质部的责任是什么？其实，品质部的主要职责是统计、分析公司每个过程的绩效，调查问题产生的原因，向最高管理层汇报问题的解决进度，阐述公司目前品质管理的现状，协助最高管理者制定品质方针和品质政策，建立公司的品质文化。

从这个层面上来说，品质部应当改名为"管理优化部"，品质总监应改名为管理优化总监，他不对一时一事负责，但对一段时间内公司的质量改进结果负责。

第17章
前加工过程管理

■ 如何顺利推进品质改进活动？

开完周六的品质反思会，唐风如释重负，那天晚上，他很早就睡了，一直睡到第二天日上三竿才醒过来。

他并没有像以往那样，醒来后立即起床，而是仔细回顾了昨天会议上的细节。他知道，别看孙常青和姜固在会上被自己说得无言以对，恭恭敬敬地承认自己管理不善才是公司品质问题多的原因，但是冰冻三尺非一日之寒，问题并没有彻底解决，这次会议只是万里长征第一步，他必须乘胜追击，尽快做出成绩来让他们心服口服。

机会说来就来！

周一，唐风上班后不久，楚春红就跑到他办公室来："唐总，刚才在5楼生产线又出了一个问题，我们前加工成型后的MOS管成型不良，导致已生产好的产品要成批返工，这已经是本月第三次出现类似问题了。"

唐风赶紧问："什么原因造成的？"

楚春红说："前加工车间反馈说是工程部的作业指导书错误导致的，我核实了，情况的确是这样的。"

"现在我们的品质改进工作太难做了！不论是客户投诉还是生

第17章　前加工过程管理

产线返工的问题，细查下去，许多情况下都是，一个部门出了错误，多个部门都没有发现，最终产生客诉或者品质损失，我们品质部追查责任时，无论是问题制造者还是问题遗漏者，每个人都会找出一大堆的理由，你推我我推你的，还经常将品质部也扯进去，品质部要罚别人得先罚自己！"楚春红满脸委屈。

"这样的结果就是，品质问责制很难推行，法不责众嘛。"说完这话，楚春红走了。

楚春红走后，唐风陷入了沉思。

自从进入康利得公司后，这一年多来，面对工作失误，唐风很少听见有人主动承认："这是我的错，我要如何来解决这个问题。"大多数时间听到的都是："这不是我的错，这是某某某或某某部门的问题。"或者干脆说："这是品质问题，就该由品质部来组织解决，你为什么来找我？"

"是时候改变这些主管的观念了！"唐风下定了决心。

他立即走到前加工车间，找来前加工主管王宝瑞："阿宝，我刚刚听说我们一个MOS管前加工成型不良，流到了5楼生产线，造成我们已做好的产品批量返工，而且这已经是本月第三次出现这种情况了，是吗？"

王宝瑞说："唐总，我知道这件事情，但是这次是工程部写的作业指导书有错，才导致我们出错的，您应该找工程部才对。"

唐风勃然大怒，指着王宝瑞的鼻子说："有没有搞错！你是前加工的主管，还是我是前加工的主管？为什么是我唐风要找工程部，而不是你王宝瑞找工程部！这产品是从你这里流出去的，你就必须负起这个责任来！

"请你搞清楚，是你自己要对你的工作输出负责任，不是品质部替你负责，更不是我唐风替你负责！

"我当然知道这次是工程部的作业指导书出了问题，导致你犯了错误。但是据我所知，工程部的作业指导书已经不是第一次出错了，如果在它第一次出错时，就找责任人和部门主管来讨论这些问题，还会有今天的错误吗？

"我再次申明：就算是工程部给你的作业指导书全部都是错的，仓库发给你的物料全是垃圾，你也必须保证你前加工车间加工出来的物料符合要求！"

"至于来料和作业指导书有问题，你应该找仓库、IQC、SQE、器件认证部、工程部去沟通解决，让它们来解决好你的这些乱七八糟的输入问题，不要等到自己的工作出了问题，再说别人有这样那样的问题，这样做我认为你就是在找理由推脱责任！"

看王宝瑞被自己骂得默不作声，唐风的声音也低了下来，接着说："我记得今年三月份我给你们做过培训，强调了什么？对自己的工作输出负责！你也是认可的，在台上公开许下了你的承诺，现在你为什么不能按自己当时承诺的去做？

"我的要求很简单，你先从品质部那里得到你管理的这个过程的输出表现，就是每月的前加工批次性问题数，将之进行分析，找到根本原因。另外，你们前加工自己也会发现上游部门的输入给你带来的一些问题，你可以总结好，与这些输出问题一起，找你的输入环节，如工程部、IQC、仓库、器件认证部、开发项目组等，召开前加工过程管理会议，大家一起来研讨如何改善。有困难吗？"

也许是唐风的态度感染了他，也许是上周见唐风批评了老板，平时爱顶嘴的王宝瑞这次竟然没有任何反驳，顺着唐风的话说："行，我知道该怎么做了。"

一周后，王宝瑞就给唐风发了一个报表，上面统计了前加工车间在过去三个月漏到下游工序的所有批次性问题，总共45次。

第 17 章 前加工过程管理

报表中也列出了前加工车间在加工过程中发现的、上游各环节输入的批次性问题，如来料混料、作业指导书错误、BOM 错误等，次数更多，足足有 100 次之多。

唐风和楚春红、王宝瑞一起看完报表，觉得数据统计得符合事实。

唐风说："王宝瑞，你出面召集生产部、插件线、仓库、IQC、工程部、器件认证部等相关人员过来开会，会议议题是'前加工过程管理会议'，有问题我来帮你。"

下午，王宝瑞打来电话："唐总，我的会议通知发出后，工厂这边的人员反馈没问题，但是器件认证部尹英杰说来不了，他可是关键人物啊！"

"行，我来搞定！"唐风挂掉电话，立即打电话给尹英杰。

碍于唐风的情面，尹英杰按时到会，等所有相关人员坐下后，唐风开始发言："大家好，今天这个会议，是我要求王宝瑞召集的，为什么一定要王宝瑞召集而不是我品质部来召集，理由只有一个，就是业务部门的主管要负起该负的责任来，以前我们大家都有一个观念，就是品质问题应该由品质部组织大家来解决。

"最后的结果就是，一个问题只要定义为品质问题，就基本上宣告了：这是品质部的事。等到品质部辛辛苦苦地把问题分析完，把报告写好，找大家开会时，最后大家可能还说我们分析得不对，于是业务部门和品质部还扯来扯去，最后经常是不了了之，是这种情况吗？"

楚春红笑着回答："唐总，您说得太对了。"

唐风说："所以现在，我要求每个主管，自己从下游工序和品质部搜集自己的工作表现，以及下游部门对自己部门的工作要求，召集下游部门和上游部门的相关人员，召开过程管理会议，今天是第一次，后续会常态化。阿宝，你来讲解你的报告吧。"

"谢谢唐总，说实在的，我感到很惭愧，以前一直认为品质部要对品质问题负责,从来没有想过自己要主动关注本部门的工作输出,主动找上游输入部门解决它们带给我的困扰,只想着把问题反馈给品质部,让品质部帮我推动相关部门解决问题,有时候甚至连问题都没有反馈出来,只发几句牢骚之事,这样,的确是解决不了问题的。"王宝瑞说话时的表情很诚恳。

"上周,我根据唐总的思路,统计了前面三个月前加工车间流到下游工序的所有批次性问题,坦率地讲,问题很多,总共有45次,事实上这些几乎都是重复发生的问题。

"我把这些问题进行分类,发现主要存在以下问题:一是加工方式错;二是加工出的零件混料;三是加工精度不合格,导致插件线无法正常使用;四是漏加工;五是物料员给插件线配料时配错了物料;六是因为BOM与客户特殊要求、安规清单相冲突,导致按BOM加工出来的物料不能使用。

"说句实在话,对于我来说,一个比较麻烦的事情是,输出的主要问题看起来只有这几种,但是造成这些问题的原因却千差万别。我想请唐总来帮我分析一下,他上次给我讲的过程模式作业表我已忘记如何使用了。"

唐风走到白板前,拿起一支白板笔,在白板上画出过程模式作业表,他问大家:"我们前加工这个过程的输出是什么?"

"当然是成型的元器件了。"王宝瑞显得胸有成竹。

"不完全正确,我们还输出了首件确认记录表、前加工IPQC巡检记录表这些信息。"唐风补充说。

"下面来看一看我们的作业流程。"唐风已在白板上开始画前加工作业流程:

计划员开工单—仓库配料—前加工物料员领料—前加工组长将物料和工艺作业指导书下发给员工—员工进行首件加工—员工对照指导书自检—组长互检—IPQC互检—员工批量加工—IPQC巡检—

第 17 章 前加工过程管理

加工完毕后与前加工物料员交接—前加工物料员按工单要求将物料配送到插件线上。

唐风指着白板，开始讲解："在这个流程中，我们输出了三样东西：成型后上到插件线上的元器件、首件确认记录表、前加工 IPQC 巡检记录表。

"我们先看第一个输出物：成型后的元器件，谁是它的客户？当然是插件线的员工。"

唐风指着插件线的组长谭小双说："你是前加工的客户，你对王宝瑞说一说，你对他的输出有什么要求吧。"

谭小双开始陈述自己的要求："第一个当然是加工正确，符合我们的插装要求，具体包括两点，一是成型方式正确，二是脚长要正确。否则，要么是过波峰焊后不出脚，修补量大增，要么是脚长太长，剪脚的工作量太大，两种情况都会造成我们产线上电源板堆积。

"第二个要求当然是上正确的物料，加工正确并不等于上料正确，这里的关键是在换线，以及插机过程中的补料这两个环节。

"第三个要求是上料的及时性，不能因为上料不及时造成我们停线。"

唐风说："好！下面我们来看第二个输出物：首件确认记录表，谁是它的客户？我认为是楚春红。"

唐风手指楚春红，"你作为客户，来说说你的要求以及目前这个输出物存在的问题。"

楚春红说："关于首件确认记录表，我的要求是不管多大的加工批量，员工必须如实记录物料数量、型号、工单号，自检后签名，经过同组成员或组长互检合格后，再送 IPQC 检验，检验合格后再开始批量加工。我们之前因为加工错误报废了很多批物料，都是员工在未经过互检和 IPQC 检验的情况下，私自大批量加工造成的。

"所以，我的要求是，这个表必须经过员工、组长、IPQC 三方签字，而且不是加工后补签，而是在批量加工前确认。"

唐风说："我们再来看第三个输出物：前加工 IPQC 巡检记录表。它的客户应该也是楚春红吧，这是前加工的 IPQC 负责做的，目的是监控在换料过程中是否出现加工错误。楚春红，你可要对你的 IPQC 检验员提清楚要求哟，我们这里就不再讨论了。"

"前加工过程输出的要求搞明确了，下面我们来看看输入。王宝瑞，你认为前加工这个过程的输入有哪些？"唐风故意要考考王宝瑞。

"第一，是仓库发过来的物料，还有计划部下发的工单、研发部提供的 BOM 等。"王宝瑞回答时有点犹豫。

"算了，不考你了，我已用过程模式作业表将前加工过程做了分析，与大家分享吧。"说完，唐风就打开了自己的笔记本电脑，接上投影仪，上面出现第一张表格。

前加工过程输出	客户及相关方	客户及相关方对输出结果的要求	客户及相关方对本过程的要求
成型后上到插件线上的元器件	插件线的员工	（1）加工方式正确 （2）上正确的物料 （3）上料及时，每次换线在 10 分钟内完成 （4）物料袋上要标识出物料料号和对应的工单号，并且在标签上签上加工人员的姓名，以方便责任追溯	（1）一次做对 （2）加工工时和周期要不断缩短 （3）紧急使用料在加工完后立即通知负责上线的物料员
首件确认记录表	制程品质部	（1）所有加工批次必须都有记录 （2）如实记录物料数量、型号、工单号 （3）员工、互检成员、IPQC 检验员三者均要签字，而且是在开始批量加工前签字	
前加工 IPQC 巡检记录表	制程品质部	如实记录在前加工换料过程中的抽检情况	

第 17 章 前加工过程管理

唐风对着表格说:"我有很多次在插件线上检查待上线的物料,经常发现物料标签上未签名,这样,在出现加工错误或混料时,要追溯责任人就难了。"

"下面我们来看看前加工过程的输入要素和对它的要求。"唐风打开下一张表格。

输入（材料及信息）	供应者	要　　求	控 制 方 法	本要素目前存在的管理缺失点
元器件等原材料	仓库	（1）物料箱上必须有IQC检验合格的标识 （2）与发料单一致、不能混料 （3）最小包装上有料号标识,方便员工识别 （4）同一编码的器件,封装形状必须相同	在《IQC岗位操作指导书》中明确提出标识和封装检验要求	无要求、无控制方法
工单与日加工计划	计划员	计划部提前一天发布	计划员每天例行发布日排产计划,前加工主管回复确认意见	无要求、无控制方法
样机	工程部	版本最新、有工程部人员的签名确认	《样机管理办法》	无要求、无控制方法
BOM	研发部	版本最新	《ECN发布流程》	有ECN作业流程但无文件
产品检验规范	研发部	版本最新	《ECN发布流程》	有ECN作业流程但无文件
安规清单	安规部	与向客户报备的安规清单相一致	《安规清单管理流程》	有要求但无明确的控制方法
客户特殊作业要求	工程部	明确标出每个客户对于器件厂家的要求	《客户特殊要求管理流程》	无要求、无控制方法

"现在我们来看一看前加工输出存在的问题,哪些与我们这些输入因素有关?"唐风指着表格说。

"刚才阿宝讲了,我们输出的问题中有两个大问题:一是加工方式错，二是加工出的零件混料。加工方式错有很大一个原因，就是样机没有及时更新，导致物料按旧样机成型，结果在插件线使用时才发现器件成型方式错了。

"至于加工出的零件出现混料问题，有部分原因是我们同一大箱的物料中，混有相似形状的物料，这一方面是因为我们一些元器件的最小包装上没有料号标识，造成物料容易混，另一方面是因为物料出仓库时已经混料了，这两者都是前加工的输入要素上存在的问题。

"这里面还有一个很严重的问题，就是我们同一个料号，居然封装方式和脚距不一样，导致我们没办法加工，这是我请尹经理过来开会的主要原因，你们器件认证部得替我解决这个问题。

"另外，我们经常在上线时发现前加工成型好的器件与安规清单和客户特殊要求不一致的问题，造成生产线临时换线，其原因就在于我们公司对于安规清单和客户特殊要求没有明确的控制办法。这个问题请尹工代表工程中心将问题带给安规部，让其提出解决方案，我下周还会找研发部和工程部相关人员开专题会议。尹工，可以吗？

"因此，为了消除我们前加工的输入要素产生的问题，我们要赶紧制订对于这些输入要素的管理办法，请工程部马上清理旧版本的样机，同时制订《样机管理办法》，IQC 这边，要尽快完成《IQC 岗位操作指导书》的优化，将物料内包装和元器件封装的检验要求进行细化，这些工作容易做、见效快，属于快赢项目，请在本周内完成。"

唐风说完，打开下一张表格。

第17章 前加工过程管理

工作程序	制定者	要求	控制方法	本要素目前存在的管理缺失点
前加工员工岗位作业指导书	前加工主管	员工按作业指导书作业能输出正确的结果	1. 已出现过的问题要总结后在作业指导书中体现，避免再出类似问题 2. 前加工主管、工程部工程师定期对作业指导书亲自验证	所有要求均停留在口头上，无明确要求
产品工位指导书	工程部			有工位指导书但存在要求不明确的问题
各种设备操作指导书	前加工主管			无操作指导书

"对工作程序这个要素的管理我们做得就更差了，在前加工45批作业不良中，至少有一半以上是工作程序的问题，员工不知道怎么做是对的，怎么做才能避免错误的发生。

"比如说，我们一颗物料，在一块板上有不同的成型要求，我们的作业指导书没有把这些要求写在一页作业指导书上，结果前加工的员工一拿到物料，就全部按一种成型方式加工，结果做完了才发现，其实这些料只有一部分要这样加工，另外一部分要加工成为另外的形状。

"而且有时候，前加工还不一定能发现这个问题，要到插件线时才会发现器件无法插上板，这时问题就大了，几十号人要坐在生产线上干等。"

"还有，我们维修人员发现，有一些手工焊接的器件，失效率特别高，经调查，原因是焊接时电烙铁的温度设置太高了，对于这个温度的设置我们没有明确的要求，员工根据个人经验来处理，就容易出问题。"楚春红补充道。

"请工程部和前加工根据本次统计出的问题，由于工作程序造成的，立即制订相应的工作程序，并对员工进行培训，落实作业要求，这样才能从根本上解决问题，大家有没有意见？"

让唐风感到惊奇的是，以前大家最不喜欢写文件，这次答应得都很爽快，这也许是那次品质反思会带来的效果吧。

唐风继续说："下一个过程要素，就是设备设施的管理，我们前加工的设备很多，由于设备精度达不到要求，造成加工出的器件批量报废的事情已出现多次了，下表是根据我的理解，前加工在设备管理上要做的事。"

设备/设施	提供者	要求	控制方法	本要素目前存在的管理缺失点
K脚成型机	公司	能满足加工精度要求	《仪器设备定期检验和点检制度》《设备保养规定》	要求不明确且无控制方法
立式成型机	公司			
卧式成型机	公司			
直脚成型机	公司			
振动成型机	公司			
气动成型机	公司			
……	公司			

"阿宝，你的设备有什么要求，你应该比我更清楚，目前我们既无点检制度，也无保养方案，设备彻底不行了才维修，这样怎么能保证加工品质？"

说完设备设施这个要素，唐风打开下一页表格。

知识/培训	提供者	要求	控制方法	本要素目前存在的管理缺失点
器件成型工艺规范	工程部	能通过相应考核	《前加工作业员上岗培训管理办法》	无明确要求、无控制方法
手工焊接工艺规范	工程部	能通过相应考核		
特殊器件焊接工艺规范	工程部	能通过相应考核		
器件识别	前加工	能通过相应考核		
作业指导书的理解	前加工	能通过相应考核		
安规知识	安规部	能通过相应考核		

第 17 章　前加工过程管理

他继续说:"我们前加工的员工因为应知应会达不到要求,产生的作业不良太多了,在这 45 批不良中,至少有 10 批是前加工的员工技能不足造成的。这张表是根据我的理解,前加工员工应该掌握的内容,但是王宝瑞,你看看,表中培训内容你哪一样做到位了?

"阿宝,你既没有制订培训要求,也没有做过必要的培训,就算员工很想做好,最终也是做不到的。何时能制订出《前加工作业员上岗培训管理办法》?"说完后,唐风等候王宝瑞的回复。

"两周之内吧。"王宝瑞的回答很快。

"最后,我们来看看前加工过程的工作标准的问题,我强调一下,管理者的要求就是员工做事的态度,我对员工的要求就是一次做对。我们来看看阿宝对这一块的管理现状。"说完,唐风打开了下一张表格。

工作标准	制定者	要求	控制办法	本要素目前存在的管理缺失点
作业质量	前加工主管	一次做对	《前加工品质奖罚管理办法》《前加工产品标识和责任追溯制度》	无明确要求、无控制方法
工作效率	前加工主管	满足工时标准	《前加工车间工时管理办法》	无明确要求、无控制方法

"阿宝,你要赶紧制定这些制度,否则你的员工的工作态度是很难保证的。"

说完后,唐风停下来看了下王宝瑞。

"阿宝,因为目前前加工的问题非常多,输出问题多,输入的问题也多,在这个会上,我们很难将这些具体问题一个个讨论,要是那样的话,我们可能一整天也讨论不完。我建议,你将这个报表发给所有相关的人员,让各个部门针对本部门的工作输出对前加工车间造成的困扰,制订相应的改善措施,在下周我们再开专题会议讨论。

"我再强调一次，对存在问题的每个过程要素，一定要有明确要求、要有控制办法，如果还像以前那样靠人盯，肯定是不行的！"

会后，唐风发邮件给木福高等一干生产中心的主要管理人员，他写道："我今天非常激动，我们终于有一个人肯站出来主动改善自己的工作输出了！这个人就是前加工的王宝瑞，我希望大家向他学习，主动关注过程输出，通过优化本过程的管理来提升过程绩效。"

这个项目的顺利程度超过了唐风的想象！

一周后，又是王宝瑞发出前加工过程管理会议通知，工程部、器件认证部、仓库、安规部等相关部门的责任人全部准时到场，提出各自的改善报告。

唐风说："我们这个会目前是每周一次，由王宝瑞作为过程的负责人召开，为什么一定要这样做呢？原因很简单，只有我们每个业务部门的主管主动关注自己的工作输出，主动改善输出绩效，全员质量管理才不会是一句空话。

"我希望每次会议前，王宝瑞和楚春红都要对前加工上一周在插件线发生的加工错误批次数进行汇总和原因分析，同时王宝瑞也要对输入到前加工过程的批次性问题数进行统计，定位出具体的责任部门，这样会议就有的放矢了。

"在每次前加工过程管理会上，我们主要讨论四个议题。

"一是上一周前加工过程的输出绩效，主要是在插件线发生的加工错误批次数。

"二是输入到前加工过程的批次性问题数和责任部门。

"三是责任部门向大家汇报上周承诺过的改善措施的落实情况。

"四是针对本周已发生的问题的改善对策。"

说完后，唐风问大家："针对这四点，大家有没有意见？"

"没问题，就这么办。"大家都同意了。

第 17 章　前加工过程管理

前加工过程管理周会总共持续了四周，后续改为每月一次，改善效果超出了大家的想象，第一个月就将加工错误批次数由以前的平均每月 15 批降低到 5 批，第二个月前面两周未出现不良，直到第三周才出现 1 批作业问题，后续基本稳定保持在每月 1 批加工错误数的水平。

为了让木福高和生产中心的一干主管了解改进过程，在第四个周会上，唐风硬拉着木福高和其他生产中心委员会的几个成员参加了会议，大家对王宝瑞和前加工的改变感到非常惊讶。

从第二个月开始，唐风让王宝瑞将过程管理会议改为月会，每个月开一次就行了，也不需要请很多人过来，只把工程部、仓库、IQC、制造品质部几个与前加工关系密切的部门找来就行了，每次会议的议题还是以前那四个议题，只不过是以月为单位统计出的数据。

这个会议后来变成了前加工车间雷打不动的管理例会，由前加工车间主任召集，检讨前加工过程的三个输出指标：作业质量、上料及时率、作业效率。

本章点评：

■ 如何顺利推进品质改进活动？

品质改进活动的目标是改进品质输出结果，但是如果只把目光聚集在结果上，忽视过程管理的优化，则结果即使有改进也是暂时的。

另外，培养过程的负责人（Owner）来主持品质改进小组很重要，如果每个过程的负责人都能主动关注自己这个过程的输出结果，并且能推动过程的前端输入环节改善的话，品质改进就有了坚实的基础，全员质量管理将不会是空想。

第18章

重启品质月

■ 如何将品质月这把火顺利地烧起来？

"我们一定要将品质月这把火重新烧起来！"唐风对木福高说。

这天，唐风花了一晚上的时间，指导王宝瑞将这两个月来前加工过程改进的成果做了一个PPT汇报材料。

第二天，由唐风发会议通知，要求所有生产中心和品质部的主管在大会议室开会，会议主题只有一个：前加工过程管理项目汇报。

会议由唐风主持，"大家好，今天我请大家来开会，主要就是汇报我们前段时间进行的前加工过程管理改善项目的结果，下面请王宝瑞主讲。"

王宝瑞显得有些激动："感谢唐总在这个项目上的指导和大力支持，让我们取得了一点点成绩。说起来真是惭愧，以前我有一个错误的观念，一个问题只要定义为品质问题，我就认为应该由品质部出面，组织大家解决，从来没有想过要自己出面解决本部门流出去的问题。"

王宝瑞在说话时，唐风打开了PPT文件，示意王宝瑞开始汇报项目改进情况。"以前，我们前加工因为经常加工错误，经常被后面的插件线指责，我也因此被木工批评，说我的管理能力太

第 18 章 重启品质月

差。"王宝瑞开始汇报。

"大家可能也看得到，自从我们开展了前加工过程管理活动后，我们输出到下游的问题是一周比一周少，上个月只有一批不良，这在以前，简直是不可想象的。

"我们的改进，是从理解过程的输出开始的，以前我们都是以本部门为中心，从来没有仔细与下游工序沟通，了解下游部门对我们的要求，所以工作总是做不好。

"这回，我们严格按照唐总过程管理的要求，围绕输出结果，对输入、知识培训、工作标准、工作程序、设备设施这几个要素的要求进行了全方位的识别，并组织相关部门制订了相应的控制办法。同时，在分析具体问题的过程中，我们找出了我们这几个过程要素中存在的短木板，通过管理优化将之进行提升，最终实现了输出结果的改善。"

王宝瑞的汇报持续了约一个小时，自始至终，唐风都没有插话，他让王宝瑞尽情发挥。直到王宝瑞讲完了，唐风才开始说话。

"我们在三月份开始的品质月，持续了两个多月，就被迫暂停了，大家还有印象吧。

"前段时间我一直在反思，为什么这个项目开始时大家热情很高，但是很快就偃旗息鼓了呢？

"我想主要有这么几个原因，第一，我们从一开始就错了，把它当成一个项目，而不是一个过程。项目是有生命周期的，而过程是一个持续的东西，就像我们的前加工过程管理一样，我们每个月都要把它的绩效数据拿出来看看，找出里面需要改善的要素，形成下一步的改进计划，犹如长江大河，奔流不息！

"品质改进如同结婚，两口子手牵手去民政局领结婚证是一个项目，婚后的生活是一个过程，结婚的目的不是为了一张结婚证，而是婚后美满的生活。

"遗憾的是，我们许多公司，拿了一张 ISO9000 的证书，把它挂在墙上，就万事大吉了。"

"第二个原因，我想是我们管理层急功近利，姜总希望能快速搞出气氛来，所以我们成立了十几个品质改进小组，一哄而上。"

"但是我们的资源无法支持这么多的品质改进项目，最终的结果是伤其十指，而不是断其一指。问题难以得到根本性的解决，品质月这阵风一过，很快又恢复了原样。"

突然，木福高说话了："真是惭愧，当时老唐要求只成立 5~6 个项目组，是我坚持要全员参与，多搞项目，迎合老板的意思，我要对失败负全部责任。"

唐风说："我们今天不是讨论责任，而是在检讨失败的原因。我想说的第三点是，我们执行层受困于旧的观念，不敢尝试新的方法，尽管我多次培训了过程管理的方法，但是大家仍然不用过程管理的思路去解决问题，而是持怀疑、观望的态度，这也是导致项目失败的重要原因。"

讲到这里，唐风抬头看了看会议室中的所有成员，继续说："今天我们还有一个重要议题，就是如何重新启动我们生产中心的品质月。"

这时，江中龙开始说话了："IQC 进料检验和前加工过程管理两个项目我都有参与，我的体会是，项目不宜过多，贪多嚼不烂，而且所选的改进项目最好不要有太大的技术难度，成功把握性要高。"

"当然，最重要的是，项目本身要具备一定的影响力，能看到明显的改善成果。"唐风也强调。

"那好，请大家开始推荐项目吧。"木福高说。

"我推荐的项目是客户特殊需求汇总和执行过程的优化。"生产中心的工程部经理罗之峰发话了。

第18章 重启品质月

"因为我们公司经常将同一款产品销售给不同的客户，但是每个客户都有一些特殊的要求，这些要求有时是客户对市场销售人员讲的，有时是对研发项目组说的，有时是对品质部提的，造成了管理上的困难。"罗之峰滔滔不绝。

"另外，出于降成本或者消除品质隐患的考虑，我们公司研发部门会经常对产品进行升级换代。

"但是有的客户只要求你的电性能满足其要求即可，有的则有明确要求，我们康利得公司在工程变更后，一定要发工程变更通知单给客户，得到客户的批准后才能执行。

"还有的客户要求卖给它的产品上不能使用某一品牌的元器件，有时它们又要求必须使用某个厂家的器件，如此种种，五花八门。"

牛春雨也开始插话："因为没有明确的处理规范，很多时候，市场人员在拜访客户回来后，就会给品质部和研发中心发一封邮件，告诉它们客户的这些要求。然后大家就各忙各的，也不会跟进这些要求是否有人在处理。

"等到客户收到货后，才发现它提的要求未得到执行，打来电话投诉。

"于是折腾开始了，客户先是投诉，后是谈判、返工、索赔、检讨，我们品质部被这些问题弄得筋疲力尽。"

两人讲的情况唐风都了解，记得唐风刚进公司不久，就要求公司市场部牵头，针对客户的这些特殊要求，制订一个流程来管理好这些要求。

但是康利得公司是不信奉标准化作业的，这件事唐风推了很多次，最终都没有成功，没有一个部门肯站出来管这摊子事。

"这个项目提得不错！项目完成的技术难度很低，但是成功后产生的影响却不小，我支持！"唐风公开表态。

"好，就由我们工程部罗之峰牵头，制订相关的工作程序，并严格执行起来，我认为问题会很快得到解决。"木福高拍板。

"行，那就由我来牵头，作为客户特殊要求的归口管理部门，制订《客户特殊要求管理流程》，不管是市场、研发还是品质、物流等部门，只要有客户反馈了特殊要求，请大家立即把这些要求反馈给我们工程部的万和平，由他组织相关部门进行评审。"罗之峰娓娓道来。

"经过评审，如果我们认为客户的要求不合理，或者无法执行，评审后可以通过相关的人员与客户沟通，寻求客户的谅解。

"如果认为客户的要求需要执行，就由万和平将其要求汇总到《×××客户特殊要求及重要信息汇总表》中，作为一个正式的受控文件下发，由制造部和外协厂负责执行，由IPQC、OQC和驻厂代表负责监督落实情况。"

唐风说："我们品质部的IPQC在产品生产时，要将这张表拿出来与流水线上的产品进行逐项核对，以确保相关部门的执行力。

"在出货检验时，OQC也要将待出货产品与这张表逐项核对，确认客户的这些特殊要求是否得到满足。

"行，第一个项目就讨论到这里，下面我们讨论第二个项目吧，请大家推荐。"木福高说。

"我建议第二个项目为老化过程的优化。"唐风开始说出自己的想法。

"为什么要选它呢？是因为它影响大。

"我们车间的老化员多次未按要求记录老化故障信息，造成生产线出现批次性电性能不良时，研发部很难判断其在实际使用过程中可能发生的失效率，给问题处理带来了极大麻烦。"

说到这里，唐风对木福高说："上周在总部，我们还被姜总批评过，你不会忘记了吧？"

第 18 章　重启品质月

"那好！我建议，这个项目改进小组的组长由我们制造经理钟良才担任。"木福高说。

唐风其实对此事早有准备，他接着木福高的话说："针对这个问题，我已经思考好久了，我昨天与楚春红一起，画出了老化过程模式作业表，对老化过程的各个要素进行分析。

"我俩认为，老化过程的输出物主要有二：一是已老化的半成品，二是产品老化报表。对此，大家有意见吗？"唐风问大家。

见无人应声，唐风继续说："经我们讨论，目前老化输出物上存在的问题主要有五点。

"一是产品漏老化，原因是一些产品的输入插头在上老化架时未插到位，所以老化时产品未上电。

"二是因为用错老化负载，造成产品老化时因电流过大而损坏。

"三是未按要求记录老化过程中的不良信息，导致出现批次性不良时，不知这些不良是从测试站开始发生的，还是在老化站才开始出现的，这给公司决策层在处理品质异常时增加了很大难度。

"四是老化混板，外形相似电性能相同的电源板通过老化环节混入包装线，最后出货到客户处产生客诉。

"五是因为老化输入线未插到位造成接触不良，导致产品在老化过程中烧毁。"

"针对这五点，钟工，你有什么意见吗？"唐风问钟良才。

"总结得到位！"钟良才回答。

"经我们分析，这些问题主要是因为对老化过程的三个因素的管理不到位产生的。

"一是老化员的工作态度问题，老化房内温度很高，人进去一会儿全身就会汗流浃背，所以只要没有主管或 IPQC 检验员盯着，很多老化员就会偷懒，不去认真执行老化规范。

"为了解决此问题,我建议优化我们的老化作业程序,将老化过程检查工作和老化架上板工作分开,所有老化房由唯一的一个老化检查员来记录老化过程不良信息,大家觉得如何?

"当然,为了进一步提升其工作责任心,我建议,生产中心给这个岗位设置一个专门的高温补贴。

"我认为,要优化的第二个因素是对老化负载和老化线的管理。"唐风说。

"因为产品老化过程中的电流很大,这两种物品很容易损坏,需要定期检查维护,之前从来没有人重视过对它们的管理,每次出了问题就将这些损坏的东西直接扔掉了事,所以问题反反复复地发生。

"所以,我建议,由工程部制订《老化负载和线材管理规范》,由老化组长安排员工定期对其进行点检、维护,对易损坏的线材统计其正常使用寿命,规定其使用时间,超过使用寿命时直接报废。"

说到这里,唐风问罗之峰:"有没有问题?"

罗之峰回答:"没问题。"

唐风继续说:"我讲的第三个因素是老化工老化上架过程中的作业习惯问题,他们喜欢将不同种类的电源板都拉到老化车边上,一次性地全部插上老化架,然后推进老化房上电。

"大家都知道,因为我公司会根据客户的需要,将同一款产品衍生出许多个不同型号,来卖给客户,这些产品的外形和电性能都很接近,如果老化混板,后续的测试包装不一定能挑选出来。

"所以,我建议对电源板老化的作业流程进行规范化,规定同一工单的板子才能放在一起上老化架,不同工单的板子严禁同时上老化架,IPQC进行抽查监督,发现违反者立即通报处罚。

"我为什么要花这么长的时间给大家讲解这个老化过程的优

化，是因为大家对于过程模式作业表的运用还不熟练。

"我最后再强调一点：必须立足于过程来改善品质，这样才会持久，大家一定要掌握过程模式作业表的运用！"唐风对大家说。

第三个被推荐的项目是 PCBA 的短脚作业项目，因为担心电源板过波峰焊时产生元件不出脚的情况，所以前加工员工在给元器件加工剪脚时，都是就长不就短，其结果就是产品在过完波峰焊后剪脚工作量很大，造成大量的在制品在补焊站堆积。

这一轮的三个项目完成得很顺利，总共只用了 4 周左右的时间。项目完成后，唐风在生产中心安排了一次项目总结会议，由三个项目改进小组的组长上台分享改善心得，尤其是对过程模式作业表的应用，三人谈了许多感想。

在三人讲完后，唐风进行了点评，他点评的内容其实就是他平时反复强调的东西。

"零缺陷管理四项基本原则的第一项就是：质量就是符合要求。所以，要将一个过程管理到位，必须围绕过程的输出，针对其输入、知识培训、工作标准、工程程序、设备设施这五个要素制定详细的要求和控制办法。

"零缺陷管理四项基本原则的第二项是：质量的系统是预防，也就是一个预防为主的系统才能得到质量。如何实现一个预防为主的系统？将每个过程及其输出的要求识别出来，并管理到位，就是实现了预防。

"零缺陷管理四项基本原则的第三项就是：工作的标准是零缺陷。我将其理解为一次做对，现在虽然我们有了一些改善，但是离一次做对还差得远，这只是万里长征第一步，改善无止境，所以大家千万不可自满。

"我还要强调一点，我说的是一次做对，不是一次做好。这两者是有区别的。

"什么叫作一次做好？1%的不良率是好还是1‰的不良率是好？好是没有标准的，你认为好的东西别人可能认为不好。而对是有标准的，满足了主管提出的工作要求就是做对了。"

"最后我要说的是，从来没有什么品质问题，品质问题的本质就是管理问题，每个流到下一工序的品质问题都说明我们对本过程的管理存在问题。"

唐风做完点评后，与会所有人员开始讨论下一轮的改进方案，这一轮大家总共提报了8个项目，最后唐风只选择了4个耗时短、见效快的项目，作为这一轮品质月的改善项目。

品质月第二轮的4个项目是并行开展的，总共在不到一个月的时间内全部结束了，每个项目周例会，唐风都把木福高拉上参加，给项目团队解决困难。

按唐风的要求，整个生产中心又开了一次简短的项目汇报会议，由各个改善小组的项目成员集体向生产委员会主任木福高以及品质总监唐风汇报。

照例，唐风在他们汇报完成后又进行了点评，同时所有项目成员又开始讨论品质月下一步的计划。

大家七嘴八舌地提了许多项目，但是最后唐风只选择了一个：波峰焊焊点不良率改进项目。

"为什么我建议只选择这一个项目，大家知道吗？"唐风问大家，"大家来看一看，我们生产中心有十来条流水线，每条线上有多少个从事补焊和外观修理的员工，大家知道吗？"

"7~8个。"钟良才第一个回答。

"每月公司要为一个补焊工花多少钱？"唐风问。

这回是木福高答话了："工资、社保加上其他开支，在4000元左右。"

"好，按80人算，每人4000元，每个月的开销是32万元。那

第18章 重启品质月

么，我问大家，站在客户的立场上，这80人所做的工作有价值吗？"唐风继续追问。

"这都是修修补补的工作，对客户来说，当然没有价值。"钟良才对精益生产有所了解，他了解唐风话中的意义。

"就因为一个小小的焊点质量达不到要求，我们每个月多花了32万元，每年的开销接近400万元，哪怕我们这个项目能改善一半，效果也是很可观的，毕竟，质量的好坏是用质量成本来衡量的。

"所以，本轮品质月，只有一个项目，就是焊点质量改进项目，我认为，到了该我们啃硬骨头的时候了，大家有意见吗？"

"行，由我们工程部的副经理小郑作为项目组长，负责组织大家实施这一项目。"木福高拍板。

唐风说："按照六西格玛的思路，在对改善过程进行了定义后，下一步就是测量的阶段。楚春红，测量焊点不良率的工作由你的IPQC检验员来做吧。"

"我建议，这个项目分为两期来做，第一期先选择出3个主力产品开展试点，第二期在第一期的基础上进行经验推广，今天我们的会就开到这里吧。"

在下一周的项目例会上，楚春红开始给大家汇报："我们统计了这3个主力产品的焊点不良率，发现这3个产品的焊点不良率相差不大，都在5000~10 000PPM（百万分之几）之间。

"也就是说，每100个焊点中有0.5~1个不良焊点，每个电源板的焊点总数大约有600个，也就是说平均下来，每块板要补焊的焊点有3~6个。要在15秒内找到这些不良的焊点并进行修补，工作量的确不小，需要在补焊线上配置大量的烙铁手。"

在接下来的两周，工程部、品质部、生产线的几个主管，对这3块板的焊点不良情况进行了详细的分析和统计。

"这个项目是一块硬骨头!"在下一个周例会上,唐风看了这3块板的焊点不良率统计数据分析后,对大家说。

项目组长小郑开始向大家汇报:"经过我们项目组成员对目前掌握的数据的分析,发现焊点不良现象主要表现为三种形式:不出脚、短路或连锡、空焊,这三类不良占了焊点总不良的90%以上。

"经过唐总的指导,我用过程模式作业表对波峰焊过程进行了分析,得到了以下结论。

"首先我们来看输出,这个波峰焊过程的输出是一块已过炉的PCBA半成品,目前输出存在的问题就是焊点不良率太高,达到了业界平均水平的5~10倍。

"要知道,这种单面板的焊点不良率,在业界的平均水平在1000PPM左右,也就是1000个焊点中产生一个不良焊点。

"再看过程的输入,这个过程的输入是一块已插完元器件的待过炉的PCBA,分解出来就是两样东西,一样是PCB,另一样是一堆成型的元器件。"

听到这里,唐风插了一句:"目前这个输入存在哪些问题?"

小郑解释道:"目前这个输入因素主要存在以下几个问题,第一,PCB的设计存在连锡的隐患,表现出来的是一些插座的焊盘比较密,焊盘之间在过波峰焊时容易出现连锡现象,这可以通过在焊盘之点印阻焊胶的办法来解决。

"另外,我们发现,部分插座的方向与过炉方向一致,造成插座上最后一两个焊点极易出现连锡现象,这个问题可以通过调整波峰焊的过锡速度来进行优化。

"第二,PCB的设计存在空焊的隐患,部分小体积的SMT器件位于大体积的器件旁边,而且二者同在一个过炉方向,极易因为阴影效应产生空焊,要真正解决此问题,就必须对PCB重新进行

第18章 重启品质月

设计。

"我认为,要解决这个问题,还需要唐总和木工的推动。"说到这里,小郑面有难色。

"没关系,你继续往下说吧。"唐风说。

小郑说:"第三,异形元件太多,尤其是小体积的电解电容,因为要防止应力损坏,所以在进行 PCB 设计时,有意将其脚距拉大,使其本体抬高,不让其贴板,这就产生了另外一个问题:过炉后不出脚。"

这时,中试工艺部的经理马工说:"这个问题,我们可以用打 AI(自动插件)的方式来解决,目前公司刚刚给 SMT 车间买入一台 AI 机,可以优先在这三个产品上试用。"

小郑继续讲:"另外,在输入要素这个方面,还有一个因素,就是元件脚出现氧化时也会影响焊点不良率,这就需要仓库和 IQC 识别这方面的要求,将工作做到位,保证上线的物料不会有器件引脚出现氧化的问题。"

唐风说:"依我的经验,波峰焊过程管理的另一个要素是作业方法,这个要素对焊点不良率影响最大,你要如何解决这个问题?"

小郑说:"经过大家的分析,焊点质量主要与下列一些因素有关:过炉速度、助焊剂的喷雾量、预热温度、焊锡温度、两道波峰的波形,这个波形主要通过喷锡泵的频率来控制。"

唐风说:"到底锡炉该如何设置才是最优的方案?这需要用 DOE,也就是正交试验设计法来解决,这个重担,我建议由小郑和老马来挑。"

小郑继续说:"还有一点,为了在喷锡泵频率不变的情况下保持波峰焊的波形,必须改变目前一天只加一次锡的惯例,改为一天多次加锡,确保锡炉中锡面平稳,这又涉及焊锡的管理。"

说到这里，木福高说："因为之前出现过锡条丢失的情况，所以后来才改为一天加一次的方式，现在看来只能又改回去，用别的办法来解决锡条的丢失问题。"

小郑说："波峰焊过程的再下一个要素是设备设施，也就是对锡炉的要求，目前公司有几台锡炉的爪链存在变形的现象，导致板子在炉中行进过程中会出现抖动，这也是造成过炉后元件不出脚的因素之一。

"当然这个问题可由我们工程部来解决，我会立即组织人员检查锡炉，发现问题立即处理，同时，将爪链维护保养的要求列入《锡炉日常保养规定》中。"

楚春红说："我认为，波峰焊过程，还有一个要素是人员的工作态度，我发现我们锡炉的日常管理还有一些问题。

"我的IPQC检验员经常发现锡炉操作工未按要求疏通锡炉和清理锡渣，造成部分出锡口堵塞，这些锡炉操作工也没按要求对助焊剂的喷嘴按时进行清洗，这会导致实际的喷雾量与设置不符。"

小郑说："那好，我来细化《锡炉日常保养规定》，对锡炉操作工进行培训，同时制定锡炉操作工的品质奖罚制度。"

会议时间很长，足足开了两个半小时。

最后，几乎与会的每个部门成员都领到了任务，当然，任务最艰巨的是中试工艺部的马能行，他必须说服PCB设计部重新优化这三个产品的设计。

为此，会后唐风专门打电话给工程中心的总监刘冠军："老刘，我们正在做波峰焊过程优化，发现有三块PCB需要重新设计这对我们这个项目影响很大，我想麻烦你给PCB设计部安排一下这个任务，有困难吗？"

"没问题。"刘冠军回答得很干脆。

这个焊点不良率的第一期改善项目足足花了一个半月的时间，

第 18 章 重启品质月

每周定期召开周例会,所有领到任务的人员都要汇报任务完成情况。

最终的效果还不错,通过 IPQC 每天的测量,发现炉后焊点不良率基本上控制在 800~1200PPM 这个范围内,生产这几块板的补焊线每条线因此减少了 3 个烙铁手。

这个项目临近结束的时候,已是 11 月底,唐风屈指一算,从第一个前加工过程优化项目开始,已历经 5 个多月,总共做了 9 个项目,这 9 个项目组长都是由品质部以外的业务部门的主管或工程师担任的。

通过这 9 个示范项目,过程管理的思想,以及过程模式作业表的应用得到了生产中心全体中层主管们的一致认同。

唐风找到木福高商量,两人认为,是时候对品质月进行表彰和启动下一期的改善计划了,总结报告和表彰安排由唐风负责。

本章点评:

■ 如何将品质月这把火顺利地烧起来?

榜样的作用是无穷的,开展品质月活动,旗开得胜至关重要!第一个项目的成功关系到整个品质月项目的成败。

在项目的成功因素中,有两个因素至关重要,一是权力人物的支持和持续参与,二是品质改进方法的正确。

第19章
质量十四步

■ 零缺陷质量文化变革十四步如何开展？

"我现在终于彻底明白了零缺陷质量文化变革十四步推进的方法。"在写完生产中心品质月的总结报告后，唐风心里在想。

这天，生产委员会的五个主要成员，加上牛春雨，在会议室中评审唐风的品质月项目总结报告。

唐风说："木工，你还记得我们品质月启动前，我对你和姜总说过的话吗？"

唐风自问自答："我们第一轮品质月改善活动，有三大里程碑：第一是让中基层主管的品质意识有明显改变；第二是有5~6个改善专案，确保至少有2~3个成功的改善项目，为改革树立榜样；第三是在生产中心培养一支质量改进与文化变革的核心骨干，为后续的品质文化变革提供造血功能。

"我们先说第一点，大家说一说，这半年多来，我们中基层的主管在哪些方面表现出来，他们的品质意识已有明显改变？"

钟良才接上唐风的话，开始发表自己的看法："我认为改变最明显的就是，'我对我的工作输出负责任'。

"以前，包括我在内，总认为，品质问题就要由品质部来主导处理，品质部不来找我，我们就对这些所谓的品质问题听之任之。

第19章 质量十四步

"当然，最终的结果就是，品质问题泛滥成灾，品质部疲于奔命，频频救火，每个业务部门天天抱怨品质问题打乱了本部门的业务运作，从来没有想过，自己要对这些品质问题负责。"钟良才娓娓道来。

听到钟良才这样说，唐风由衷地说："在这一方面，我最感谢我们的王宝瑞同志，我以前经常批评他，但最终是他第一个将我的要求落实到前加工过程管理中，由此，拉开了生产中心品质月重新开启的序幕。"

木福高用他浓厚的四川口音开始发表见解。

"除了这个方面外，还有一方面，就是中基层主管对待自己的工作态度也发生了明显的改变。

"以前我们的中基层主管，总认为'满足要求，一次做对'是句空话，也难怪，'差不多就行'是中国人的传统观念，几千年前流传下来的东西，总是根深蒂固。

"通过这半年的品质月项目，大多数的主管基本认同'一次做对'的工作标准，这简直是一个奇迹。

"另外，对于'质量就是符合要求'这一点，我本人感触强烈。我是公司的老员工了，一直以前，孙总和姜总给我们灌输的就是灰色文化的理念，做事喜欢模糊处理，要寻找黑与白的结合处，从来不打算也从来不提倡员工把工作要求搞清楚。

"说实在的，我对此非常担忧。你看，今年下半年以来，公司已出了多少个市场重大批量性事故。

"每次不是电路设计错误，就是元器件选型错误，当然，表现在客户端的故障现象大多是器件损坏。所以，最后这些问题都可推到供应商头上，扣供应商的货款。

"但是越是这样做，对于公司就越没有好处，反正出了问题可以推在供应商头上，谁还会认真设计？现如今，研发人员的品质意识和技术能力，与几年前相比，已经是天上地下了。"说到这里，木福高显得忧心忡忡。

"是啊，我前天听采购部说，以上个月开始，已经有多家半导体和芯片供应商明确提出，所有的器件采购必须现金实时结算，一手交钱，一手交货，否则宁愿不做康利得的生意，也不愿意再冒收不到款的风险。"许高升接着木福高的话说。

"本来我们的付款就不好，供应商对我们很不满，现如今这几家供应商又持这样的合作态度，如果一扩散，我们的物料采购就会面临巨大问题，这对我们计划部的及时交付率的打击几乎是致命。"许高升的脸上透露出一丝忧郁。

牛春雨接着许高升的话，继续说："这些重大的市场质量问题，与我们公司的灰色文化是分不开的，在很多情况下，一个点未做到位，结果就是一个重大批量性问题。

"大家看看我们今年下半年市场端的质量表现吧，自从我们品质月项目重新启动后，客户品质投诉的次数每个月都在下降，客服工作量大降，我们客服工程师都由两个缩减到一个了。

"但是你看看重大品质问题，今年下半年就有三起，被客户扣下的货款不知有多少。所以现在的情况是，要么不出问题，一出问题就是大问题。"牛春雨有点无奈。

"是啊，我们生产做得再好，能解决的也只是一些小问题，真正的问题还是在公司总部的研发、工程和采购。"木福高说。

看大家这样，木福高接着说："上个月，我们有客户投诉说，他们已卖出的数千台空调中，有多家用户反馈，这些空调有一个奇怪的现象，用户并没有开机，但是这些空调的风机有时候会突然转动起来。

"经过空调产品线的工程师到现场调查，发现问题居然出在我们卖出去的空调控制板上，它的软件有个漏洞，导致其每隔7200

第19章 质量十四步

小时会自动输出一个开机指令,只要这时用户的空调处在待机状态,那么空调就会自行开启。

"虽然这不是一个致命的问题,但是如果客户认真追究,要求我们公司对已售出的产品进行处理的话,我们公司的麻烦就大了,你想想,要派多少人、花多少钱才能摆平?

"不过这回,孙总和姜总在讨论这个市场问题时,没有说我们品质部和制造部没有盯好,没有指责我和老唐,这可是头一回啊。"

说到这里,木福高若有所思。

"就算我们要盯,也盯不住啊,难道要我们死等7200小时,盯着风机,看它会不会转吗?"牛春雨一脸的无奈。

"行了,还是回到我们的项目总结吧,大家别扯远了。"唐风把大家的话题又拉了回来。

"目前我们生产中心的大多数中基层主管都已经参加了过程改进项目,掌握了过程模式作业表的使用,这为我们后续的品质改进提供了造血功能。所以我计划对我们这个品质月项目进行总结,并提出下一期的品质月推进计划,下面由我说说品质月的下一期推进方案,请大家指点。

"我的方案还是根据克劳士比经典的质量文化变革十四步来展开的。我们这半年,已经完成了其中的前面六个步骤,当然,质量成本这一步没有做,我没有精力来组织大家编制一个质量成本核算体系,我们是用指数来衡量品质改进结果的,不过这也没有太大关系。

"今天就是第七步:零缺陷计划,检视各种准备行动,全面正式发起'一次做对'活动方案。今天我们要做的主要是这么一件事情。"

说到这里,唐风顿了一下,接着说。

"第一件事，就是检查前期改进项目成果，了解我们生产中心是否准备就绪，是否具备了发起下一轮品质月的条件。"

"关于这一点，我们刚才已经讨论了，我认为我们现在已经具备了这些条件。"

"第二件事，界定行动的障碍，大家想一想，我们目前还有哪些障碍，阻止我们实现一次做对的目标。"

"主要是研发和来料的问题比较多，刚才许工也说了，目前供应商连交货的配合度都不好，更别说是品质改进了。"钟良才说。

"按你的说法，老板娘是我们下一步要攻克的障碍啰。"唐风开玩笑说，"当然，还包括姜固亲自掌管的研发部。"

"第三件事，是要制定'一次做对'委员会的章程，界定在品质月项目中，各个部门的分工和工作要求，让这个项目能自动运转。"

"这个章程由我来拟定吧。"考虑到其他人都没有这方面的经验，唐风主动把这项工作揽下来。

"今天的第四件事，就是策划一次做对日的活动安排。我们这个一次做对日，我建议在下周的星期五下午召开。开完会后，组织获奖团队出去吃个晚饭，再安排KTV等娱乐活动，激励大家一下，大家觉得怎么样？"

唐风说完，看着会议室中其他几个人。

"我认为我们可以这样做。另外，我们当天的活动可以分为四步来进行。"木福高接过唐风的话题开始说。

"首先，每个项目改进小组的组长带领他的项目团队，上台汇报本项目的改进结果和工作过程，每个人都要发表自己在参与过程中的心得体会。

"其次，由我们生产委员会成员和公司总部姜总、采购中心钱总、工程中心刘总等公司领导，组成评选委员会，根据项目改进结

第 19 章　质量十四步

果和项目小组成员的台上表现，投票评选出一、二、三等奖。

"第三，由老唐、我和姜总给各个得奖团队颁奖。

"最后，由老唐来宣布品质月下一阶段的活动计划，大家有没有意见？"木福高一口气说完这几点，等待大家发表意见。

见所有人员都赞同木福高的安排，唐风没有多说什么，继续讲他的品质月活动方案。

"品质月的第八步是教育，包括主管教育和员工教育。我们发起下一轮培训计划，对所有参与下一轮品质改进的主管、工程师以及骨干员工进行培训，让他们掌握品质改进的工具，重新树立他们的品质意识。

"这里面包括我们前期已培训过的品质意识、过程模式作业表、纠正和预防等内容，以及专门针对基层员工的解决问题五步法等。

"当然，这个老师只得由我来当了。"唐风笑着说。

"品质月的第九步是一次做对日，刚才木工已经说了几点，讲得不错，我想再补充一下。

"在这个会上，我认为颁完奖后，应该由姜总代表公司做总结性发言，带领大家为'一次做对'品质月活动宣誓，在我们准备好的一条红丝带上签名，表达'满足要求、一次做对；尽心尽力、不断改进'的决心。

"当然，最重要的是，我们要制订与品质改进相配套的奖罚制度，品质改进效果最好与员工的绩效考核相联系，确保责任到人，如果没有机制保障，推行起来是很困难的。

"大家对我的这种安排，有何看法？"

说完这些，唐风开始征求大家的意见。

"毕竟是做过专业咨询师，水平的确不一样。"木福高笑着说。

唐风说："过奖了，我还是介绍第十步的做法吧。

"第十步是目标设定,其目的是鼓励个人及团队建立改进目标,并将誓言及承诺转化为行动。"

"在这一步中,要做的工作有:组织各部门讨论本部门所涉及的业务过程,以及这些过程的工作输出,向各部门介绍目标设定,协助主管人员制订目标。"

"第十一步是消除错误成因,给每个人一种与管理层沟通的方式,以传达工作难以改善的原因。说白了,就是给员工创造一种反馈问题的制度。"

"我以前所在的 EE 公司中,有一种合理化建议制度,由员工提交合理化建议电子流,提交给对应的业务部门,根据建议的采纳情况,公司会有一定的物质和精神奖励。"

"但是这种制度的最大弱点,就是采纳率不高,而且填报人在反馈问题时,还要填写相应的解决方案,这就抬高了问题反馈的门槛,导致员工不愿意反馈问题。"

"所以,我们这个制度,可以要求员工只要反馈问题即可,不需要填写问题解决的方案,我们可以出一个奖励方案,对积极反馈问题的员工进行奖励。"

"第十二步是赞赏,其主要目的就是感谢和赞赏参与者,主要的工作包括检讨目前的奖励方法,并评估其有效性,确定表扬个人及团队的规则,对取得成果的团队和个人进行表扬。"

"第十三步是质量委员会,其目的就是经常性地将适当的人聚在一起分享质量管理资讯,比如,品质改进心得、团队建设体会等。"

"第十四步是从头再来,其目的就是确保质量改进过程永不停止,这一步本来是没有的,因为西方人不喜欢 13 这个数字,所以克劳士比先生有意增加了这一步。"

看到大家在点头,唐风继续解释:"从第七步到第十四步,看

第19章 质量十四步

起来有点复杂,但是说简单点,就是一件事,把前面六步中获得的经验在公司中全面推广。用在我们这里,就是在整个生产中心推行品质改进小组,让员工主动分析自己所在过程的输出结果,主动寻找问题,主动解决问题,这里面的关键就是领导参与、机制推进、培训沟通,一定要让员工认可一次做对的理念,同时公司一定要建立让员工愿意一次做对的机制。"

开完会后,唐风将前期所做的项目进行了简单的总结,利用晚上的时间,在生产中心召开了一个由所有部门主管和骨干工程师参加的培训会议。

培训内容与3月初品质月活动启动前的那次培训差不多,主要的区别是增加了王宝瑞和江中龙上台讲课。

王宝瑞重点讲了前加工过程管理的项目经验,尤其是他个人在项目前后的心态变化,给大家的启发很大。

江中龙也上台讲解了 IQC 进料检验过程管理项目的经验,在台上,他很激动:"这个项目是我做过的最有意义的项目,让我对管理尤其是过程管理有了一个全新的理解,我要感谢唐总对我的指导。"

在培训的结尾,唐风还给大家讲解了问题处理五步法,这是一个非常简单的工具,主要供员工和初级工程师在解决问题时使用。

"我现在用一个品质部去年发生过的案例来介绍五步法的使用,面对问题,第一步就是要把现状搞清楚,主要需搞清楚以下几个问题:问题是什么?影响到谁?PONC(不符合要求的代价)是什么?谁应当参加设计方案?"

说完,唐风打开了自己的电脑,将 PPT 投影到墙上。

- 问题:8月12日,OQC 在检验×××型号电源板时,发现其中有 IPCS 上的热敏电阻与 BOM 不符合,BOM 要求为5欧姆,实物却为2.5欧姆。经查为 IQC 检验该物料后交叉放错箱导致，而前加工在加工前未对小袋物料的标识进行确认，导致放错的物料流入插件线。
- 影响到谁：此产品的客户×××、插件生产线、前加工。
- PONC：难以估计。
- 谁应当参加设计方案：OQC、插件线、前加工、仓库、IQC。

"第二步是要采取临时补救措施，在我们这个案例中，临时措施是什么？"唐风一敲键盘，放出下一页内容。
- 此型号的产品全部返工，共返工约10 000PCS，结果发现有同样问题的电源板共99PCS，从仓库找到另外一袋交叉放错的物料共100PCS，未找到的1PCS估计已发给客户，考虑到对电气性能不会造成影响，不进行追回。

"第三步是识别根本原因，可能的根本原因有哪些？首先应处理的是什么？"投影仪上出现了下一页内容。
- IQC检验后放错箱的原因：
- 多种物料同时检验（工作程序）。
- 送检量激增时工作压力大，放物料入箱时未细看（工作标准/态度）。
- 多种类似物料放置在同一卡板上（输入）。
- 物料装箱环境灯光较暗（设备设施）。
- 检验员视力较差（能力）。

"在这个案例中，我认为最重要的是对工作态度和工作程序的管理。不管现场有多少种物料，只要你检完一种就立即封箱，绝不可能出现这种放错箱的情况，所以我们首先要做的，就是明确我们的作业流程，并进行检查，发现未遵守的员工立即批评教育。"唐风进行解释。

"第四步是采取纠正措施，主要解决以下几个问题：可选择的纠正措施有哪些？你会选择哪一个？可能会产生何种抵抗？如何使

第 19 章　质量十四步

之充分实施？需要对谁提出建议？"投影仪上显示的内容如下：
- 集思广益得到的对策：
  ① 增亮物料暂存区的灯光。
  ② 设置检验要求，检完一种物料立即封箱，严禁同时检验多种物料。
  ③ 招聘检验员时检查视力。
- 选择的对策：设置检验要求，严禁同时检验多种物料。
- 补充措施：向全体 IQC 检验员讲解此要求的必要性，要求员工改变作业习惯。
- 充分实施：IQC 主管、物料品质部经理进行日常巡检，发现问题及时纠正，直到所有员工养成此工作习惯。

告知本单位培训负责人、部门主管及本部门所有职工。

"第五步是评估与跟踪，主要有两个问题：如何才能保证改进效果的持久？如何同人们交流你所取得的成功？"投影仪上显示了以下内容：
- 由主管负责每日检查。
- 将调整岗位者和新来者加入到检查单中，请本部门培训负责人检查，并通告其他部门。
- 在下次过程管理会议上演示，将经验通报相关部门。

"这个五步法我们叫它小 8D，8D 法比较复杂，不易于员工掌握，而这个五步法主要是针对基层工程师和员工设计的，大家一定要学会，并教会你们的下属。"

一周后，星期五，下午 3 点，生产中心品质月表彰大会在工厂 5 楼的培训教室正式召开，总部研发中心、采购中心、工程中心、财务中心的总监全部到场。

但遗憾的是，在会议开始前 1 个小时，唐风接到姜固的电话，说今天有客户拜访，无法亲自参加表彰会，委托财务总监方得志代替他发言。

会议由工厂人事经理郑小薇主持,她一上台,就用清脆悦耳的声音说:"感谢公司总部各位领导出席生产中心品质月表彰大会,在这里,我先宣布今天大会的安排。

"第一项,由生产中心委员会主任木工致开幕词;第二项,由品质部总监唐总对品质月项目完成情况做总结性发言;第三项,由公司财务总监方总代表姜总对项目进行评价;第四项,各项目改进小组长带领本小组成员上台,对本小组的成绩做简单的汇报并发表项目改善心得体会;第五项,由生产中心委员会5位成员和公司总部的各位领导现场投票,评选出品质月改善项目一、二、三等奖,本次设一等奖一个、二等奖二个、三等奖三个,其他为参与奖;第六项,由生产中心委员会主任木工带领全体与会人员签署一次做对承诺书。

"下面有请木工上台致开幕词,掌声欢迎!"

在大家的掌声中,木福高走上台来,用带有四川口音的普通话开腔了。

"首先感谢总部的各位领导能在百忙之中,抽出时间来参加我们这次表彰大会,大家用掌声表示欢迎!"

待掌声停息后,木福高开始发表感想:"今天能在这里召开这个表彰会,我要特别感谢一个人,大家知道是谁吗?"

木福高用手指着唐风,说:"我最感谢的是我们公司的品质总监——唐总,我是唐总的粉丝。我一直认为,没有唐总的坚持,我们的品质月活动不会取得成功,我从内心深处感激他,让大家先为他送上掌声!"

唐风忙摆手表示感谢,并示意木福高继续往下讲。

木福高说:"大家都知道,我们的品质月在今年2月份过完春节后开始准备,3月初正式启动,中间停顿了1个多月,后面又在

第19章 质量十四步

6月初重新启动,历时5个多月,终于胜利完成品质月第一期的所有项目,取得了显著的质量改进结果。

"比起这些直接成果来说,我认为最大的收获是所有生产中心的主管们的品质意识在这5个多月中彻底改变。以前,包括我本人在内,都有一些错误意识,阻碍了公司品质管理水平的提升。比如,我们经常把研发、工程、生产、来料、运输等乱七八糟的问题都归为'品质问题',一个问题只要被定义为品质问题,大家的矛头就对准了品质部。大家以前都认为,要解决这些品质问题,就得由品质部出面组织。

"大家从来没有想过,这些所谓的品质问题是怎么产生的,大家也没有意识到,自己要对自己的工作输出负责任。以前,很多人都有一个潜在的意识,那就是,反正出了问题都是别人的问题,让品质部找别人的麻烦去,与我无关。

"我认为,这是我们生产中心品质迟迟无法改善的第一大原因。另外,我们以前做事,总喜欢灰色和模糊,反映到我们的管理上,就是对员工的工作要求不清楚、不明确,造成了许多问题重复发生,难以彻底解决,这是影响我们品质提升的第二大原因。

"第三大原因,自从我们生下来,有一句话就常伴我们,那就是'人非圣贤,孰能无过?'这是我们的老祖宗给我们留下来的东西,有了这个理论依据,我们做了任何错事,都可以心安理得。反正,只要是人,就都会犯错的,我不小心犯点错算得了什么?

"但是这种观念害了许多人,大家想一想,如果财务部算错了大家的工资,大家的反应会是怎样的?"

说到这里,木福高微微一笑,指着方得志说:"那肯定是要去找方总的麻烦了。

"前天,我在家里看电视,电视上一位记者报道,有个病人在医院做完手术后,医生将一块纱布遗留在他的身体中,病人家属极为愤怒，冲到医院大吵大闹，要求医院赔礼道歉并赔偿经济损失。

"为什么大家对于自己工作中的失误能一笑而过，而对别人工作上的失误则揪住不放呢？那是因为我们对于工作和生活存在双重标准，这种双重标准的存在，使我们丧失了改进的动力。

"在这里，我要重申我们品质月的主题：满足要求，一次做对；尽心尽力，不断改进。希望大家能以此作为今后的工作标准。

"最后，我再一次感谢唐总和所有积极参与我们品质改进小组的成员，谢谢大家！"木福高说完，走下讲台，将话筒交给郑小薇。

郑小薇走上台，"下面请品质部唐总为品质月做项目总结，大家欢迎！"

唐风走上台，清了清嗓子，说："感谢木工和大家对我工作的支持，使我们这个项目能顺利达成目标。

"通过刚才木工的发言，我感到，通过参与我们这个项目，大家的品质意识提升都很大，我非常欣慰。

"当然，在这里，我特别要提到两个人，第一个是我品质部的江中龙，第二个是我们前加工车间主任王宝瑞。

"我为何要特别提到他们两个人，原因很简单：江中龙第一个把我的零缺陷过程管理方法落实到实践中去，这个项目早在去年就完成了。

"从理论到实践，这一步看似简单，实则是一个巨大的飞跃，尤其是对我来说，第一个项目的成功，至关重要。

"做完IQC进料检验过程管理这个项目后，我感到自己平生第一次真正走进了克劳士比零缺陷管理的殿堂。以前参加零缺陷管理的培训时，感觉自己似乎已经理解了零缺陷管理的精髓，但在实践

第19章 质量十四步

中推行零缺陷管理时,才发现,自己还是个门外汉。

"所以,我是借江中龙的手,推开了零缺陷管理这扇大门,在这里,我再一次感谢江中龙。

"下面我要感谢的人是前加工车间主任王宝瑞。为何要感谢他呢?因为他是品质部以外第一个把零缺陷过程管理的方法落到实处的人,为我们生产中心品质月点亮了第一个火把,最后通过大家的努力,形成了今天星星之火足以燎原的景象,让零缺陷管理的思想深入人心。

"第三个我要感谢的是所有积极参与品质改进小组的人。众所周知,我们这个品质月项目,基本上是利用平时晚上的加班时间和周六休息时间来开展的,为此大家牺牲了许多个人休息时间,在这里,我再一次感谢大家!"

唐风话音未落,会议室中就响起了热烈的掌声。

唐风继续说:"在今年初的品质月项目规划中,我为品质月第一期项目规划了三大里程碑,第一个里程碑是让中基层主管的品质意识有明显改变,通过刚才木工的致辞,以及大家平时积极地参与品质改进项目,我可以深刻地感受到,这个目标我们完全实现了。"

"第二个里程碑是有5~6个改善专案,其中至少成功2~3个,为改革树立榜样,实际上我们所做的9个项目全部成功,这都要感谢大家的全力参与。

"第三个里程碑是在生产中心培养一支质量改进与文化变革的核心骨干,为后续的品质文化变革提供造血功能。通过前面9个项目的推进,我们有一批主管掌握了基于零缺陷管理、精益生产和六西格玛思想的过程管理方法,为我们下一期品质月项目的开展奠定了坚实的基础。

"所以,我认为,我们今年的品质月项目取得了圆满成功。下面，我再给大家说一说品质月第二期的推进要求。

"品质月第二期的重点要从产品质量的改善转向工作质量的改善。接下来的一步，是每一位员工和主管都要认真分析自己所处的业务过程：本业务过程的输出是什么？谁是自己的客户？客户对我们的过程和输出物有何要求？

"比如，我们人事部的一项重要职能就是人员招聘，在人员招聘这个过程中，我们输入的是用人部门的招聘申请单，输出的是招来的一个个新员工，这些新员工必须满足我们用人部门的要求。

"在工作分析的基础上，我们找出目前工作上存在的问题，提出改善目标和改善计划。

"在完成这些工作后，我们会启动麻烦消除项目，就是由每位员工把影响自己工作输出的问题点提出来，由部门主管推动解决，部门主管无法解决的问题由生产中心委员会出面解决。

"这两步是我们品质月第二期的重点工作，当然，在半年后，我们会再召开一个品质月表彰大会，对表现优秀的个人和团队进行表彰。"

在唐风发言完毕后，方得志代表姜固进行了发言，他的话不多，只简单表扬了这些积极参与品质月的人员。

接下来，是各个品质改进项目小组的组长带领项目小组的成员上台向大家汇报本项目所取得的成绩，以及小组每位成员在参与项目过程中的感受和体会。

来自总部的几位总监看了生产中心这群人在台上的表现，感到非常吃惊，方得志把头探过来，小心地问唐风："你是怎么改变这群人的？"

"擒贼先擒王！"唐风笑了笑说。

各个品质改进小组汇报完工作后，会议进入了第五个环节：评

第 19 章 质量十四步

奖,第一轮评出的是一等奖,唐风要求每位评委在报出自己的选择结果前,要先发表自己选择它的理由。

结果,在前面 8 轮,王宝瑞的前加工品质改进小组与工程部小郑的焊点不良率改进小组打成 4:4,最后一张选票握在唐风手中,唐风开腔了。

"这两个项目在我们品质月中,一个负责开头,一个负责收尾,从改善成果和参与的人员数来说,焊点不良率这个项目明显占优势。但是我要选择的是前加工项目,因为它是第一个取得成功的项目,为后续的项目带来良好的示范效应。"

在评比结束后,由木福高和唐风一起,与总部来的几位总监一起给每个获奖小组颁获奖证书和奖金,这可是生产中心的头一次。

大会的最后一个环节是"一次做对"宣誓,郑小薇拿来一面大红条幅,上面的标题是:"一次做对承诺。"

下方的内容是:"我承诺:我对我的工作输出负 100% 的责任,我会以'一次做对'的态度严格要求自己,不断改善工作质量,满足内外部客户的要求。"

这段话当然来自唐风的手笔。

在木福高和唐风的带领下,与会人员纷纷在上面签名,一时场面极为热闹。等到所有人都签名完成后,郑小薇指导几个人将条幅挂在大会议室的墙上,这也是唐风的意思,他希望公司每个人都经常能看到。

在晚上的酒桌上,每个品质改进小组的成员都来向唐风敬酒。那晚,唐风喝得大醉,由木福高派司机送回家。

本章点评:

- 零缺陷质量文化变革十四步如何开展?

事实上,零缺陷质量文化变革十四步可分为两个阶段,第一阶段是树立样板，第二阶段是将成功经验全面推广，最终的目的只有一个，让员工认同"一次做对"的理念，不断实施改善，提升工作质量。

但这绝不是件容易的事！要做到这一点，最高领导必须亲自参与，通过机制推进、培训沟通等方式一步步推进。

因此，在启动质量改进项目之前，作为公司最高管理者的那个人，有没有问过自己："我真的准备好了吗？我会打一场持久战吗？"

第20章
年会

■ 你的工作为谁而做?

开完品质月总结大会后,唐风接下来就与人事部经理郑小薇一起,参与到生产中心每个部门的过程梳理和工作输出要求的讨论中,并且制定了各个部门的绩效考核方案,将品质月改进项目与员工的个人绩效相结合。

"原来,我的工作要这样做!"经过讨论,大家似乎突然明白了自己的工作要求。

通过近两周的讨论,每个部门主管都明白了本部门所处的业务过程,以及自己在这些过程中的位置和工作职责。

"我以前都不知道谁是我的上下游,从现在起,我们都得把关注点主要集中到下游工序和最终客户的要求了。"包装组长宁一家说。

最后,由人事部出面整理了一份生产中心过程关系图和每个过程的绩效衡量表,为品质月的下一步推进做准备。

与此同时,唐风开始忙着准备品质部年度总结会的事情了,他对木福高说:"木工,明年我的主要精力可能要放到总部的研发、工程和采购环节上,我认为,这才是康利得公司品质问题产生的真正源头。"

为此，唐风打电话给工程中心下属的测试部经理粟百胜："请把测试部2011年的年度总结发给我，我想看一看新产品在测试这个环节的品质表现。"

"好的，没有问题。"粟百胜回答。

打完了电话，唐风对牛春雨说："这几天，我一直在考虑如何在研发环节发起品质月，改变公司总部的品质文化，你对那边的情况比较了解，能不能给我出些主意？"

牛春雨说："我认为，测试部就是产品研发过程的QC部，它是专门帮研发挑不良品的，职能如同生产线上的测试员和我们品质部的OQC，测试部的测试项目一次通过率这个指标，很能反馈出公司在研发管理上的水平。"

"老牛，你最近进步很大！"唐风说。

工程中心的年会在公司中率先召开，元旦后的第一个周六，工程中心就邀请公司各一级部门的主管，在公司福田总部召开了2011年度总结与2012年度计划大会，唐风也在受邀之列。

唐风那天上午恰巧有事，无法参加，他向姜固和工程中心总监刘工请了假，上午委托品质部副总监牛春雨代为参加。

中午时分，唐风的手机响了，他一看，是牛春雨的电话。

"唐总，我下午不参加这个会议了，我快被他们气死了！"电话中牛春雨怒气冲冲。

"怎么了？"唐风忙问何故。

"你没有在场，你不知道上午工程中心的一帮经理们讲了些什么，大家都是大讲特讲本部门在2011年做了什么事，取得了多少成绩，一场年度总结会变成了表功会。"牛春雨气愤难平。

"尤其是安规部的潘建国，他甚至对自己在2011年认证了多少个产品，与多少个客户进行了沟通，打了多少通电话，发了多少个邮件都列得清清楚楚，而对自己的工作给我们下游部门造成了多少困难却闭口不谈,我在会上指了出来,他还不承认,你说让人气不气愤?"

唐风下午一点半才到达会场,果然如同牛春雨所说的一样,在下午的会议中,PCB 设计部、测试部等部门的经理一一上台,汇报本年度的工作总结时,也着重强调部门的成绩,对于下游部门所反馈的问题却是一笔带过。

会议开到下午 6 点才结束,结束之前,工程中心总监刘工先邀请公司常务副总姜固上台,为其部门的工作表现做点评。

姜固讲完后,其他几个一级部门的主管也都上台,发表对工程中心的意见,唐风最后一个走上讲台,开始发言。

"我刚才听了一下午的报告,大家所汇报的,都是今年做了多少多少事,今年取得了什么成绩,现在,我有一个问题要问大家。"

停顿了一下,唐风问道:"大家在写这个年终总结之前,有没有问过你的下游部门,你们的工作输出对它们来说,还存在什么问题,有哪些工作需要明年重点进行改善?"此言一出,下面立即骚动起来。

唐风接着又说:"我想你们不少人应该没有问过,因为我们 IQC 就是你们器件认证部和 PCB 设计部的下游,但是据我所知,几乎没有一个人来问过我们。

"我们的工作为谁而做,谁是我们的客户,大家有没有想过这些问题?"唐风声音很大,站在台上,扫视全场。

"比如说,我们的 PCB 设计部,我们的设计工程师有没有想过,谁是你的客户?

"我到 PCB 供应商处审核或者交流时,它们经常反馈一个问题,就是我们公司的图纸资料,内容不够清楚,其工作人员经常要多次电话求证。

"从公司与公司之间的关系来说，它们是我们的供应商，我们可以向它们提要求。但是，从过程管理的角度来看，情况恰恰相反，我认为PCB制造厂商是我们PCB设计部的客户。原因很简单，PCB设计部主要的输出物是设计图纸，谁是这些图纸的使用者？PCB制造厂商和我们品质部的IQC。"

"还有，几个月前我们公司出了一件奇事，我们一个新产品在试产测试第一台机器时发现，PCB上竟然只有焊盘而没有铜箔，我查了图纸，发现与实物是一致的。"

"因为此事，公司空调研发部、品质部、生产部、工程部、工装部等相关部门的主管都被罚了款，我也在被处罚之列。但作为问题产生的根源，工程中心老刘是没有被处罚的，姜总给我的解释是，老刘已给PCB设计部制定了相关的流程，这次问题是出在执行环节，而不是出在领导环节，而我老唐被处罚的原因是我没有去生产线上盯住这个产品的试产，为此我和姜总大吵了一架。"

"这种重大事故，我在今天你们的报告中没有听到，难道这么恶劣的事件不值得我们好好总结吗？"

"还有，几天前，我让测试部粟工把他的工作总结报告提前发给我过目，看过后，我才知道为何今年在市场上出了如此多的研发批次性不良。"

"我们测试部今年总共测了503个新项目，一次性测试通过的项目为27个，大约是5%的水平。大家试想一下，如果我们生产线上终测站的良品率只有5%，其他的95%全部是在维修后才能出货，我们卖出去的东西在客户端能不出问题吗？"

"如果我们生产线有这么高的不良率，我们要做的第一件事肯定是停线，分析原因，把问题解决后再恢复生产。"

"同样的情况发生在测试部，我们测试部为何不能停止测试，要求前端研发部改善研发质量？"

第20章 年会

唐风此言一出，下面顿时一片哗然。

"作为公司的品质总监，我针对各位的工作提一个要求，总共是三句话：关注输出，做好本分，控制输入！"

唐风在说这三句话时，几乎是一字一句地往外吐词。"下面我来解释这三句话的意思。

"关注输出就是要了解自己工作输出了什么，谁是你的客户或者下一环节，你目前的工作输出能否满足这些客户的要求，还存在哪些问题？

"做好本分就是要做好你分内的工作，处理好自己一亩三分地上的事情，如果你是一个PCB设计师，你就必须认真地做好你的PCB设计，保证你输出的PCB图纸符合要求。

"如果你是一个结构设计工程师，你就得认真做好结构设计，保证输出的结构设计图符合所有客户和下一环节的要求。

"控制输入的意思就是推动你的输入端改进它们的工作，前端的输出就是你的输入，你要确保你的输入因素符合你这个业务过程的要求"。

会议开完后，工程中心总监刘冠军邀请各部门主管一起参加工程中心的晚宴，在回家的路上，唐风与几个家往南山的同事坐一辆车回家。

"唐总，你今天最后那几句话，讲得太有水平了。"结构设计部的工程师段水说。

"我说得是否有水平不是最关键的，关键是孙总、姜总和老刘能听得进去才行。今年下半年，在市场上已出现了多少起研发问题，但是你看看孙总和姜总，哪里有表现出一点悔悟的样子？其实，我这几句话，主要是说给他俩听的。"

唐风说这话的时候，语气很是落寞，隔了半晌，他一个人自言自语："我们康利得的品质管理还有希望吗？"

"只要有你唐总在，就有希望。"这时，正在开车的定制电源开发部经理明小平接话了。

生产中心和品质部的年度总结会合在一起，在西乡工厂召开，邀请了孙常青、姜固以及采购中心、工程中心、财务中心、市场中心等部门的领导。

与上次品质月的表彰大会一样，在会议召开前一小时，孙常青和姜固先后打来电话，说有要事，无法参加会议。

"算了，老板们不来了，我们还是按计划开始我们的年度汇报吧。"唐风叹了口气，对大家说。

会议气氛与工程中心的年会大有不同，制造、计划、工程、品质、物流等各个部门的主管，在各自的报告中，都认真分析了本部门所负责的业务过程，统计分析遗漏到下游部门和最终客户处的主要问题，以此作为基础，提出了本部门明年要做的主要工作，以及希望上游部门在明年重点改善的事项。

当然，报告中讲得最多的内容，还是明年如何开展品质月的话题。

本章点评：

■ 你的工作为谁而做？

许多人劳碌一生，也不知道自己的工作为谁而做，客户有什么样的要求，真是可悲可叹，这样的人怎么可能在工作中取得成绩！

无论你处在公司的哪个岗位，只要做到这三件事——关注输出、做好本分、控制输入，你的工作就会越做越出色。

第21章
雄鹰再生

■ 质量变革为何困难重重?

"你赶紧和木福高带领整个生产中心和品质部经理级以上人员到总部开会!"姜固对唐风说完,便匆匆挂了电话。

一进会场,唐风就感到气氛不对,公司董事长孙常青脸色铁青,坐在主席台上一言不发,等各部门成员都到齐后,他才开始说话。

"一周前,我们福建客户世界风通信反馈,它发到北方的设备全体出现低温不启动的现象,说是我们公司提供的通信电源模块KL—481存在批量性产品质量问题,要求我们派人调查。

"今天,我们派到客户现场的工程师打来电话,确认了问题,主要原因是临近春节,中国北方地区气温很低,部分地区低到零下20℃,我们的电源模块KL—481在这样的低温下无法启动。

"大家可能还不知道,这个客户是我们定制电源产品线的战略性客户,今年下半年刚刚开始销售就上量,目前总销售额已超过1000万元。我们还有几个正在开发中的项目是专门为它配套的,预计明年该客户的销售额会突破3000万元。"

说到这里,孙常青脸上的肌肉抖了一下。

"这批产品是三个月前发货的,目前共计已发货5000多台,超过大半已经安装在客户的整机设备中，出货到最终客户的基站中，正式使用了。

"刚刚，姜固把原因告诉我，我们出事的这款电源还是一个处在中试状态的产品。在开发过程中问题就很多，在产品送样的过程中，测试部总共测了三轮，每一轮都测出一大堆问题，所以产品一直停留在中试状态，无法转量产。"

说到这里，孙常青的眼中似乎要流下泪来。

"这个低温下不启动的问题，在第三轮测试时已经发现，但是由于当时该项目的开发工程师彭小强离职，开发经理范和风手头上的事情太多，一直抽不出时间来处理，久而久之，就把这件事给忘了。

"恰好这段时间，客户对这个产品的需求量突然大增，大批订单发了过来。我们市场人员一看 ERP 系统中有这个产品，就接了这些订单，计划部一看 ERP 系统中有 BOM，就立即安排采购下单买料，组织生产。

"在此过程中，根本没有人关心，这个产品目前还处在中试状态，也没有人去关注这个产品为何迟迟未能转量产，一个带病的产品就这样批量出货了。"

孙常青用拳头敲着桌子，声音也越来越大："一个明明研发测试不通过的产品，居然能形成批量的出货，我真是痛心疾首！"

"姜固，你来说一说，我们公司在 2011 年因产品质量问题被扣在客户处的货款，总共有多大金额？"

"7000 万元！"不等姜固回答，财务总监方得志就说了答案。

孙常青好像在自言自语："到现在为止，今年全年我们公司的账面利润也不过 5000 万元，如果扣掉这 7000 万元，我们公司在 2011 年度将亏损 2000 万元！"

孙常青掰着手指头说："2005 年，我们第一次形成销售，当年的销售额是 5000 万元，净利润 1000 万元；2006 年，公司销售额是 1.2

第21章 雄鹰再生

亿元，净利润2000万元；2007年销售额是2.5亿元，净利润3200万元；2008年销售额是4.3亿元，净利润4800万元；2009年销售7亿元，净利润7500万元；2010年销售额是8.5亿元，净利润9800万元；2011年销售额是9.6亿元，账面利润只有5000万元，如果将目前扣在客户处的7000万元货款计提坏账，本年度将亏损2000万元。

"难道我们卖得越多，反而亏得越多？"孙常青指着市场中心的总监刘志远说。

大家伙都不敢吱声，孙常青指着研发中心的总监沈东才说："你们研发部是罪大恶极！"

"还有，姜固你要负最大的责任，你做研发多年，又亲自在管研发，这样一个简单的产品，你居然都没有盯住，导致出现这样的问题，你是怎么帮我管公司的？"

姜固听到这话，低下头一声不吭。

"没救了！"听到老板这样说，唐风内心自言自语，"我们康利得公司的质量真的是没得救了。"

会议快结束时，孙常青对公司财务总监方得志说："你列出今年造成公司重大损失的质量事故及损失金额，发给各个部门主管。在春节放假前，由你主持召开一个品质反思会，由各部门主管发表各自的看法，提出公司未来的品质管理思路。"

开完会后，唐风专门跑到测试部，找到经理粟百胜了解这个产品的测试情况。

粟百胜道出了实情，他说："这个产品在测试时发现了许多问题，但是定制电源开发部的新项目太多了，开发工程师根本忙不过来，只好将市场催得急的项目优先安排开发处理，而那些发货不紧急的项目往往先做到一半，就放下来，等到有时间处理的时候再说。

"KL—481这个项目，一直在给客户送样品，每次客户收到样品后都反馈一些问题，所以连续测了三轮，还是未能通过，这样一个连样品都未通过的产品，居然进行了批量生产。"

"还有，目前定制电源产品开发部已经有80人，但是业务管理还是很乱的，各项目都处在自我管理状态，没有一个项目管理人员，产品开发状态没有人跟踪，对于新产品在测试环节和中试环节反馈出来的问题根本就没有闭环。"

说到这里，他叹了口气说："现在定制电源开发部的人力紧张，每个研发人员头上都挂了一大堆的项目，公司的策略是有项目进来就决不放过，而不管自身的资源能否承受。再加上这些研发人员的待遇较低，人员流动率很高，公司也没有做绩效考核，整个一个大锅饭，造成大家做事积极性都不高。

"还有，公司不愿意建设业务平台，不重视流程管理，按照老板的做法，找几个研发人员和市场人员，一条新产品线就可以开工了。所以实际上，这些研发人员的能力参差不齐，平时经常会出现一些你无法想象的低级错误。"

第二天，在生产中心的会议室中，生产委员会的5个成员在一起碰头，商讨生产中心这个品质反思报告该如何写。

木福高第一个发言："今天请大家来，主要是检讨一下，我们如何完成这个品质反思报告。"

"为什么是各个部门的主管做品质反思报告，而不是董事长和总经理来做反思报告？"唐风开始发话了。

"我认为公司中最需要反思的有三个人，作为公司的品质总监，我是其中一个，但是我只排第三。"唐风一针见血。

"谁排第一和第二呢？"许高升开玩笑。

"你懂的。"唐风笑着说。

"老唐，我很佩服你的胆识和能力，我们生产中心委员会这个品质反思报告的拟定者，我认为非你莫属。"木福高说。

自从上次唐风在会上当众训斥了孙常青和姜固后，木福高从内

第21章 雄鹰再生

心深处佩服唐风。

听到木福高这样说话,其他几个人也随声附和。

"那好吧,我再辛苦一回。"唐风的回答很爽快。

一周后,唐风将木福高一个人拉到会议室,打开 PPT 文件,点击放映按钮,开始讲解这个品质反思报告。

"我的报告主要分为两部分,第一部分是雄鹰再生的故事,第二部分才是康利得 2011 品质管理反思。

"木工,雄鹰再生的解说词我摘自网络上的一篇文章《雄鹰再生》。

"老鹰是世界上寿命最长的鸟类,它一生的年龄可达 70 岁,要活那么长的寿命,它在 40 岁时必须做出困难却重要的决定。"

"当老鹰活到 40 岁时,它的爪子开始老化,无法有效地抓住猎物。它的喙变得又长又弯,几乎碰到胸膛。它的翅膀变得十分沉重,因为它的羽毛长得又浓又厚,使得飞翔十分吃力。

"它只有两种选择:等死,或经过一个十分痛苦的更新过程——150 天漫长的操练,它必须很努力地飞到山顶,在悬崖上筑巢,停留在那里,不得飞翔。

"老鹰首先用它的喙击打岩石,直到完全脱落,然后静静地等候新的喙长出来。

"它会用新长出的喙把指甲一根一根地拔出来,当新的指甲长出来后,再用它们把羽毛一根一根拔掉。"

"5 个月以后,新的羽毛长出来了,老鹰开始飞翔,重新得力再过 30 年的岁月!

"在我们的生命中,有时候我们必须做出困难的决定,开始一个更新的过程。我们必须把旧的习惯、旧的传统抛弃,使我们可以重新飞翔,只要我们愿意放下旧的包袱,愿意学习新的技能,我们就能发挥我们的潜能,创造新的未来。

"我们需要的是自我改革的勇气与再生的决心……"

唐风一句一句地念完最后一段话，对木福高说："我常看《人与自然》这类电视节目，我认为这个故事是虚构的，因为一只鹰必须不间断地捕食，才能生存下去，不可能有这么长的时间静静地等候新的喙长出来，但是这个故事对于我们公司这样一些发展中的企业，却太有借鉴意义了！"

看着木福高在点头，唐风接着说："木工，我们康利得公司的现状，和这只雄鹰是否相似？"

"太相似了！我们公司2004年成立，在孙总和姜总的带领下，形成了公司独特的品质文化，我们之前的品质管理诀窍就4个字——盯住、勤快，刚开始效果还是不错的，这种做法曾经给我们带来了巨大的成功。尤其在前面几年，公司的产品质量几乎没有出过什么大问题，我们的产品在业界的口碑还是不错的。

"但是从你进入公司的前一年开始，我们的品质问题逐步多了起来，尤其是今年，更是达到了一个顶峰。"说到这里，木福高有点伤感。

"但是孙总和姜总还是没有意识到，我们之前的那一套已经不适合公司目前的状况了，我进公司时，公司只有12个人，我们挤在一间120平方米的房间里面办公。

"后来人慢慢多了起来，我们不断地搬家，越搬地方越大，人也越来越多。

"但是我们的管理理念和工作方式，7年如一日，从来没有变过，老板越来越迷信自己的这一套，导致这种传统文化越来越浓，如同这只雄鹰的喙和羽毛，越来越长、越来越密，这些都是曾经给它带来过成功的东西，如今却成了它的负累。我想，这也许是今年我们公司陷入困境的主要原因吧。

"公司两年前决定请你过来，对你的期望很高，原本是希望你

第 21 章 雄鹰再生

能带领公司在品质管理上另辟蹊径，帮助公司走出困境。但是从这两年的情况来看，我认为孙总和姜总还没有从内心深处做好变革的准备。你的许多观念，我非常认可，这半年多来，通过身体力行，整个生产中心真是换了个模样，但是公司总部那边，还是暮气沉沉，你的许多意见，姜总根本就没有听进去。老唐，真是委屈你的大才了。"说到这里，木福高感触连连。

"不说这些了，我们还是讨论下面的PPT吧。"说完，唐风切到下一页PPT中。

这页只有一个问题："我们今天面对的诸多问题是偶然还是必然？是前进路上的小插曲还是兴与亡的转折点？"

"你这个问题问得很好，我认为公司出现今天的局面是一个必然现象，如果我们再不转变管理模式，我们会走进死胡同，在失败的道路上越走越远。"木福高对唐风的提问很赞赏。

"我还是那句话，现在公司的内外部经营环境和公司刚成立那会，已经差异很大了，如果我们不能与时俱进，那结果只能是饮恨出局。"唐风想起上次会上训斥老板的事，忧心忡忡。

下一页PPT也是一个问题："造成我们今天诸多问题的根本原因是什么？员工（操作层）不努力？还是我们的管理（高层）不当？抑或是其他原因（运气不好等）？"

木福高说："我认为我们的高层管理者要对今天的失败负责，员工当然也有些问题，但是根本的原因还是在高层管理者身上。"

唐风PPT中的问题一个接着一个："谁是问题产生的根源？公司中谁需要反思？我们真正需要反思的是什么？

"我们需要改变的是我们执行的力度，还是我们品质管理的思维模式，抑或两者都需要改变？"

看完这几页PPT，木福高开始苦笑了。"老唐，你提的问题都很到位，一针见血，但是要如何说服两位老板，让他们接受，这可是一个大难题啊!"

"我们康利得公司要变革,不知还会面对多少问题。如果老板连这个报告都无法面对,我和你真的可以考虑提前退休了。"唐风说。

"行了,老唐,继续说你的报告吧。"木福高说。

"下面我来说说我们康利得公司传统的管理思维,以及我们未来的管理变革方向吧。"唐风打开下一页 PPT。

这一页是一张表格。

序号	康利得公司的传统管理思维	建议的变革方向
1	灰色文化（快点去做、多做项目）	符合要求（把正确的事情一次做对）
2	基于拍脑袋的模糊管理（领导分配制）	明确工作要求和分配方案（赏罚分明）
3	基于检验的盯住（关注少数点）	基于预防的全面质量管理（重点抓系统管理和平台建设）
4	重视抓后端（只关注结果）	重视抓前端（品质关注重心前移、关注过程）
5	强调个人能力（艰苦奋斗/亲力亲为/勤快做事）	培养组织能力（合理的组织分工/简洁有效的流程/优势的文化/严明的纪律）
6	师傅带徒弟	系统培训
7	策略决定格局,细节决定成败	战略和执行是成功的两条腿
8	"品质问题多"的原因是品质总监不够努力或者是基层员工品质意识差	品质的本质是管理,"品质问题"多是因为管理问题多,最高管理者应提高管理水平
9	与供应商互相博弈、尔虞我诈,没有长期合作的概念	正确处理客户、员工、小股东、供应商的利益分配关系,争取把蛋糕做大
10	将所有问题统称之为"品质问题",并归咎于品质部门	按问题产生的源头来定义问题,每个部门对自己的工作输出负责任
11	以实用的观点来对待质量,怎么赚钱就怎么干,在面对质量与交付、成本冲突时,总喜欢铤而走险	质量（满足要求）是一种原则,在面对质量与交付、成本相冲突时,宁愿牺牲利益也要保持原则,原则不可破,必须时刻坚守

第21章 雄鹰再生

唐风指着上面的表格说："我先来解释第一点，这是针对公司的文化和价值观的，老板一天到晚，在大会小会上传播的都是灰色文化、中庸之道。所以，表现在新产品开发这一项上，公司的现状就是：有项目就接，快点动手，多做点项目，多抓点机会。从来不强调从源头开始，把客户的要求搞清楚，识别出正确的项目，是吗？"

看见木福高默不作声，唐风又补充说："上次开工程中心年会时，我问了定制电源开发部新上任的经理明小平：在我们定制电源开发部今年立项的新产品中，有多大百分比形成了批量销售，达到了立项时的销售目标？

"你猜他是怎么回答我的？不到 1/3。也就是说，超过 2/3 的研发投入都做了无用功，打了水漂，开发出没人要的产品。

"公司一年五六千万元的研发投入，如果能将这不到 1/3 的项目成功率提升到 50%，那得省多少钱？这都是因为没有一次做对而付出的代价。

"这可是每年数千万元的浪费啊，平时我们出去吃个饭，老板总是挑最便宜的菜点，拼命省钱。只要一听到有同行要倒闭，立即让你到快倒闭的工厂中去淘二手设备，其实这些研发费用的浪费才是公司真正要抓的大头啊。

"如果我们在新产品立项前，多花一点功夫，多了解了解这个项目的需求，识别出能为公司带来利润的项目，提高命中准确度，把正确的事情一次做对，那公司的竞争力岂不是大大提升？

"还有，对于灰色管理，我觉得孙总和姜总的理解也有问题，我对灰色管理的理解是做事不走极端，该妥协时要妥协，面对矛盾和冲突时，要从两个明显相对立的观点中找到缓冲区，找出让参与各方都能接受的解决方案。但是这并不意味着什么都可以妥协，原则是不可以妥协的，方向也是不可以妥协的。

"质量就是满足要求,解决质量问题要依靠预防,这些都是质量管理的原则,不能妥协。"

看木福高在点头,唐风继续说:"第二点是针对绩效考核和薪酬制度的,公司现在没有考核制度,连绩效数据都没人统计,薪酬政策全靠拍脑袋制定。每年发完奖金或调完工资,有的人要辞职,有的人来公司闹,公司这么大规模了,为了节省成本,居然连个人力资源部都不设置,也没有成体系的薪酬政策,这怎么能支持公司的长远发展?"说到这里,唐风情不自禁地叹息起来。

"第三点是关于品质管理理念和方法的,孙总和姜总大会小会,嘴里面总是离不开两字——'盯住!'出了问题就是咱俩没上生产线,没有盯到位,嘴里又经常说'品质是做出来的,不是检验出来的',难道盯住不是一种检验方式吗?久而久之,其他部门肯定会认为,反正有品质部盯着,我们犯点错不算啥。如果这样,预防的思想怎么能落实到位,全面质量管理体系怎么可能建立起来?

"还有,盯住这个方法,肯定只能关注少数点,怎么可能每个点都能盯住?如果那样的话,老板要给品质部配备多少人?

"公司规模这么大了,怎么可能只盯住少数几个点,就能把整体质量水平提上去,这不是天方夜谭吗?"

唐风继续滔滔不绝。

"第四点是讲公司品质资源配置的,目前我手下这60多号人,几乎全部集中在生产端,对于问题大户——研发和工艺设计,这两个产品实现的前端过程,品质部没有配置一个人,也不知道里面的运作情况。对我来说,这就是一个黑箱子,我看到的只是这个黑箱子不断地漏出批量性设计不良,但不知道原因出在哪里。

"抓品质就要抓源头,我们明知道研发和工艺设计这两个过程是品质问题产生的大源头,但是老板挺自负,认为自己能管好研发

第 21 章 雄鹰再生

和工艺,不需要品质部参与。就算我是孙悟空,也翻不出如来佛的手掌心。"

说到这里,唐风有些激动,他之前多次找到孙常青和姜固,要求在研发设置 QA,或者将测试部划归品质部来管,但是都没有得到支持,他感到很受伤。

"在质量界,大家都有一个共识,就是 10 的规则,指的是,如果在客户需求搜集环节花 1 元钱能解决的问题,到了研发环节就要花 10 元钱才能解决问题,如果这一问题流到了生产,可能就要花 100 元才能解决,如果到了客户端使用,那就要花 1000 元才能解决问题。

"可惜我们公司的最高管理者,一味强调在生产和出货检验环节盯住问题,想通过这种方式不让问题流出去,这哪是正确的品质管理之道啊?

"第五点讲的是公司的工作方式,公司当年在打印机电源领域,靠几个研发英雄和市场英雄就打出了一片江山,从此以后,就把它当成是管理上的金科玉律,把这种做法大力推广,进入每个新行业都用这一套打法,焉能不败?

"第六点是指公司的培训方式和做事方式,目前公司每个部门在新员工的培训上,都是典型的'师傅带徒弟'的方式,研发部以前几个骨干工程师现在都升职当了领导,不再直接做项目开发了,竞争对手说我们是'徒子徒孙搞开发,方案贵没优势',我认为形容得很贴切。公司目前整个的做法是一个游击队长带领一群游击队员去同别人打仗,以前公司规模小,客户要求低,这种做法还比较有效。但是现在,公司规模一上来,竞争对手也变了,变得更加强大了,我们还是沿用以前的打法,能打得过别人吗?

"我在家里经常看人与自然之类的电视节目,我看见那些小型的肉食动物,比如说狐狸,往往是单独行动的,只要瞅准别的动物的空当，偷走一块肉，或者运气好，逮住一只兔子，就够一天的伙食了。

"但是你有见过狮子去捉兔子的吗？它们经常结成群，去攻击水牛或者角马之类的大型动物，像我们公司这么大的规模，已经不是一只狐狸了，一只野兔不可能填饱肚皮，我们的竞争对手是狮子，所以我们必须从狐狸进化成狮子，才能和狮子竞争。

"第七点是针对战略和执行的关系说的，目前老板大会小会，永远都是'策略决定格局、细节决定成败'，好像成败与战略没有关系似的。难道老板要求我们现在登上太阳，只要我们认真去做，也能登上去吗？"

说完，唐风打开下一页PPT，说："这页是公司今年进入的新行业，你看一看，总共有20个，在这些新行业中，销售额最高的是医疗电源，达1535万元，但是它是由十几个产品型号构成的，摊到每个型号上，数量也不多。单个型号销售额最大的是通信电源模块KL—481，也就是这次出质量事故的产品。销售额最低的是税控机电源，只有85 000元。

"你看这些产品，有的要喷三防漆，有的要压超声波，有的要灌胶，用的原材料也完全不一样，有的要厚铜PCB，有的要软PCB，有的要塑胶外壳，有的要五金件，这些都是以前的产品中涉及不到的，我们很难一下子把这些工艺和原材料的供应商全部搞定啊！

"我们一下子进入这么多行业，虽然都是电源和控制板的相关生意，但是，每个行业都有其特点，难道我们是神仙，能一下子把这么多行业的客户需求全部都搞得一清二楚？

"几年前，公司误打误撞，进入了打印机电源这个行业，大获成功。现在老板还在沿袭以前的思路，总在梦想着有朝一日能一不小心挖到金矿，重新塑造当年在打印机电源行业里的辉煌，所以总

第21章 雄鹰再生

是东一锄头西一锹，到处试探，在进入新行业时很少从战略层面进行考虑。

"第八点讲的是谁对公司的品质负责，自我进公司以来，只要出了品质事故，老板要么指责我和你两人未盯到位，要么指责员工品质意识差，从来没有想过，品质问题多的原因是公司管理问题多，谁对公司管理负责，当然是权力越大责任越大了。

"这么多年以来，公司一直都做得比较成功，成功的次数太多了，老板都快认为自己是神了，认为公司是无所不能的，所以从来不会怀疑自己的观念和做法会存在问题。用一句话来形容，就是，天欲其亡，必令其狂。

"也许我说得有点耸人听闻，但这是我的切身感受。"唐风很认真地说。

"第九点讲的是利益共享的问题，我想你知道，孙总和姜总做生意的风格是缺乏价值分享理念，喜欢吃独食，只要有点利润，绝对会100%放进自己的口袋，把供应商压得油都出来了。

"昨天，我听一个采购员说，现在有好多家供应商，订单接了，东西也做出来了，但就是卡住不交货，要求康利得必须先付货款，才会发货过来。我们老板娘实在太狠了，都快把供应商逼疯了。

"我出去和供应商谈来料质量改善方案时，最后总不可避免地转到另外一个话题——付款。很多供应商连合作的意愿都没有了，还谈什么质量改善？

"一周前，在采购部的年终总结会上，孙总还批评公司部分采购员的心理素质太差，说只要供应商一催款，他们就慌了，赶紧找财务部要钱，其实这有什么大不了的，我们的客户不也欠我们很多钱，反正行业内大家都互相欠，很正常。

"他说这段话时你也在场，相信你也听到了吧。还有，我们这些小股东,工资奖金不及外面市场价的一半,每天必须得勒紧裤带过日子,也不知何时是个头。老板总是说,公司一上市,情况就会好的,但按目前的行情,什么时候才能上市啊?

"现在我老婆连车都不让我开,说我的工资除了吃喝家用,剩下的钱连汽油都买不起,还开什么车。我以前好歹也是大公司的总监,现在居然沦落到每天要挤公交车上下班,真是丢人啊。

"说句心里话,我是被请君入瓮,深度套牢,孙老板好高超的手段!公司配的这一点点股份,真是不折不扣的一副手铐。想走嘛,损失太大,时间上已被耗了两年,留下来嘛,感觉又没奔头,看不到希望,每天生活在煎熬之中。康利得品质总监这个职位,真的是鸡肋,'弃之可惜,食之无味'啊。"

一想到工资奖金打对折的事情,唐风心里就直冒火。两年前进公司的时候,孙常青大吹特吹,公司的财务情况如何如何好,上市后的股价会涨到多少元一股,届时股东们的身家会达到多少云云。而且上市材料已在准备,上市十拿九稳,只要再等几个月就上市了,让大家勒紧裤带过几个月的苦日子,待遇立马改善。

这不,两年过去了,上市还没个影,工资奖金也没涨一分,弄得妻子王玉经常在家里数落唐风。

唐风继续说:"还有你,木工,你好歹也是个厂长,居然连辆车都买不起,每天骑个破自行车上班,风里来雨里去,老板嘴里说的这个艰苦奋斗,要奋斗到什么时候?公司不是没有钱,账上随时都有两亿元的现金,就是不会进行利益分享。

"孙老板以这种手段对待供应商和小股东,老想着把别人套住,让其为自己所用,还指望别人帮他做好产品质量,岂不是白日做梦吗?

"说实在的,我这两年的心情可以用CPTF 4个字来形容。刚来时,Cheerful,高兴;渐渐地,Peaceful,平静;再后来,Trou-

第21章 雄鹰再生

blesome，苦恼；到最后，Feelingless 麻木。

"质量大师克劳士比先生说过，质量是组织的骨骼，财务是组织的血液，而关系则是组织的灵魂，要想自己成功，必须帮助客户成功，帮助员工成功，帮助供应商成功。

"但是你看看我们公司现在的情况，有几个供应商通过和康利得做生意发了财？有几个康利得公司的员工在深圳买了房买了车？如何摆正与客户、股东、员工、供应商的利益关系，如何向关键利益相关者正确地传递价值，我们孙老板是永远都参不透啊！

"还有，我在辉圣工作了一年多，我记得它的母公司辉科有一句名言：永远不要让雷锋吃亏，奉献者定当得到合理的回报。我认为这是辉科文化中最核心的一点，你看，辉科现在发展得多好。

"和你说句实话，我倒希望方得志主持的这个品质反思会快点开，我想把我的这个报告当众讲出来，最后再努力一把，如果还是改变不了老板，我只能改变自己的选择了。"

自从半年前那次品质反思会后，唐风与木福高的关系拉近了不少，木福高对唐风的工作很支持，两人几乎什么话都说。

看着木福高在点头，唐风又说："第十点我不用多解释了吧，上次在会上我已说得很明白了，一句话：每个人必须对自己的工作输出负责，不能什么问题都归之为'品质问题'，最后都归咎于品质部。

"第十一点是很多中国企业的通病，中国是一个传统的农业大国，我认为，中国的很多企业文化从本质上讲就是农民文化，农民靠天吃饭，怎么有用就怎么干。而质量就是符合要求，要么符合，要么不符合，中间没有灰色地带可选择。所以说，符合要求是一种原则，如同人的诚信一样。但是现状是，如果召回产品损失大，我们往往故意装糊涂，产品即使有问题也不通知客户。相反，如果损失小，就将不良品拉回来。

"如果把农民的这种思想用到品质管理中，那怎么可能建立起优秀的品质文化呢？"说到这里，唐风立即就想到甘茂这家电感厂。

讲完这页PPT后，唐风在下页PPT中又列出了今年研发在生产过程中出现的所有批次性不良，以及一些影响巨大的典型设计问题。

这些数据令人触目惊心，唐风用一句飞行安全法则作为本页PPT的主题，"每一起严重事故的背后，必然有29次轻微事故和300起未遂先兆以及1000起事故隐患。"

唐风问木福高："我这句话引用得是否恰当？"

"太恰当了！我们现在是轻微事故每天频繁发生，未遂先兆以及事故隐患随处可见，所以严重事故时有发生也就不奇怪了。"木福高苦笑着。

唐风解释完这张表后，转到下一页，这页讲的是公司的标准化程度，"木工，我们公司目前这个规模，已经不是小公司了，但是管理的规范化哪里跟得上公司的发展呢？生产中心这边通过这段时间的品质月活动，作业标准化程度有所提升，但总部那边的研发中心和工程中心，哪里有标准化作业的影子？"

"我认为，一家公司是否要推行按文件和流程作业取决于以下几个要素。"唐风开始列举：

"第一，分工精细程度。分工越细，文件化的要求越高，主要是为了提高沟通质量和效率，以及明确责任。

"第二，员工能力的全面性及专业性。员工能力越全面、能力越强，文件化的要求越低；反之，越高。

"第三，员工流动性。流动率越高，越需要文件化和标准化作业。

"第四，客户的要求。客户管理越规范，要求越严格，其对供

第 21 章 雄鹰再生

应商的管理规范性的要求越高。

"根据这几点要求,我认为我们公司的管理标准化程度急需提高。"

在 PPT 的最后一页,唐风提出了一个问题:"如何破解目前的质量管理困境?"

唐风自言自语:"第一,放下包袱,从最高管理者开始,全员从灵魂深处进行文化变革,重新上路。

"第二,树立质量链的概念,实物产品的质量往往取决于信息产品的质量,而信息产品的质量又取决于每个过程管理的质量。每个过程都要确保把工作一次做对,要把下一个过程视为自己的客户,把过程管理做到位。

"第三,解决问题要从源头即问题发生地解决,而不是盯住后端的输出结果。

"第四,财散人聚,财聚人散,学会与客户、供应商、员工分享才能实现共赢。"

说完这些后,唐风合上电脑,继续说:"像我们康利得这样一家民营企业,在公司创业初期,管理上崇尚灰色,分工模糊、评价模糊、分配模糊、责任模糊,老板强调利用人的积极性来代替流程制度,处理矛盾冲突时强调灰色方法,我认为都不是问题。因为公司在成立初期,规模小、资源严重不足,公司经营风险很大,这种灰色管理带来的好处就是管理成本低、反应速度快、组织行动力强,我想这也是民营企业能快速发展的原因之一。"

看到木福高不断点头,唐风叹了口气,接着说:"但是到了今天这个阶段,我们已经不是小公司了,需要进行专业化分工,需要明确工作要求,需要奖罚分明。按我的体会,许多民营企业的管理变革,通常情况下就是降低管理灰度,公司管理模式从模糊化走向明确化的一个过程。

"这是我这一周来的成果，我认为我已经把住了康利得品质管理的脉，但是对于这个病人是否听我这个医生的，我实在没有信心。"

"是啊，说服孙总和姜总，让他们听取你的正确意见，这真是件很困难的事啊！"木福高也很苦恼。

最后，二人商议，由木福高将这个 PPT 文件发给孙常青和姜固，说是整个生产委员会的讨论结果。

两天后，在生产中心的小会议室，木福高一脸苦笑，对唐风说："你真是个神人，预料到两位老板的态度了。"

原来，昨天，姜固把木福高和许高升叫过去，一通臭骂，说："你们怎么了？我看你们是都被唐风洗了脑，与他一个鼻孔出气！"

又过了几天，方得志发邮件通知所有公司的高级主管，说因为春节前大家太忙，这个品质反思会安排到春节后再开。

春节放假那天，唐风在总部的走廊上遇到姜固，姜固简单说了句："你的想法也许在 5 年后会适合我们公司，但现在不行。"

听到这话，唐风心里说："该离开这家工作了两年多的公司了！或许，自己也像那只雄鹰一样，从此将得到新生。"

恰在此时，唐风接到一个电话，电话是唐风以前认识的一个老板陈方圆打过来的，他的公司名叫赛德美电气，主要生产电力操作电源、变频器、电动车控制器等产品，与唐风以前的老东家 EE 公司的产品平台比较接近。

唐风与陈方圆是在一个品质管理研讨会上认识的，唐风作为主办方的特邀嘉宾上台进行了演讲，陈方圆对唐风的品质管理理念极为认同，会后两人还专门找地方吃了个饭，陈方圆把他公司的主要情况向唐风做了详细介绍。

电话中，陈方圆正式向唐风发出邀请，希望唐风能考虑加盟他们公司，可以先担任质量总监，后续再考虑其他岗位。

第21章 雄鹰再生

春节期间，唐风找朋友详细了解了陈方圆的为人，感觉比较合拍，最终决定加盟，节后一上班，唐风就递上了辞呈。他在辞职原因一栏中写了两个字：憋屈！

接到唐风的辞呈，姜固的反应是不屑一顾，孙常青也没有立即表态，公司中最急的人是木福高，他很认同唐风的管理理念和才华，同时生产中心的品质月正在轰轰烈烈地开展，还需要唐风的督导。

于是，木福高专门跑到总部找到孙常青，说："老唐这个人，无论是能力和品德，都是不错的，你们可能还不知道，自从上次会议后，在他的带领下，我们生产中心是一日一变，你们难道没有觉察到，公司关于生产方面的客户投诉已基本消失了吗？不要因为他在会议上批评了你们，你们就怀恨在心！"

的确，自从上次在生产中心被唐风公开批评后，孙常青和姜固就很少去生产中心了。所以，对于这半年来生产中心的变化，孙常青并不了解。

听了木福高的一番话，孙常青说："原来如此，那你找他谈谈，看看能否挽留下来，不行的话，我再找他谈。"

唐风去意已决，他对木福高说："人是不会轻易改变的，除非他自己意识到一定得改变，像姜固和孙常青这种人，一天到晚沉浸在以往的成功中，怎么可能主动求变呢？

"有一句话非常能表达我现在的心情，这句话是：下士求利、中士求权、上士求真。"

"我当时以极低的薪酬待遇加入康利得公司，原本是认为这样一个管理水平低下的公司，一定可以给我一个充分发挥的舞台，能将我胸中所学落实到实际工作中，彻底地改造这家公司，借此来实现自己的理想和抱负。"

"但是，要做到这一点，必须有权力的支持。两年以来，我做了无数的努力，连老板都被我当众批评，我一直想改变老板的观念，希望能因此得到公司领导层的支持。

"这两年来，我只做成功了一件事，就是成功地改变了你的观念，成功地运用了零缺陷过程管理方法，将生产中心的品质管理工作做了上去，将品质月这把火烧了起来。但是我们的两位老板，孙常青和姜固，他们的观念又何曾真正地改变过？

"公司的采购策略和研发策略会因为这些重大质量事故而改变吗？"

说到这里，唐风有些伤感，继续说自己的想法。

"我想得很清楚，继续在康利得公司这个品质总监的位子上做下去，唯一的结果就是拿着这一丁点股票，身败名裂。我可不是危言耸听，康利得这样做下去，迟早会因为产品质量问题而倒闭。

"我作为公司的品质总监，以后还怎么在这个行业内混？

"所以，一句话，在康利得公司，什么求利、求权、求真，都是虚无缥缈的事情，弄到最后，必然是竹篮打水一场空。如果不是你的配合，我在康利得公司这两年来，将会是一事无成。

"也许，对于我这样一个从跨国公司中出来的经理人，在跳槽进入民营企业时，除了要选择一个自己熟悉的行业和适合自己的公司外，对于未来的老板，也一定要想方设法了解清楚，他的为人、胆识、雄心、管理风格，像孙总这样吝啬的老板，跟着他干，就算成功了，也不见得有口汤喝。

"还有，自我进入公司后，包括我自己在内，大家都把我当成一个老师，一个救世主，因此给我造成了巨大的压力，每一次重大质量事故，都带给我强烈的挫折感，迫使我很难再在公司中继续坚持下去，这次失败的经历对我而言教训深刻，也许我应该用当学生的心态来面对这份工作，那样情况或许会好一些。

"我很感谢你对我的认可，但是现在的问题不是你和我的问

第21章 雄鹰再生

题,也不是你能解决的,看来我这个品质总监,很快就要'阵亡'了。"

见唐风去意甚坚,木福高知道再劝也没用,就说:"既然如此,那今天晚上我们与生产中心和品质部的兄弟们出去吃个饭吧,我们生产中心的许多兄弟都很佩服你,你就算要走,也要给大家一个表达感谢的机会吧。"

酒桌上,所有的人都劝唐风不要走,大家非常希望在唐风的带领下继续工作,有几个人甚至喝醉了。

的确,好不容易磨合好了,唐风一走,大伙的主心骨顿时就没了。

吃过饭后,大家一起去KTV包房,木福高让唐风点唱第一首歌,唐风有点醉了,拿起麦克风,点了一首粤语歌曲《海阔天空》。

"今天我,寒夜里看雪飘过,怀着冷却了的心窝漂远方,风雨里追赶,雾里分不清影踪,天空海阔你与我,可会变?"

唐风的声音高亢而雄浑,唱到这里,他的眼睛有点湿湿的感觉,他清楚地知道,这次对自己来说,真的是海阔天空了。

办完离职手续后,在总部前台边,唐风碰到了姜固,姜固把唐风拉到会客室的茶几边上坐下,说:"说实在的,我很认同你的人品和才华,但是我还是认为,你的管理思想只适用于5年后的康利得。"

"姜总,我实在不想再讨论这个话题了,清者自清,浊者自浊,原本也没有客观的准则,实践是检验真理的唯一标准。出来混,迟早是要还的,孰是孰非,还是让结果来验证,你们好自为之吧。"说完后,唐风站了起来,头也不回地走了。

下了电梯,走进地下停车场,发动车后,唐风打开车载DVD,车里立即响起徐小凤的那首粤语歌曲《每一步》。

"曾踏过艰辛的每一步,仍然前去,仍然闯不理几高,耳边的风声响,像似歌声鼓舞,努力为要走好我每步。"

本章点评:

■ 质量变革为何困难重重?

管理层的冥顽不化是质量变革最大的难题!质量的本质是管理,要改变质量,必须进行文化和机制的变革,要做到这一点,改变最高管理者的管理理念是第一要务。

精进篇
如何快速解决"质量问题"?

第22章
初战告捷

■ 让人无法接受的低级质量事故为何会频繁发生?

"你首先要解决的就是发错货这种低级质量问题。"在唐风入职时,陈方圆对他说。

赛德美电气于2005年成立,是一家主要生产电力操作电源、变频器、电动车控制器等产品的高新技术民营企业,公司位于南山区科技园,离唐风的家不远。

公司主要股东有两个,陈方圆是最大的股东,拥有公司48%的股份,是公司的董事长兼总经理,二股东魏劲松,是研发副总,拥有40%的公司股份,剩下12%的股份由公司十来个核心的研发和市场人员所拥有。

公司两个主要股东陈方圆和魏劲松分工明确,魏劲松做研发出身,在公司中主管研发部,公司其他部门如市场、人力资源、供应链、质量部都归陈方圆管理。

唐风在人力资源部填好相应的入职资料后,陈方圆将他带到质量部,与质量部的全体员工见面。质量部只有11个人,10个检验员,1个经理,质量部经理名叫季沙松,长得黑黑壮壮的。

为了迎接唐风的到来,陈方园特地从很拥挤的二楼办公区中腾出一个小办公室,供唐风单独使用。

在陈方圆将唐风介绍给质量部所有成员时,季沙松一直板着脸,一脸的不开心。

会后,唐风走到陈方圆的办公室,向他详细了解季沙松的情况。

陈方圆说:"这个季沙松是1年前来公司的,以前在一个生产UPS(不间断电源系统)的台资公司做过开发工程师,后来转做品质经理,刚来我们公司的那段时间,还是做了不少工作的,推动研发部对许多电气性能问题做了改善,大家对他还是比较认可的。

"但是后来,他越来越沉迷于对产品电气性能上的分析,一天到晚向研发部申请各种图纸,理由是要分析解决各种电气性能问题。

"对于我们一个小公司来说,技术是公司生存的根本,一旦泄密,公司会立刻面临生存危机,我和魏总当然不会答应。

"于是季沙松就和研发部干上了,特别是最近这两三个月来,他干脆什么事都不管,一到下班时间立刻走人,公司出天大的事情他也不关心。

"别人找他协助处理问题时,他黑着一张脸,三句话不到,就会跟人吵起来,弄得质量部不像是一个解决问题的部门,反倒是一个制造问题的部门。

"这是我请你来的原因之一,自从我上次在品质研讨会上遇到你,尤其是听说你为了提升公司品质管理的水平,在大会上当众训

第22章 初战告捷

斥董事长和总经理,我非常钦佩,认为能做到这一点,不仅仅需要水平,更需要的是品德和勇气,以及自我牺牲的精神。"

陈方圆与唐风谈完话,还专门带他在公司中转了一圈,把它介绍给公司的主要管理人员。在见过人力资源和财务等部门的主管后,陈方圆把唐风带到三楼魏劲松的办公室中,三人谈了好一会儿,陈方圆把唐风的主要工作经历向魏劲松详细介绍了一遍。

走出魏劲松的办公室,陈方圆又领着唐风走到二楼,打电话叫来生产部经理艾定国。

陈方圆向唐风介绍:"这是生产部的经理艾工,来自浙江一家做电力电源的企业,他在那里做生产部经理,也是两个月前才加入我们公司,你们以后要多合作啊。"

艾定国领着陈方圆和唐风,三人一起走到二楼的原材料仓库,因为场地不足,现场显得极为凌乱,过道中堆满了机箱和机柜,仓库里面的货物更是堆积如山,两个物料员正在里面找物料。

见此场景,艾定国显得有点尴尬,连忙对陈方圆和唐风说:"陈总,这地方太挤了,我们东西太多,实在放不下啊。"

陈方圆没有责怪他,只说了句:"等再过几个月,我们搬了新厂房就好了。"

陈方圆所说的新厂房位于光明新区,厂房已经租下,总共有12 000平方米,公司准备在"五一"前完成装修,利用"五一"这段时间完成搬迁。

二楼的生产区域也是同样混乱,流水线上螺钉、扎带遍地,工具放得到处都是,几个工人在忙着装配电力电源模块。

看完二楼,三人坐电梯下到一楼,一楼的情况更加糟糕,因为地方狭小,货物多,成品区乱七八糟地堆满了各种待出货的产品,还有一些布满了灰尘的机箱和机柜。

看完了生产区域,陈方圆对艾定国说:"我们唐总以前在EE

公司做过 UPS 工厂厂长，是生产管理方面的专家，你要多向唐总学习。"

艾定国连声称是："我听说过 EE 公司，这是我们行业内的标杆企业，非常有名，唐总你要多指教啊。"

等到陈方圆走后，唐风与艾定国一起回到自己的办公室中，想了解一下为何现场管理如此糟糕。

说起此事，艾定国是一肚子苦水没法吐。

他说："公司的月销售额已超过 1800 万元，预计今年全年的销售额将突破 2 亿元，但是一二楼总共只有 2400 平方米，还要为供应链管理部和质量部划出一片办公区来，实际生产和仓库的区域连 2000 平方米都不到。

"生产面积小还不是最大的问题，最大的问题是东西多，为何仓库中的货物会堆积如山？这就要从公司的组织架构说起了。

"公司去年虽然成立了供应链管理部，但是这个供应链总监的职位一直由陈总兼任，供应链管理部下属有计划部、采购部、生产部、工艺部、物流部五个部门，陈总因为要跑一些重点客户，经常不在家，供应链管理部的日常运作都是由计划部牵头，协调各个业务部门完成发货任务。"

说到这里，艾定国显得很无奈："但是这五个部门谁也不买谁的账，尤其是采购部，只要是订单交期一到，它就将货提回来，根本不管仓库有没有地方放置，反正对于采购部来说，把东西买回来就算完事了。

"所有的采购订单都是按市场预测来下的，有的月份，市场预测有 50%的准确率，而有的月份，只有 30%多的准确率，这就造成我们有大量的库存物料。

"这个源头一乱，整个物流系统全乱套了，现在的情况是，仓库的存货很多，但是能齐套使用的物料很少。为了保证每天的交

第22章 初战告捷

货,计划部会每天早上9点钟召集一个发货协调会,你们质量部也要参加。"

第二天早上9点,供应链每天的发货协调会准时开始,唐风是第一次参加这个会,他感到,这不像一个协调会,倒像是一个吵架会。合同统筹工程师指责生产部没有按计划完成入库,生产部指责采购部未按时将物料追回,采购部指责计划部给的交期不足,最后会议在吵闹声中结束。

这天下午,唐风就接到陈方圆的电话:"唐总,我们有一家客户江西大宇反馈,他们刚收到的货物中存在错料现象,你赶紧了解情况,把问题尽快处理掉。"

唐风找艾定国调查原因,艾定国说:"我们公司除了以自己的品牌销售产品外,还做贴牌生意,以客户的品牌发货到最终客户处,每家客户的商标都是不一样的,所以结果就是同一款产品,有许多个型号。

"还有,为了满足客户不同的安装方式,每个型号的产品又衍生出多个不同的型号,像EE这样的公司,实行严格的一物一码,只要东西不一样,编码上必须也有区别。但在赛德美电气,却很难做到,因为有的客户,一年只做一两次生意,如果真要一物一码的话,ERP中的编码就会太多,信息管理的工作量太大。

"因此,公司管理层权衡再三,最终选择了一码多物的方式,不同商标的丝印,以及不同安装方式的产品,都用同一个料号来识别。

"这次客户反馈的发错货,是我们公司把原本要发给另外一家客户的一种模块发给了大宇这家客户。"

唐风很疑惑:"为何质量部未能检查出这些问题?"

艾定国说:"质量部根本不对出货做检查,一般情况下是由仓库人员将待发产品找出来直接交给物流公司发走。"

"这样做怎么能保证不发错货?"唐风立即找到季沙松,"我们必须立即开始对出货产品进行出货检验。"

季沙松回答:"公司没有给我们质量部配置相应的人员,所以我做不了。"

"不行,你先做起来再谈人力的事。"唐风强忍着心中怒气。

"你有本事自己去做吧。"季沙松说完就走了。

唐风对艾定国说:"奇葩!我算是长见识了。"

艾定国说:"唐总,你不知道,听说公司要来质量总监,季沙松这段时间一直在赌气,故意不配合我们其他部门的工作。"

唐风立即打电话给陈方圆,说:"陈总,看来这个季沙松不但不能解决问题,反而阻碍问题的解决,我建议立即让他走人。"

送走季沙松后,唐风召集质量部所有人员开了一个短会,会上,他说:"大家可能都知道了,季工因为个人原因已辞职了,我希望大家不要因为他的离开影响工作。"

那天晚上,他还请质量部的全体员工出去吃了个饭,在饭桌上,他顺便把前面几次发错货的情形了解了一下。

第二天,唐风找来艾定国,两人先去看了模块包装的过程,再找仓库发货人员了解发货的过程。

回到唐风的办公室,唐风问艾定国:"老艾,我了解了一下,从上个月到现在的40天时间,我们发错货的事情已连续出现三次,你认为该如何解决此问题?"

"这主要就是操作人员责任心太差,我要立即开出罚单,对发错货的仓库人员进行处罚,必要时直接开除。"

唐风说:"我认为,发错货这个问题的主要原因是我们有两个业务过程的管理不到位,第一是发货过程,第二是模块包装过程。"

唐风在纸上画出了目前发货的流程,发现目前发货过程主要由

第22章 初战告捷

以下环节构成：销售管理部收到货款后下达发货指令—物流专员打印销货通知单、发货唛头与发货地址一起提供给仓库—仓库发货员理货—通知物流公司来提货—交接发货。

画完后，唐风开始分析原因，"艾工，仓库发货这个过程的主要输入有四样东西：发货指令、销货通知单、发货唛头及地址、已入库的模块成品。

"这个过程的输出只有两样东西：交给物流公司的待发货模块和双方签字的托运单。从目前情况来看，出现的问题主要是待发货模块信息与销货通知单上的信息不一致。

"我用过程模式作业表这个工具来分析问题是如何发生的。"唐风边说边画出过程模式作业表。

"先说工作程序，一般公司在理货环节都会设置一道检验程序，确保待发货信息与销货通知单、发货地址上的信息是一致的。在与物流公司交接这个环节也有一道出货检验程序，确保在交接的过程中所提取的货物是正确的。

"我们没有设置这两道检验程序，这是工作程序上的缺失，是为一。

"第二，我了解到，有两次事故是仓库发货员没有仔细看模块外箱上的铭牌标签导致的，属于工作态度问题，这的确需要处罚，但是如果有检验环节把关的话，这个问题就不会在客户那边发生。"

"在三起发货错误事故中，有一起是模块外箱上的铭牌标签错误，导致发货错误的，这就要提到发货这个过程的输入物：模块成品，它又是包装这个过程的输出物，所以这又涉及模块包装这个过程。

"在模块包装过程中，我们设置了检验员，但是经常做得不到位。由于这个检验员有时还要兼顾机柜产品的装配检验，所以实际上，很多模块的外箱铭牌标签是否正确，没有人去确认，在模块成品入库时，本来要求必须由检验员在入库单上签字后才能入库的，但是实际上未执行。

"因此，发错货的问题，只要把发货过程和模块包装过程管理到位，就可以杜绝。当然，如果前端销售管理部录错了料号，那就另当别论了，不过即使出现这种情况也不会追究到你的头上。"

于是唐风协调资源，针对理货、模块包装专门设置了一个检验岗位，将所有的检验要求明确下来，制定《FQC检验员岗位作业指导书》和《OQC检验员岗位作业指导书》，给相应的检验员培训，并且组织艾定国制定了《模块包装入库流程》和《成品理货发货流程》，对送检、入库、理货、发货的作业加以规范化。

为了确保落实，唐风连续检查了一周，针对前期附件理货、成品出货和模块入库未按要求进行检验的问题每天检查，发现问题第一次警告，第二次处罚，很快发错货的问题就得到了解决。

这天，唐风接到陈方圆的电话，电话中陈方圆有些焦急："重庆一个新开发的客户刚给我打来电话，反映我们公司上个月刚发过去的一批电力电源机柜存在许多问题，刚刚客户已将具体的问题点发了过来，要求我们立即提出处理方案，并于下周去给他们公司的领导讲解问题的纠正和预防报告。"

打开陈方圆转过来的客诉邮件，唐风的头就大了。

他仔细一看，客户总共反馈了10个问题，具体可分为两类。

第一类是外观丝印错误，主要是机柜的门楣出现交叉错误，还有的机柜铭牌搞反了。

第二类是机柜安装问题，客户要求在机柜上设置并柜孔，但是所有的机柜上都没有并柜孔，另外发过去的并柜螺柱与螺母不配套，无法使用，还有就是机柜母排上的螺钉孔只有两个，而国家标准是4个，等等。一句话，许多客户在技术协议中提到的要求都没

第22章 初战告捷

有做到位。

唐风立即打电话给客服部万春分："老万，刚刚我收到一个客户的投诉，我已将问题点发到你的邮箱，你赶紧组织人力针对客户所反馈的问题去现场整改，我来组织大家调查原因，准备问题的纠正和预防报告。"

然后，唐风找来艾定国，问道："艾工，你对这批货还有印象吗？出大乱子了。"

艾定国看了邮件后，说："这批机柜是专门为这个客户定制的，数量较多，有50台，当时接到订单后，货期非常紧，我们加班加点，终于在指定的出货日期前将货发出，没想到现在出了这么多质量问题。"

正在此时，陈方圆的电话又来了："唐总，问题调查得如何了？我们公司与这个客户是第一次合作，我很担心由于此次质量事故，失去下一次合作的机会，所以，这个报告一定要将问题分析到位，对待问题的态度要诚恳，以此来打消客户对我们公司的疑虑，重新树立客户对我们的信心。"

两天后，唐风开始向陈方圆汇报："陈总，我将所有10个问题分析原因后，发现这些问题的产生主要是因为公司的两个业务过程管理不到位，第一是定制产品设计和评审过程，第二是定制产品生产执行过程。

"因此，我的报告分为两项。

"第一项是具体问题点的分析和纠正措施，针对每一个具体问题，我都制定了相应的纠正措施，确保问题不会重复出现。

"第二项是预防措施，我对这两个业务过程管理进行了详细分析，并找出了我们目前的管理方式存在的漏洞。"

对着投影仪，唐风开始讲解每个问题的纠正措施，然后问："陈总，你看这样如何？"

"分析得不错,请继续讲。"陈方圆说。

"针对定制产品设计和评审过程,大家先看目前的流程图。"唐风点击鼠标,投影仪上显示了以下内容:

客户技术协议等需求的输入—产品工程师与客户沟通—输出《客户定制产品规格书》—产品部、定制项目组、研发部对定制产品进行评审—《定制产品评审表》及《定制产品规格书》等资料归档—研发部开发设计—图纸归档。

唐风说:"这里面最大的一个问题就是,我们研发部做完开发设计后,直接进行图纸归档,没有人对其图纸进行确认,确保其能否满足客户的所有要求。

"因此,针对定制产品设计和评审过程,我要求在图纸归档前,公司增加技术评审这个环节,由产品工程师对照《定制产品规格书》对设计图纸进行复核,确保其能满足客户的要求。"

"行,没问题。"陈方圆回答。

唐风继续说:"另外一个需要优化的业务过程是定制产品生产执行过程。我发现,在这个过程中,人员的工作态度是主要问题,许多《定制产品规格书》中要求的东西都没有执行到位。

"那么,如何改善员工的工作态度呢?针对此问题,我是这样想的。

"首先,我要求,针对每个定制产品,在上线装配前,拉长必须打印出该订单的《定制产品规格书》。

"从软件烧录这个工位开始,直到装配好的半成品最后下线,至少有三个岗位的员工必须对照《定制产品规格书》检查,检查产品是否落实了《定制产品规格书》的要求,这三个岗位就是软件烧录员、生产线物料员和负责成品下线的耐压测试员。

"这三个岗位所有人员签名完成后,由品质部负责这条装配线的IPQC检验员再按《定制产品规格书》进行逐项检查,检查完成

第22章 初战告捷

后签名确认。

"这个由 IPQC 签完名的《定制产品规格书》会跟随产品流到后续的老化、测试、包装等环节,与装配线一样,这些操作岗位也必须对照《定制产品规格书》进行逐项检查,检查后签名确认。

"最后,我们负责包装检查的 FQC 检验员在产品包装前,要检查核对前面的所有岗位是否已签名,并再次对照《定制产品规格书》进行检查,检查完毕后将《定制产品规格书》与产品流程卡一起归档备查。

"因为我公司的定制产品较多,我们必须确保每个岗位都要落实这些定制要求,否则这些乱七八糟的问题不可能从根本上解决。"

最后,唐风说:"所有这些要求,我都将之列入《定制产品生产流程》中,组织生产部、质量部的相关人员会签。"

一周后,唐风与陈方圆一起,前往重庆向客户检讨本次质量事故,在会上,听完唐风对本次问题的分析报告后,客户的质量经理非常认可,还专门向唐风请教了过程管理的方法,并就纠正措施和预防措施的理解,与唐风进行了讨论。

从重庆回来后,为了确保这些改进措施能得到彻底的执行,唐风连续一周下生产线抽查,检查这些规范的执行情况。在发现问题时,唐风会当场找来艾定国,当着他的面对责任人员进行警告,并明确指出,后续发现类似问题将严肃处理。

一周后,唐风再次抽查时,发现《定制产品规格书》的执行得到了空前的提升,每个岗位的工作人员都会老老实实地按要求办事。

同时,唐风在后面的一个月中,还多次抽查定制项目的设计评审过程,检查产品部是否按照当时会议的要求,对设计部门输出的定制产品设计图纸进行了审核和确认。

从此以后，唐风再也没有听到《定制产品规格书》存在未得到严格执行的问题，也没有再听到定制产品客户投诉问题，以前一些经常发生的低级质量事故在客户端几乎绝迹了。陈方圆对唐风的工作很是认可。

在做完这几个过程管理的优化后，唐风还专门给供应链管理部以及质量部的主管和工程师讲了一节课，名字叫作"如何做过程管理"，他准备在公司中全面推行过程管理。

在培训会上，唐风说："前些天，因为前加工的事情我与研发部几乎吵了起来，原因大家可能都知道，就是我们以前的一些小批量PCBA单板，都是按研发部的要求，由我们车间自己手焊的，当然这样做的目的是节约成本，我们可以少给PCBA加工厂付额外的工程费。

"但是大家想过没有，这样做会带来什么风险？一块PCBA上有这么多贴片元件，手焊如何能保证质量？为什么我们的产品在市场上不良率高，与这个前加工方式有很大关系，因为这样做，我们根本就没有办法把前加工这个过程管理到位。"

说到这里，唐风对艾定国说："还有，通过前几次发错货的事故的处理，我有一个很深的体会，为什么我们会有一些低级的质量问题留到客户端？我认为，最根本的原因就是我们连一些基本的检查过程都没有做到位。"

本章点评：

■ 让人无法接受的低级质量事故为何会频繁发生？

一个业务过程为何会频繁漏出简单低级的作业不良？原因很简单，就是在过程中一些必要的检验环节缺失，或者是虽然设置了检验环节，但是没有做到位。

第23章
抓过程还是抓结果

■ 如何解决产品保质期内返修率高的问题？

"过程管理做不到位，我们永远都得不停地救火。"在陈方圆的办公室中，唐风说起自己的困扰。

"关于质量改进，我的思路就是根据平常品质部和各个业务部门反馈的问题，追溯到问题发生的源头，在源头将问题解决。

"要做到这一点，我们要对一些业务过程进行重新识别和归口管理，导致有人要因此增加工作量，结果遭到了他们的强烈抵制。

"比如，我发现 ECN（工程变更通知单）的执行是个大问题，因为其执行不到位，已造成生产线多次停线，如果不是检验员发现，很可能流到客户处，变成客诉。

"按我的理解，这个 ECN 的执行应该由物控工程师王大力来组织和跟进，因为所有的 ECN，必须经过物控签字才会发布，王大力是最了解物料情况的人。

"但是王大力坚决不干，他认为公司有很多人都可以做此事，比如质量部、工艺部等，为什么非得要他物控部来做？

"陈总，我感觉我们公司中缺乏主动承担责任的文化，我很困惑，总不能每次一有事我就找你吧。"

陈方圆说："干脆这样吧，我将你任命为供应链总监兼公司的质量总监,这样,平时这些你推动不了的人就成了你的下属,你安排工作就简单多了。"

自从与唐风一起处理完重庆客诉后,陈方圆对唐风的认可度直线上升,他非常支持唐风的工作。

见到陈方圆这样提议,唐风说:"那就请招一名质量经理过来,负责质量部日常工作的管理,我来兼任供应链总监,一年后我们再视具体情况进行调整吧。"

陈方圆说:"好的,我安排人事部组织招聘。"

一周后,一位叫范英杰的小伙子被唐风录用为质量部的主管,唐风录用他的原因是认为他的执行力不错,能有效执行自己的思路。

这天,唐风问范英杰:"范工,你从事质量管理也有六七年了,我想问问你,过程管理要如何开展?"

范英杰回答:"我认为过程管理就是按人、机、料、法、环五个方面来开展。"

唐风说:"10年前我也是你这种观点,但是现在我却不这样认为,原因很简单,这种人、机、料、法、环的思路,是站在自己的立场上来说的,而不是站在客户的立场上来分析问题。"

看到范英杰有点困惑,唐风接着说:"道理很简单,按照你这种思路做过程管理,是你自己按自己的主观想法对人、机、料、法、环进行管理,而不是按客户要求对你的人、机、料、法、环进行管理,这样做,要么是管理不到位,要么是投入的资源超过了必需的要求,造成了浪费。"

说完后,唐风在纸上画出过程模式作业表,给范英杰讲解,听完唐风的讲解后,范英杰豁然开朗:"原来过程管理要这样做!"

这天,陈方圆将唐风叫到办公室,对他说:"现在还有一个问题,你要想想办法了,这就是我们的产品市场返修率。"

第23章　抓过程还是抓结果

说到这里，陈方圆叹了口气，"据我们客服部统计，在2011年，我们的产品保修期以内的不良率是8.1%。

"有多家客户给我们发来质量警告，如果我们今年不能有效改善，它们就要减少甚至取消给我们的订单。

"对于此问题，我希望你拿出一个长期的解决办法来，毕竟，产品的质量好坏主要还是取决于客户在使用过程中的失效率。"

唐风回答说："好的，我来想办法。"

走出陈方圆的办公室，唐风给范英杰打电话："范工，你马上到我办公室来一下。"

唐风说："现在保质期内不良率这个问题要提到我们的议程上来了，要想解决这个问题，必须先得将问题弄清。所以，你去找客户服务部，将过去一年来我们公司各个产品线在市场上的失效现象和失效率做个统计。"

三天后，范英杰向唐风汇报："唐总，在过去一年中，市场上的批次性问题总共有四起：一起是物料批次性不良，另外有两起是研发设计问题，还有一起是客户安装使用不当。

"这四起问题都是半年以前发生的，考虑到产品从发货到安装使用会有一个时间差，所以我估计，最近发出去的产品有可能还未全部安装，因此问题也还未充分暴露。"

唐风说："那如何才能不断减少这些批次性不良和零星失效？我想听听你的看法。"

范英杰说："这个有点麻烦，我去调查过，除了批次性不良外，一般市场上的零星失效基本上是无法查清楚原因的，因为大部分的故障现象是板子上的IGBT器件炸毁，公司资源有限，研发部也没有精力去定位具体的原因。"

唐风说："如果找不到具体的原因，我们如何拿出具体的改善措施？

"以前在 EE 公司时，我记得，每一起炸机事故，不论发生在生产线上还是发生在客户应用端，公司研发部都会派人认真地分析原因，给出炸机的分析报告。

"原因一找到，问题的解决就容易了，我们质量部主要负责问题的纠正预防。"

范英杰说："但在我们公司，研发资源有限，除了批次性的失效外，一般的零星失效，研发部实在抽不出人员来分析原因，而且公司的仪器设备有限，也没有器件分析专家，大多数器件的失效模式根本无法自己分析，必须依赖外部资源，这就造成了时效性很差，要找到一个器件的失效原因需要很长的时间。"

唐风也有点困惑："既然现在原因都找不出来，我们还是想想别的办法吧，过两天我再找你讨论。"

这天中午，唐风在食堂遇到了公司研发部的总工夏水清，两人在一起吃饭，唐风说起了自己最近的困惑。

夏水清静静地听唐风说完，说道："我们的确很难控制结果，也没有资源对结果认真分析，但是请你看看我们维修报表上反馈的问题，什么电阻贴错、电容插反、虚焊短路等乱七八糟的现象都有，如果你能彻底解决这些问题，市场上那些炸机问题也许根本就不会发生。"

"还有，公司的防静电管理也做得很不到位，我们的许多装配员工在操作时经常不戴静电腕带作业，公司也没有像样的防静电管理系统。

"前些天，我参观了我一个朋友的静电控制实验室，他给我重现了静电敏感器件的损坏过程。

"一个 IC（集成电路），本来是好的，在功能板上测试，一切功能正常。他们请我摸一下 IC，我在不戴静电环、不穿静电鞋的情况下，用手摸了一下。再测试，结果发现 IC 已损坏。我觉得很惊讶,原来静电这么厉害。

"接着,他们重新换了一个同样的 IC,我们重复了一遍动作,用仪器把刚才产生静电放电的'电流'波形捕捉了出来,展示给我看,瞬间放电电流为 3.6 安,这让我大吃一惊。为什么会有这么大的电流呢?

"他们马上又换了一个仪器,测试了我手上的静电电压。结果发现,随便一动,手上的静电就可达几百上千伏。

"后来,他还给我介绍了他们开发的静电 IT 管理系统和静电测试管理仪,他说,'这是静电领域的 ERP 系统+自动化测试+在线监控'。我认为我们可以考虑引入,用来管理我们车间的静电,这样也许有助于我们减少这些乱七八糟的炸机问题。"

唐风说:"你讲得有理,提醒了我,真是谢谢了!"

下午,唐风从电脑中调出范英杰的报告,并找来研发测试直通率和生产过程直通率数据,仔细看了一遍,心中似乎已有主意。

三天后,唐风让范英杰来到自己的办公室,开始对他谈起自己的想法。

"我看了你的报告后发现,目前市场上所有的问题汇总起来,原因可以分为以下几大类:研发设计、供应商来料、生产及外协加工、工程安装和客户应用。这些原因又牵涉到客户需求调查、产品研发、供应商管理、生产装配和产品安装验收等整个产品实现过程的管理。

"根据我的经验,像我们赛德美这样的公司,它的过程质量管理水平可以通过几个关键过程的数据反映出来,这几个关键的数据就是:新产品研发测试一次直通率、量产产品生产测试直通率、工程安装验收一次通过率。

"我昨天找了研发测试部经理谢力,向他要了一份过去一年来研发项目的测试直通率报表,希望能从中找出答案。

"结果,看完研发新产品测试直通率报表后,我发现,公司每年的新项目数量超过80个,但是一次性测试通过的项目没有1个,测试直通率为0。

"按我的理解,研发的测试部类似于生产线上的测试员,如果一条生产线上的测试直通率为0,100%的产品都是通过返工返修出来的,那它流到市场上的产品返修率一定会很高,因为返工返修和测试不可能把不良品全部挑出来。

"还有,我通过这张报表还发现,在我进公司之前,居然还有许多产品根本未经过测试部的测试就直接转量产!

"原因很简单,当时测试部刚成立,资源不足,无法响应市场对新产品的要求,许多新产品都是由研发项目组自己测试把关的,直到几个月前,所有的新产品才基本上按研发测试部的流程进行了严格测试。

"另外,针对这个测试直通率报表,我问谢力,'在这张表中,我只看到测试不通过的不良现象,至于这些不良现象背后所产生的原因,你和研发项目组是否进行了分析和纠正?'

"谢力对我说,'我们公司的新项目太多,我的精力有限,实在分析不过来,所以除了一些平台性的大项目,我们会对测试部发现的问题进行认真分析外,其他大多数项目,基本上未分析过。'"

说到这里,唐风停了一下,继续发表自己的看法。

"为了弄清公司目前研发管理的规范性,我特地花了一个下午时间,重点调查近半年以来新转产的产品在测试环节发现的问题数,并对这些产品的研发过程进行了全方位的稽查。

"我发现,大多数的新产品没有立项记录,也没有开发过程中的评审记录。据谢力说,产品立项时,经常是魏总叫上几个人,在他的办公室中开个小会,大家脑袋一拍,一个新产品就上马了。

"我了解EE公司的新产品开发流程,在EE公司,所有的新产

第 23 章 抓过程还是抓结果

品开发都要经过概念、计划、开发、中试一系列的过程,才会转量产。

"每个过程都会输出相应的文档,由研发管理部组织专家进行评审,评审合格后才能进入下一过程,对于一些有技术难度的新产品,公司还要将其进行预研,先解决技术难题后才会正式立项开发。

"对于新产品在研发过程中出现的问题,EE 公司的研发管理部都会有专人跟进,要求出错的责任人及上级主管对问题认真分析,找出纠正措施和预防措施,确保已犯过的错误不重犯。

"对于一些比较有代表性的问题,研发管理部还会将之整理成典型案例,供研发部所有部门共享,以避免类似问题在研发部中重复出现。"

"有道理。"范英杰深表赞同。

唐风说:"也许这就是小公司和大公司的产品质量表现存在巨大差异的根本原因吧。大公司的产品研发周期长,各种需求考虑细致,所以在市场上表现出的就是产品失效率低,产品质量稳定。

"虽然我们没有办法像大公司那样,通过严格的流程来保证产品的研发质量,但是我们可以借鉴它们解决问题的思路。

"这个思路很简单,用一句话来说,就是结果不容易控制,但是我们可以抓住过程。

"你去统计过去一年来生产线上每月的测试直通率,以及每月批次性来料不良的次数和具体现象,尽快将数据发给我。"

"好的。"范英杰说。

一周以后,唐风仔细看了范英杰发过来的报表后,说:"我猜得没错。"

从报表中来看,公司模块类产品的测试直通率很低,有的月份在 97% 左右,有的月份在 92% 左右,一年平均下来不到 95%。

而批次性来料不良，主要体现在定制件类物料上，如钣金件、电缆、散热器铜排等结构件，而电子料，因为选用的供应商都是行业中的大厂商，所以很少有批次性不良。

看完这些数据，唐风说："我知道该怎么办了。"

他带上自己的笔记本电脑，立即走向陈方圆的办公室。

"陈总，您在上次会议上让我针对目前的市场返修率拿个长期方案出来，这段时间我一直在思考，现在有了一点思路，想和您交流一下。"唐风开门见山。

"好啊，有什么想法说来听听。"陈方圆很有兴趣。

"是这样的，我先说说我们过去一年来在市场上出现的批次性电性能不良。经过统计，我发现这一年来，我们的批次性问题总共有四起：一起是物料批次性不良，是板子上的DSP芯片出现批量失效，经查，这批芯片当时是从现货商那里采购来的现货，我们怀疑这可能是假货，另外有两起是研发设计问题，还有一起是客户使用不当。"唐风边打开电脑边说。

"另外，我们公司出货的电力电源和变频器等模块类产品，在保质期内的零星失效率达到了8.1%，在行业内的确是一个相对较高的故障率水平。"

"我看过一些市场返回产品的失效分析报告，其失效原因可以说是五花八门，有的是装配作业不良，有的是PCBA加工不良，有的是物料失效，有的是设计不良，有的是安装不当。当然，我们还有更多失效模块的失效原因没有分析，因为公司研发部的资源有限。"

"这的确给我出了一个难题，因为单单就某一个具体的市场失效现象而言，其产生的原因都不相同，所以我很难依此拿出有效的对策从系统上解决问题。"

"也就是说，我们不能把眼光只盯住结果，结果五花八门，太难以把握，我的意见是主抓过程，以对结果的分析来推动过程管理的改善。

"具体来说，从已知的原因来看，造成市场失效的原因主要存在于以下过程：研发设计、供应商来料、PCBA外协加工、生产制造、工程安装、客户需求确定。

"根据我的理解，有几个过程的输出指标可以集中反映出这些过程的管理水平，这几个指标是：新产品研发阶段的测试直通率、生产线上的批次性来料不良次数、生产线的测试直通率、工程安装验收一次通过率。这些都是一些过程指标，都是能分析能测量的指标。

"您知道吗？我们公司目前新产品研发阶段的测试直通率为0，生产线的模块测试直通率也只有95%，工程安装验收一次通过率目前还未统计，但是我感觉安装的问题挺多的。只要我们围绕这些过程指标进行详细分析，找出其产生的原因，进而优化我们相应的业务过程的管理，客户所期待的结果应该自然就能实现。

"比如，新产品研发阶段的测试直通率的高低可以反映出我们公司研发过程的管理水平，而生产线的模块测试直通率这个指标又可以直接反映出产品设计、器件选型、供应商管理、外协加工、生产装配等过程的质量控制能力，工程安装验收一次通过率可以反映出我们公司的售前和售后这两个过程管理的水平。

"如果真能把这些过程指标做到类似EE公司的水平，那我们的研发设计、供应商管理、PCBA外协加工、生产制造、工程安装、客户需求确定等过程的管理水平就上去了，那客户所关注的市场返修率我们也就能达到EE公司的水平！

"我的观点总结起来就是一句话：关注结果，管住过程。"

唐风一口气说了许多，把自己这些天想到的东西，一股脑地倒了出来，等待陈方圆的反馈。

"说得非常好，就按你说的方法办，降低产品保内返修率的工作是个长久大计，我也认为很难一时见到成效。毕竟，罗马城不是一天盖好的，但是只要我们的策略对路，我们一定能取得成功，我对你有信心，你放手去做吧，我支持你！"

说这话时，陈方圆的脸上充满了信心。

本章点评：

■ 如何解决产品保质期内返修率高的问题？

一家公司的产品在市场上保质期以内的返修率，直接影响到客户对该公司的质量评价，因此，保内返修率对于一家公司来说，是一个结果。

如何不断降低产品的返修率？这是许多企业都关注的问题，也是质量总监的主要职责。但是对于中小型企业来说，由于资源缺乏，有时很难对自己的产品在市场上的故障现象进行详细分析，或者即使分析了，得到的原因可能也是千奇百怪的。

因此，把眼光只盯紧结果，有时反而很难得到好的结果。如果能围绕一些过程质量指标来开展过程质量改进，将过程的管理做到位，结果也许自然就会好转。

第24章
厂房搬迁

■ 如何将一个服务过程管理到位？

"嘟嘟嘟",唐风的手机响了,是陈方圆打过来的,电话中陈方圆说:"再过三周就是'五一'了,我们在光明新区新租的厂房已装修好,具备了搬家的条件,我把我的搬迁计划跟你说一下。"

陈方圆继续说:"为了减少'五一'当天的搬迁工作量,公司决定,本次搬迁分为两批,研发、市场及行政等部门在'五一'节前一周开始搬迁,你的供应链和质量部在'五一'期间搬迁,这样也有利于你们快速恢复生产。"

第一批搬迁工作由公司行政部负责统筹,总共搬了两天。

这天下午,唐风的手机又响了,又是陈方圆的电话:"唐总,你赶紧另找一家搬家公司,这家不行。"

"怎么了？"唐风问。

陈方圆说:"我们这两天搬家过程中出现的问题太多了！我们第一辆搬运车在行驶途中就出了问题,为了避让前面一台突然窜出的小车,司机来了个急刹车,结果导致研发部的一箱东西掉在了地上,里面的物料大多被损坏。

"货物搬运到新厂房后,上楼时又出了问题,搬运过程中叉车将我们刚贴好的瓷砖压碎了好几块。

"在当天搬迁临近结束时,又有一辆叉车将过道上的一个机柜绊倒,险些砸到站在附近的人。这几次事故加起来,我们至少损失数万元。

"我让行政经理周白冰找这个搬家公司的老板赔偿损失,而他认为,搬迁过程中出点小问题在所难免,而且此次的问题也不仅仅是搬家公司的原因,我们公司也有责任,比如过道不畅通等,双方开始扯起皮来。

"所以这家搬家公司是无论如何都不能再用了!"说完,陈方圆就挂了电话。

因为距离工厂搬迁的时间只有一周了,唐风不敢怠慢,立即预约一家搬家公司的老板,第二天下午过来商谈。

"如何才能将这次搬迁做到完美无缺,避免重蹈覆辙?"唐风开始思考。

"既然克劳士比先生说:所有的工作都是一个过程,那么搬家这样一个服务性的工作也应该是一个过程。"

想到这里,唐风在纸上画出整个搬迁过程的流程图:发布搬迁计划——与搬家公司签订搬迁合同——到管理处开放行条——搬迁前分工及动员——物料打包——物料上车——运输——物料下车——物料拉到新厂指定区域——整理。

"我想,最关键的过程是从物料打包到物料拉到新厂指定区域这一系列环节。"唐风心里想。

"这个过程主要的输入和输出是什么?"唐风陷入了沉思。

"输入和输出物都是工厂内的所有待搬迁的物品,物品性质在搬迁前后没有发生变化,只不过存放的地点发生了变化,因此这个过程的输入物是老工厂内的所有待搬迁的物品,输出物是交到新工厂的所有物品。"唐风有点明白了。

"那么这个输出物的客户和相关方都有谁?他们对输出物和搬

第24章 厂房搬迁

迁过程有何要求？"唐风又开始思考。

"第一个相关方是陈方圆，陈方圆对输出物的要求当然是所有物品不得丢失和损坏。

"第二个相关方是所有参与搬迁的员工，他们的愿望当然是物品进入新厂房后，能放到指定的区域，避免二次搬运。

"第三个相关方是自己，自己的要求是必须在两天内搬运完毕，以便工厂能快速恢复生产。

"第四个相关方是艾定国，他之前已说过，要实现一周内恢复生产，所有的测试设备和老化设备必须在第一天优先搬迁。"

想通了这些，唐风找来艾定国商量，在听了唐风的想法后，艾定国说："分析得不错！我没意见。"

唐风说："通过对输出物和相关方的需求分析，可以明确我对本次搬迁过程的要求有三。

"第一，质量要求，我的要求是不损坏任何物品。

"第二，周期要求，我要求两天内搬迁必须完成。

"第三，成本，参考上次搬迁的价格，本次搬迁价格不能超过20000元。"

唐风继续说："我们再来看看本过程的输入，除了待搬迁的物品外，还有一个重要输入是工业园管理处开出的放行条，这需要我们事先估计货物的车次数。"

艾定国说："我觉得40车应该够了。"

唐风说："还是保守点，开50张吧。"

随后，两人又讨论如何实施这个搬迁。

唐风说："我以前在EE公司组织搬迁时有一份《搬迁打包作业规范》，我已核对了一遍，觉得可以适用本次搬迁，等一下发给所有参与搬迁的人员，让大家学习。

"搬迁的另一个重点就是对搬家公司的搬运工和司机的操作要

求,要体现在搬迁合同中。"

艾定国说:"我们搬家还需要叉车和卡板,这也要准备一下。"

他接着说:"关于叉车的数量,我统计了一下,总共需要14辆叉车就够了,老厂这边6辆,新厂那边8辆,而我们工厂只有5辆,因此搬家公司必须自备9辆叉车。

"另外,在搬家过程中卡板是必需的,工厂这边的卡板数量有限,搬家公司必须至少提供200个卡板。

"还有,我们老厂的发货平台周围空间有限,最多只能容纳总长度在14米以内的车辆,车身过长的车辆倒车会很困难,这点你也要和搬家公司提一提。"

与搬家公司的谈判很顺利,唐风提的要求很细,对搬家车辆要求、叉车数量、卡板尺寸及数量、搬家公司的司机和搬运工的作业要求、搬迁作业时间、搬迁过程中发生货物损坏时的处理方式等内容都做了详细的规定,与搬家公司在合同上明确了要求。

"五一"很快就到了,搬迁前一天晚上,唐风在工厂的会议室中,给所有参与打包和搬迁的人员讲解了《搬迁计划安排》和《搬迁须知》这两个文件,并现场给大家培训货物打包的规范。

这次的搬迁比上次搬迁要顺利得多,整个搬迁过程有条不紊,所有人员各司其职,总共用了两天时间,搬迁就顺利完成。

不过,在搬迁过程中也出了两个小问题:

第一个问题是放行条数量不足,因为艾定国之前的估计严重偏少,实际装车批次达到56车,到最后,放行条不够了,没有办法,唐风只得找管理处主任,让他给工业园保安打电话放行。

第二个问题是有一箱货物打包时拉丝膜未拉紧,在搬上新厂的仓库时搬运工不小心碰了一下,摔坏了一块PCBA,按照合同要求,唐风扣了搬家公司1000元钱作为这块PCBA的成本赔偿。

历时两天的搬迁完成了,唐风坐在自己的新办公室中,仔细思

第 24 章　厂 房 搬 迁

索这次搬迁的前后过程，感觉自己对过程管理的理解似乎又提升了一层。

本章点评：

■ 如何将一个服务过程管理到位？

服务也是一个工作过程，也存在输入输出工作程序等 6 个管理要素，只要按过程管理的方法，将各个要素的要求明确识别并严格执行，一个服务过程就很容易管理到位。

第25章
顶天立地,左右逢源

■ 一个空降的质量总监,如何快速解决棘手的问题?

搬迁到新厂后,唐风组织下属所有人员,投入到紧张的设备安装和现场整理工作中去。仓库和生产线是两个工作量最大的区域,足足一周后,车间才开始恢复生产。

随后,仓库管理的全面改进被唐风提上了议程!

"我们公司今年的销售业绩很好,预计全年业绩相对于去年来说可增长40%以上。公司决定,由财务部牵头,开始启动上市前筹备的工作。"在公司的管理会议上,陈方圆对大家说。

"但是仓库是我们的一大软肋,搬迁后因为要急着恢复生产,没有进行细盘,但就是通过这次粗略盘点,也发现了一大堆的问题,账物不符,这可是影响上市的一大不利因素。"公司财务总监王志军说。

"下面我来讲一讲,本次盘点过程中发现的问题。"王志军开始陈述。

"第一个问题,是生产仓和生产辅料仓的账与物基本上是不一致的。据我所知,这两个仓是生产部负责管理的,当时设置这两个仓的初衷是将生产线上经常用到的一些辅料和工具类物品放入这两个仓中,由生产线自行管理,减少仓库发料的工作量,但是现在来看，显然有问题。

"第二个问题是因为仓库面积不够，许多物料实物分散在供应商处，账却挂在仓库上，结果由于仓库长期未到供应商处盘点，有些料已调回公司用掉了，但是账还没有及时处理，表现出来的结果就是大量的账实不符问题。

"第三个问题，就是许多由供应商直接发货到客户的工程现场的物料只有入库账，没有出库账，造成仓库的账实不符，加上仓库基本上未严格建立物料卡片，所以无法查清是什么原因造成了账实不符。再加上仓库在来料入库过程中管理不善，许多送来的原材料中存在一些少送物料的情况，造成仓库账与实物不一致。

"第四个问题是包材从来没有按工单发料，都是生产线的包装工在使用时直接到仓库去拿，所以包材的账与物基本上是不准确的，资金差异达数十万元，这可不是一笔小数目。

"第五个问题是市场上返回的不良机，有的入了库，有的没有入库，都堆积在不良品库中，弄得整个不良品库成了一锅粥。

"第六个问题是成品库中账实不符现象严重，由于工单上出现挪料现象，许多成品实物在入库时，在ERP系统中该工单还未齐套物料，所以无法打印成品入库单，而发货又紧急，所以这些成品在被发走时还未办理入库，当然也无法办理出库。

"第七个问题是发给外协厂加工的物料单据找不到了，外协厂反馈没有发料，仓库认为物料早已发出，导致开给外协厂的许多工单无法正常关闭。

"第八个问题是低值易耗品没有设置安全库存，经常因此而导致生产线断线。

"第九个问题是生产线退回仓库的不良品没有及时转入不良品库，导致发料时才发现这些账上的物料不能使用。

"第十个问题是各种状态的PCBA全部在一个库中，存在未检验入库、入库后未测试、已测试未烧目标软件、已烧目标软件等各种状态，存在用错的风险。

"还有很多问题，我就不一一列举了，总的来说，主要问题可以归结为两个，一个是账面盘亏金额近 40 万元，另一个是账物一致的物料在所有物料中所占的比例只有 65% 左右。"

听到这些，唐风头大了。

唐风叹了一口气，对大家说："我有一个体会，在一家制造业企业中，有两个地方最能体现出这家公司的管理水平，一个是仓库，一个是生产线。

"仓库是实物流和信息流的交汇点，仓库的管理水平可以集中反映公司的流程管理水平。

"而生产线，就更不用说了，所有公司管理的薄弱点，不管是市场营销、产品研发、供应链管理，还是人力资源管理等，每一个环节的管理存在的问题，最终都会通过生产线反映出来。

"当然，有时表现为产品不良率高，有时表现为缺料断线，有时表现为作业效率低，有时表现为生产周期长、在制品多。

"所以，我决定以仓库和生产线这两个环节作为出发点，推动公司业务流程的改善，这也是我作为质量总监的主要职责。"

会后，唐风打电话给艾定国和仓库主管刘宏达："你俩到我办公室来一趟。"

两人来到唐风的办公室后，唐风说："因为仓库和车间都要大力整顿，考虑到艾工的精力有限，我决定将仓库临时划出生产部，由我来亲自管理。"

"行。"两人都没意见。

唐风说："刘宏达，你将这次盘点过程中反映出的问题点，做个简单的原因分析，明天下午三点来我这里讨论，今天我和艾工先讨论一下生产仓和生产辅料仓的问题。"

第 25 章 顶天立地，左右逢源

等刘宏达出去后，唐风对艾定国说："我看了这次的盘点报表，发现有两个仓的账物一致率最低，不到10%，这两个仓就是生产仓和生产辅料仓。"

说到这里，唐风问："我在 EE 公司任 UPS 厂长时，从来没有听说在车间内还要设置仓库，为何我们公司要设置一个生产仓和一个生产辅料仓呢？"

艾定国说："我也不太清楚。"

唐风说："那我们去生产线问一下吧。"

两人走到生产线上，找来拉长席长弓询问。

席长弓说："前年，公司在上 ERP 系统时，我们当时的生产经理华山希望把所有的物料都管理到位，但是像螺钉、标签、扎带等低值易耗类物料，仓库又不愿意按工单一个个地点数后再发给生产线，因为这样做太浪费时间。

"于是华经理要求 IT 部在 ERP 的 BOM（物料清单）中将此类物料设置为自动扣账，实物全部从装配仓中调拨到生产仓，根据工单由 ERP 系统自动扣账。但是由于这类物料在实际使用过程中存在一定数量的损耗，所以日积月累，造成实物与账的差异很大。"

"当然，还有一个原因是，"席长弓补充说，"有些产品的 BOM 中本身就没有这些物料，所以工单上是不会存在这些物料的，但是实际上这些料要用到产品中，这也会造成账实不一致。

"比如，像三防漆、硅脂、洗板水、酒精、白胶等物料，在研发部出的 BOM 上，就没有这些辅料。

"另外，丝印网板、电批、扳手、螺钉批、刮刀等各种工具，因为属于易耗性物品，不知道什么时候就会因为损坏而扔掉，所以它们肯定是账物不一致的。"

两天后，唐风拿出了一个针对生产仓和生产辅料仓的管理优化方案，与刘宏达和艾定国讨论后，在公司管理会议上提交大家讨论。

唐风报告的第一页是一个问题："仓库管理的目标是什么？是把所有的物料库存信息都100%搞准确吗？"

看到大家有些愕然，唐风解释道："我认为，仓库管理的主要目标是，用适当的成本来实现对指定物料的库存量的及时掌握，确保及时供给。

"所以，我们并不需要对每一种物料进行精确管理，只要把大家希望精确管理的物料管理到位即可。

"我们要做一件事情，必须先把这件事的要求搞清楚，否则会事倍功半。

"下面大家来看看我们生产库和生产辅料库中有哪些东西，我提取了这两个库里物品的清单，发现库中主要有以下三类物品。

"第一类是低值易耗品，如螺钉、三防漆、打包带、泡棉、珍珠棉、扎带、印油、洗板水、开油水、无尘布、拉伸膜等。

"第二类是工装夹具类物料如刮刀、丝印网板、测试治具、SMT钢网、电批、螺丝刀、扳手、梯子、胶箱。

"第三类是一些高价值的物料如铜柱等少数几种物料。

"在这次搬迁后的首次盘点过程中，我们发现这两个库里的东西，基本上是账物不一致的。我认为，这些东西我们管不好，也不需要精确管理。"

停了一下，唐风继续说："因此，我的建议是，将这两个仓取消，将其中的物料按以下方式处理。低值易耗品，如常用的十几种螺钉、三防漆、打包带、泡棉、珍珠棉、扎带等，我们可以在ERP中定义为大批量领料，不需通过工单来发料，生产部通过费用领料的方式将其一批批领出，然后由车间物料员通过建立台账的方式管理。为了避免这些物料欠缺造成生产停线，我们可以将它们在ERP系统中设置安全库存，当库存低于安全库存数时，由物控部安排采购。

"为此,我们可以给生产部预算一笔这种辅料的费用,只要每个月领用辅料的总费用不超出这个数目,我们可以不做特别关注,如果超出了这个数目,我们才会进行检讨。

"对于第二类工装夹具类物料,如刮刀、丝印网板、测试治具、SMT 钢网、电批、螺丝刀、扳手等,我们可以通过一次性出库的方式处理,当然,也要建立台账,从而避免这些东西被浪费。

"第三类高价值的物料如铜柱等,必须调拨回装配仓,实现按工单发料,不允许多发。通过这种方式,我们把生产仓和生产辅料仓取消,这样的话,我们就不会再为它们库存不准确而伤脑筋了。"

唐风的建议赢得了财务部、IT 部等部门的支持,陈方圆当场拍板:"就按此意见办。"

开完会后,唐风组织艾定国、刘宏达、王大力等人制定了一个《低值易耗品管理办法》,由唐风签发执行。

做完这件事后,唐风寻思着如何全面整顿仓库的办法,他先组织生产、计划、采购、物控、质量等部门,对仓库目前存在的问题进行头脑风暴。

经过大家近半小时的讨论,唐风将问题点进行汇总,得到了仓库目前存在的问题清单,内容如下:

- ➤ 物料盘亏金额大。
- ➤ 账卡物一致率低,经常因此造成生产线停线。
- ➤ 物料先进先出未有效执行。
- ➤ 各种工艺规范(ESD、湿度敏感器件)的执行不到位。
- ➤ 物料入库周期长。
- ➤ 财务部在不停产状态下不方便查账(因为账与物始终在流动之中)。

> 物料状态未按要求标识。
> 工程变更后旧版本物料未有效标识。
> 不良品未有效标识和隔离。
> 机箱机柜等组合型物料经常出现缺损的情况。
> 发到生产线上的物料经常不能使用。
> 部分物料无卡片。
> 发料单未经权签人审批便已发料。

"如何快速解决这些错综复杂的问题？"唐风面对这个仓库问题清单，陷入了沉思，整整一个下午，唐风都待在办公室中想办法。

"还是基于过程管理的思想来解决吧。"突然，唐风似乎找到了突破口。

这个晚上，唐风特地加了个班，到仓库里面找物料员一个个地了解他们日常的工作内容。

两天后，唐风打电话给刘宏达：" 刘宏达，你到我办公室来一下，我们一起讨论仓库改善方案。"

在唐风的办公室，他对刘宏达说：" 我认为，仓库的业务其实是公司其他业务过程的一部分，我们应该基于过程管理的思路，优化我们的仓库管理。还记得前些天我给大家培训过的过程管理吗？现在要进入实战了。

"具体来说，我分析了目前仓库的业务，发现它们主要涉及14个业务过程。要将仓库的管理水平提上去，我们必须将这14个业务过程从整体管理的层面进行优化，而不是只盯着仓库这一个孤立的点。

"当然，仓库是管物料的，对于一些特殊物料，我们还要制定对应的管理办法，比如，对于贵重物料，我们的管理方法肯定有一点不同。对于湿度敏感器件，也必须要有相对应的管理要求，否

第 25 章 顶天立地，左右逢源

则，我们仓库会制造出一堆所谓的'质量问题'。

"还有，仓库的温湿度、存放环境是涉及每个仓库的业务过程的，我们也要进行规范化管理。"

说完，唐风打开自己的笔记本电脑，调出一个 PPT 文件，开始给刘宏达讲解。

"我们先来讨论仓库涉及的 14 个业务过程。

"我的第一页内容是原材料采购入库过程，这个过程的输出是什么？"唐风问道。

"输出当然是账、卡、物了。"刘宏达很快地回答。

"很好！"唐风一敲键盘，电脑上显示出以下内容。

■ 原材料采购及入库

采购员下单——供应商签收订单——供应商送货——收货员收货——IQC 检验——物料员入库记卡——物料员/仓库主管审单

过程输出物的客户及它们对过程和输出物的要求如下：

过程输出物	客户及相关方	客户及相关方对输出物的要求	客户及相关方对过程的要求
ERP 数据（账）	采购、计划、财务、物控	账、卡、物一致	入库周期不超过 2 天，急料不超过 4 小时入库
已入库的货物（物）	公司管理者	1. 有检验标识，且其与检验结论一致 2. 货物上标识入库时间或原包装时间，方便实现先进先出 3. 物料分区放置，不混放，能快速找到 4. 遵守 ESD、湿度敏感器件的管理要求	
卡片（卡）	公司管理者	如实记录当天入库数量、供应商的生产批次号	

等到刘宏达看完表中内容后，唐风又开始发问了："目前我们这个过程存在哪些问题？"

看刘宏达有点迷惑，唐风说："我大致列了几点，你回去后组织所有物料员补充吧。"

说完后，唐风点击键盘，下一页PPT的内容如下：

- 原材料采购及入库过程待改善点
  - 急料跟进力度不足，急料信息传达不到位。
  - 物料入库周期过长。
  - 同一料号下的配套物料存在附件短缺现象。
  - 来料标识不清楚导致后续的先进先出未能有效控制。
  - 账、卡、物不一致。
  - 审单时因敲错数字导致账、卡、物不一致。
  - 本过程中所有要素的要求都不够明确，尤其是无作业指导文件导致作业不良频繁发生。

"你要做的，一是组织下属人员补充挖掘目前此过程存在的问题，二是组织大家讨论针对本过程的改善计划。"

按照这种模式，唐风与刘宏达又讨论了原材料出库、成品入库、成品理货及出库、PCBA外发加工、PCBA入库、车间及外协合格物料退料、车间及外协不良物料退库、供应商来料不合格品处理、ECN物料处理、仓库循环盘点、超期物料处理、供应商物料直发给客户等一系列与仓库有关的业务过程的管理优化方案。

最后，唐风说："除了这些业务过程需要优化外，我们仓库是管物料的，对于特殊的物料要有不同的管理方式，因此我们要对湿度敏感器件、ESD器件、贵重物料、低值易耗品、外协共管物料、替代及限制使用物料、研发物料等进行规范化管理。

"我所说的是一个系统的仓库管理提升方案，我要求你每周组织一次仓库过程优化例会，仓库全体物料员和相关部门的主管都要参加，我们集中精力讨论本过程存在的问题，提出过程优化计划。"

这项工作足足持续了近三个月，唐风把自己变成了一个仓库主

第25章 顶天立地，左右逢源

管，每天一有空，就去仓库检查各项工作的推进情况。

期间，唐风还要求财务总监王志军派出财务人员，每个月与仓库物料员一起，对账物一致率进行联合抽查。

这天，在优化客户试用品处理流程时，有几个部门不太配合，唐风协调不动，无奈之下，唐风只得给王志军打电话："现在这个客户试用流程理不顺，造成客户的成品账实不符，而且这些部门还互相扯皮，所以我希望你们帮忙推动一下。"

"行。"王志军说。

因为涉及财务数据的改善，王志军出面后，问题很快解决。

仓库账物一致率在飞速提升中，项目进行了三个月后，王志军给唐风发来了盘点结果：

"本月，我们财务抽查了350项，没有发现账实不符的问题。同时，所有需要建卡的物料，物料卡片都已建好。"

"这三个月的精力总算没有白费！"唐风长长地吁了一口气。

在仓库过程管理改进的同时，生产车间的改进工作也在并行开展。

供应链每天的生产和发货协调会成了各部门的争吵会，缺料永远是争吵的主题，大家都在互相指责。

"我们必须立即改变我们的工作氛围！"在这天的早会上，唐风发火了。

唐风接着说："今天晚上计划、采购、生产、品质、工艺各部门的主管及工程师全部在五楼会议室开会，会议主题只有一个：生产过程改善！"

晚上，与会人员到齐后，唐风开始说出自己的想法。

"今天我们为什么要开这个会，原因很简单。作为供应链来说，我们的主要目标是快速响应市场，满足客户的发货需求。计划部是与市场接口的部门，代表客户，所以说计划是供应链的龙头，我们其他部门都得围绕计划部转。

"但是，具体落实和执行计划的又是生产部，公司所有管理上的缺失，都会在生产线上表现出来。

"因此，我们供应链有两个核心，一是计划，二是生产，我希望通过今天这个会议，把计划和生产的痛苦搞明白。下面请艾工先吐一吐槽，把目前生产线的痛苦给大家说说。"

艾定国开始发言了："目前生产线的问题，我总结了一下，主要有以下几点。

"第一就是欠料严重，待上线的物料不齐套，供应商承诺要到的物料经常放鸽子，搞得生产线上的物料经常挪来挪去，员工意见很大，最后甚至还会发现有些物料不见了，工单无法关闭。

"第二是来料质量问题多，尤其是机箱机柜等钣金件物料，经常是一台机器快装配完了，最后时刻才发现有一个铆柱掉了，整台机都得重装。

"第三，是作业指导书永远都无法做到与实际作业一致，我们标准化作业程度很低，只能依赖员工的熟练程度来保证质量。

"第四，换线太多，生产效率很低。

"第五，急单太多，市场部、客服部经常插单。

"第六，研发临时变更多，尤其是新产品，往往还未下线，ECN 就来了。

"第七，退料效率低，产线退个料要找一大堆人员签字。"

艾定国一口气说了七点，待艾定国说完，唐风补充说："我还有几点要补充一下，第八点是作业质量问题多，目前装配 100 台机器，至少有 6~7 个作业不良。第九点是装配周期很长，经常导致工单无法及时关闭，在 3 天内关闭的工单占总数的比例不到 50%。第十点是车间工作气氛很差，员工根本不认可公司。"

"如何解决这一大堆的问题？"唐风给与会所有人员提问了。

第 25 章　顶天立地，左右逢源

这是个让人头痛的问题！

每天因为发货的问题，统筹指责生产部，生产指责计划部和质量部，计划指责采购部，采购部指责物控部，物控部指责市场部，市场部又转过头来指责统筹部，简直一个彻底的死循环！

唐风看大家默不作声，就走到白板前，拿起白板笔，在白板上画出生产装配过程图：

计划排产并开出工单—仓库发料—生产线装配—IPQC 检验—半成品下线

"我们这个过程的输出物是什么？输出物的客户是谁？"唐风问。

见无人回答，唐风说："第一个输出物当然是装配好待测试的半成品模块，谁是它的客户呢？首先肯定是下一道环节：测试。钱干，你说一说，你们测试人员对这个输出物有什么要求？"

听到唐风这样说，测试组长钱干站起来回答："我们的要求是模块外观合格、符合产品装配工艺、产品状态标识明确、软件烧录正确，当然还有一点，就是这个产品是经过 IPQC 检验合格的，否则我们不会接收。"

"还有谁是这个半成品模块的客户？"唐风问。

"我认为我们质量部的 IPQC 也是它的客户之一。"范英杰说道。"我们对它的要求是装配工艺符合要求、100%经过 IPQC 检验合格、每个装配站自检合格并在流程卡上签名确认。"

"很好！不过别忘了我们公司的最终客户，他们的要求应该是产品电性能和外观、装配工艺均符合我公司宣称的企业标准。"唐风给范英杰进行了补充。

"除了半成品模块外，我们这个过程还有什么输出物？"唐风继续问。

"流程卡！我认为另一个输出物是流程卡。"范英杰肯定地说。

"对！我们每台机上都有一张流程卡，这也是输出物之一，这个流程卡有两个作用，一是作为产品的状态标识，二是用于质量追溯，之前在客诉时已多次出现无法找到流程卡的情况，导致无法进行责任追溯。"唐风说。

"范工，你能否说说你对流程卡的要求？"唐风问。

"我对它的要求就是流程卡上的订单号、软件版本号必须与出货通知单相符。"范英杰答道。

"还有别的输出物吗？"唐风问大家。

"好像没有了。"合同统筹工程师柯小欣说。

"真没有了？别忘记你们经常抱怨，车间的生产日报表经常不按时发出。"唐风笑着说。

"是呵，这个过程还输出了一样东西，就是车间装配日报表，我对它的要求是每天上午9点前发出，要将前一天的装配情况如实反映出来，这样我才能给市场承诺具体的交期。"柯小欣恍然大悟。

"说完了输出，下面我们来说说我们对于模块装配这个过程的工作标准。第一个标准是作业质量，今年我的标准是装配不良率不能超过0.5%，艾工，你说合理吗？"

"合理！但是现在还差得远。"艾定国回答。

"第二个标准是作业效率，目前我们还未正式地统计这个指标，我希望艾工能尽快拿出我们的工时管理办法来，到时就可以统计这个作业效率了。"唐风继续说工作标准的事。

"第三个标准是上线三天以后的关单率，目前三天以内的关单及时率太低。

"刚才我们讨论了输出和过程的工作标准，现在大家一起来检讨一下为什么会有这么多的问题，以及后续优先要改善的项目。"

唐风说完，再次走到白板前，画了一个过程模式作业表，他指

第25章 顶天立地，左右逢源

着输入这个要素问道："在我们这个过程中，有哪些输入要素？"

"我认为，输入要素有这么几项：原材料和 PCBA、软件、定制规格书和出货通知单、工单。"艾定国显得胸有成竹。

"非常好！艾工最近对过程管理的理解进步很大，不过我要补充一点，还有一条是日排产计划，也是我们的输入物之一。下面我们一条条地讨论对这些输入物的要求。

"我们先看实物，这里的实物主要包括原材料和 PCBA 等半成品，它的提供者是我们的供应商，我们对它的要求当然是符合承认书要求、符合加工工艺要求并且及时齐套，是吗？"唐风说完，用目光扫了一下全场，征求大家的意见。

"对。"几乎所有人都同意唐风的意见。

"谁对我们上线物料的及时齐套性负责？"唐风终于等到了这一时刻，把这个问题放到台面上讨论。

会议室中立即静了下来，大家都不作声。

看到这样，唐风开口说："我认为我们的加工计划员应对此负责。"

"缺料关我什么事？物料是采购买回来的。"加工计划员王婷婷开始在下面发牢骚。

"呼"地一声，唐风把手机狠狠地拍在桌上的笔记本上，指着王婷婷说："你如果是这种态度，我希望你马上辞职！"

大家没料到唐风会发这么大的火，惊呆了，会议室中的空气似乎凝固了，王婷婷的脸一下子红了起来。

唐风接着说："作为一个加工计划员，我认为，你有三项基本职责。第一是安排，第二是跟进，第三是协调。如果你只做了第一项，你就是一个文员，我没有理由用一个工程师的工资请来一个文员。

"王婷婷，你是负责排产和追料的，你现在告诉我，产线缺料与你无关，你是不是只做了一个文员的工作？"

说到这里，唐风指着计划部经理郑如凤说："你做了这么多年的计划，你来说说看，我的要求是不是过分？"

"我认可唐总的说法，对于一个加工计划员来说，如果只安排生产而不跟进协调，的确就是一个文员，我们加工计划员的核心工作之一就是协调。"虽然郑如凤对于唐风就任供应链总监一事，心里有点不服气，但是在这种场合，她也只能是有理说理。

看到郑如凤如此表态，唐风的语气也开始变得温和。

他说："所以，今天的第一个决议，就是加工计划员要对车间的缺料负责。王婷婷，我对你的要求是，你要积极主动地协调物控、采购、仓库、产线物料员，目标只有一个，就是物料及时齐套上线。

"如果某个采购员承诺的物料老是放鸽子，你要直接把他拉到我的办公室，我来修理他，你能做到吗？"

看到王婷婷点了点头，唐风接着又指着车间物料员刘亮说："我的第二个要求是：第二天要上线的物料，必须头一天下班前全部发到车间，你的职责是每天下午下班前，将第二天排产上线的产品欠料情况告诉加工计划员，如果加工计划员未及时处理，哪怕是半夜十二点，你也要直接打电话给我，好吗？"

看见刘亮在点头，唐风继续说："我今天下午在车间内转了一圈，发现产线上有一大堆工单都不齐套，我问刘亮，他说这是计划员明知不齐套的情况下，安排仓库先将一些紧急的工单发到产线的，结果供应商承诺要送来的物料迟迟没有送到，最终的结果就是生产线上的待上线物料一片混乱。"

"王婷婷，你说，是这样的吗？"唐风问道。

"唐总，是的，采购员给我承诺的物料老是放鸽子，我也没有办法。"王婷婷有点委屈。

第25章 顶天立地，左右逢源

唐风说："我现在给你们下指令，以后不齐套的物料仓库可以事先备料，但是在齐套前不可以发给产线，大家想一想，不齐套的物料发给产线有什么用？"

"刘宏达，你以后必须严格执行。"唐风指着刘宏达，认真地说。

看着刘宏达在点头，唐风接着说："可能大家都知道，物料不能及时齐套是我们模块装配过程中最大的问题，这个问题单靠王婷婷一个加工计划员肯定不可能解决，我们后续要对市场预测、供应商货期管理、物料可采购性管理等业务过程进行管理优化，才能从根本上解决这个问题。

"但是，计划部必须将问题及时暴露出来，并牵头解决物料齐套性的问题。如果借口物料是采购买回来的，与己无关，那就是对自己的工作输出不负责，公司又如何能快速响应客户的要求呢？"

唐风说完后，继续问："除了物料及时齐套外，来料质量也是一个大问题吧，尤其是钣金件和PCBA的问题太多了。范工，我希望你能拿出一个方案来解决问题。"

"行，我想想办法吧。"范英杰的回答很干脆。

"我们刚才说了这么多，只讨论了物料的问题，在输入这个要素中，大家认为最需要改善的是什么？"唐风继续问。

"我认为是日排产计划，我们现在的排产极不稳定，现在产线上的工人之间经常开玩笑，说我们的计划部不该叫计划部，应该叫变化部。郑工，你有听说过吗？"艾定国对着郑如凤说。

听到这话，生产线拉长席长弓立即答道："的确是这样，现在我们产线每天的排产变化太快了，一会儿一个急单插进来，弄得大家手忙脚乱的，一天换线七八次，员工意见很大。

"关于排产，我的要求是至少保持三天的稳定性，也就是说，今天、明天、后天这三天的生产计划一定要相对稳定。市场部要插急单进来的话，必须经过我批准才行，能做到吗？"唐风看着王婷婷说。

"行。"王婷婷低声回答。

唐风说："那好，艾工，我希望由你牵头，制订一个《排产作业规范》，将今天讨论得出的几点要求写进去，让计划、采购、生产、仓库、质量等相关部门的主管全部签字，以后必须按今晚讨论的要求来做，谁没有做到，我就处罚谁。"

"唐总，关于装配过程的输入，我也有一个问题要反馈。"刘宏达这时候发言了。

"我们现在变频器的产品，每天的工单有五六个，很多工单的物料95%都是一样的，有差异的地方只是机箱等少数几种物料而已。现在产线要求不同的工单物料必须全部分开配送，弄得我们效率很低，我们能不能把这些工单合并在一起发料，而将有区别的物料单独标出来，这样可行吗？"

"不行，这样发料的话，生产线会产生混乱的，我还是要求仓库按单发料。"艾定国的态度很坚决。

对于变频器模块，不同的客户要求用不同的面板和软件，而其他的物料全部都是一样的。目前这种按工单发料的方式，对仓库来说，的确工作量很大，而且生产也要频繁地换线，弄得大家的效率都很低。

"为了减少产线的换线工作量和仓库配送物料的工作量，我有一个针对工单的提议，不知是否可行？"唐风对这个问题已经考虑好久了。

唐风说："我的提议是，将变频器的机箱从一个编码拆分为箱体和面板两个编码，这样，除了面板和软件外，其他所有的东西都是一模一样的。

"我们把这些一模一样的一堆物料，申请一个半成品的料号，

第25章 顶天立地，左右逢源

我们加工计划员开工单，可以先加工一批半成品出来，然后根据客户的订单，将软件烧录进去，再装上面板，就可以进行老化测试了。

"如果能实现我的这种想法，我们产线每天换线的工作量会大幅下降，仓库的备料工作量也会大大降低，只不过这样做的前提是软件可以直接在半成品上面烧录。"

说到这里，唐风问测试组长钱干："钱干，我们变频器的所有产品能不能直接在半成品上烧录软件？"

"可以这样做。"钱干答道。

唐风说："那好，我们就这样干，我去找IT部和研发部，让他们直接修改BOM结构，这件事情由我来推动吧。

"好，关于输入要素的优化，我们已讨论了三个要素：物料、日排产计划、工单，还有哪些要素需要改善？"

这时，范英杰也开始发表意见："定制规格书和出货通知单，这两个东西是由研发部定制项目组出的，我认为这也是要重点改善的对象。

"上周就有两起定制规格书内容错误的事情发生，弄得我们产线要返工，还有一起是出货通知单录错，弄得我们差点发错了货，还好我们的OQC在最后时刻发现了这个问题，才避免出现一次大的客户投诉。"

"行，此问题就由工艺部负责推动定制项目组改进，王工，你来推动吧。"唐风指着工艺部经理王秋水说。

唐风说："大家刚才讨论了输入这个要素，下面我们来说说工作程序这个要素存在的问题吧。"

唐风看着艾定国和王秋水问："我们需要什么样的工作程序？我们的工作程序需要做到什么程度才能满足我们输出的要求？"

"我们每个产品都有作业指导书，这不就行了吗？难道还要有别的什么作业程序?"王秋水有点疑惑。

"一份产品工艺作业指导书就能让我们的员工做出满足要求的产品来吗?"唐风立即反问王秋水。

唐风接着说:"比如说,我们一块板子上要锁十几颗螺钉,要怎么锁才行?我们装配过程中要接许多电缆,如何接电缆才不会接错?这些都是要有作业指导书的。

"还有,我们的员工在装配 IGBT 器件时,要如何装配才能不产生老化过温的问题,才能保证产品的可靠性?这些都需要有作业指导书。

"另外,我们一些大批量生产的产品,有很多装配不良都是反复发生的问题,这些都必须在作业指导书上注明,才能保证员工不犯错。"

唐风一口气打了许多比方。

"那好,我下去和艾工仔细讨论一下,看看产线需要有哪些作业指导书,以及这些作业指导书要写到什么程度,才能满足我们输出的要求。"王秋水看了艾定国一眼,立即同意了唐风的要求。

唐风说:"刚才我们讨论了过程管理的三大要素——输出、输入和工作程序,还有三大要素——工作态度、工作技能和设备设施,我想接下来与艾工单独抽时间讨论,这里面还涉及人力资源部的配合,今晚就不讨论了。请大家根据已达成的决议,赶紧组织执行,我会不定时地检查。"

第二天一早,唐风就去找 IT 部和研发部,要求修改产品的 BOM 结构,增加一个半成品料号,此举得到了两个部门的支持。

一周后,王婷婷开始按半成品的模式作业,她根据各种产品的出货量,用一个工单一次性地生产出够两周使用的半成品,生产线的换线次数因此而大幅减少,仓库的发料效率也大大提升。

另外,唐风连续几天抽时间检查仓库对物料不齐套不上线的执

第25章 顶天立地，左右逢源

行情况，以及每天晚上下班前车间物料员对缺料情况的通报，发现问题立即指出并严厉警告，很快生产线上混乱的情况得到了扭转。

解决了排产上线的困扰之后，供应链每天早会上的气氛开始有所改善，唐风感觉到略微轻松了些。

这天下午，他把艾定国叫到自己的办公室，讨论关于生产线的其他问题。

"经过这两周对排产和上料过程的管理优化后，这一段时间我们生产线顺利多了，今天找你来，是想讨论装配过程的另外三个要素——工作态度、工作技能和设备设施，你认为目前主要存在什么问题？"唐风问艾定国。

"问题很多，我先说说员工的工作态度吧，我认为这是我们生产线目前存在的主要问题。"艾定国有点忧心忡忡。

"具体有哪些问题呢？"唐风问道。

艾定国说："第一是品质意识，现在生产线上的员工，大都是1990年左右出生的人，与70后、80后的员工比起来，品质意识差远了，作业不良率很高，而且出了错你还不能处罚，甚至不能批评，一批评他就会给你摆挑子、辞职走人，我真是烦透了。

"第二是效率意识，前些日子，我尝试在生产线上推行工时定额管理制度，结果好几名员工以辞职相威胁，弄得我只能草草收场。"

听了艾定国的话，唐风没有立即发表意见，而是问艾定国："你认为我们如何来解决员工的工作态度的问题？"

"我认为应该由公司的人力资源部帮我们想办法解决。"艾定国回答。

"那你认为人力资源部要如何来解决这个问题？"唐风继续穷追不舍。

艾定国陷入了沉思，唐风知道他可能一时想不出来对策，就开始进行开导。

"艾工，上次会议我们已讨论了，车间装配过程有三大工作标准，一是作业合格率，二是生产效率，三是及时关单率，你还记得吗？

"我们先说作业合格率，我的要求是一次做对，也就是100%合格。

"如何保证我们的员工能以一次做对的态度面对他们自己的工作？要靠人力资源部吗？"唐风开始说自己的看法。

唐风说："我认为，要做到这一点，第一步是选择合适的员工，选对人是基础，我们公司不是劳改所，我们很难将一个小流氓改造成一个合格的生产线工人，我和你都没有这个能力。

"在装配这个岗位上，我有几点选人经验，现在与你探讨。第一点，女工比男工好管，因此，能用女工的岗位尽量不要用男工。第二点，结婚有小孩、家里有负担的员工比小年轻好管，所以我建议你在招装配工时，以招聘30~35岁左右的为主。第三点，性格内向的人更适合做装配这类比较沉闷的工作。

"还有，我们以前招人时，都是以这个岗位上最优秀的员工作为模板，提炼出他的最基本的素质，作为我们招人的标准。装配工这个岗位，我认为最重要的素质有三项：认真、细心和吃苦耐劳，你认可吗？"

"您说得对。"艾定国有同感。

唐风说："招人会有一个合适的概率，所以新员工招进来以后的观察就很重要，你要在平时的工作中观察这些新员工，把符合这三项要求的员工留下来，不符合这些要求的人就让他们离开，千万不能将就，这样一来二去，你的装配工整体素质很快就会上去。

"这些工作做到位，只是成功的第一步，接下来的工作是，如何让这些好人变成一群好员工。"

第25章 顶天立地，左右逢源

唐风故意卖了个关子，让艾定国说说他的看法。

"那当然要考核了。"艾定国开始发表见解。

"如何考核？"唐风反问。

艾定国说："我们现在的做法是，每个月我根据员工的表现打了个绩效系数，公司将这个系数乘以员工的基本工资，再乘以10%，作为当月的奖金。"

"你觉得效果好吗？"唐风问。

"效果不好，我打来打去，表现最好的和最差的也只差几十块钱，员工反映说做得好和做得坏没什么分别。"艾定国有些苦恼。

唐风说："方案我想过了，关于员工的工作态度的提升，我想通过这样一些考核方案来实现。

"第一，设置一个团队质量奖，这个质量奖可分别考核两个项目，一是过程质量奖，比如说，我们现在装配100台机器，在IPQC这个环节，大概会发现6~7个作业不良，这个比例非常高。我给他们设置一个专门的奖罚制度，比如说合格率为94%，没有奖励，以后合格率每提高一个百分点，团队奖金增加800元。还有，如果当月没有作业不良造成的电性能不良和客户投诉，我们可以额外奖励2000元，作为质量结果奖。

"通过这个团队质量奖的推行，我相信一定可以将之前无法推行的自检互检工作做起来，因为这牵涉到每个员工自身的利益。

"第二是工作效率奖，目前的水平大约是60%，我们可以70%作为基点，效率每提升10%，团队奖金增加800元。

"针对这两项考核，我们每月必须与员工开沟通会议，确定他们当月的绩效表现和绩效奖金。

"第三是针对员工个人的质量奖罚，员工出了错要有单独的处罚，员工发现批次性来料等问题可以申请单独的奖励。另外，我们还要设置一个质量标兵奖，评选标准就是当月员工的作业错误数、合理化建议数以及互检发现的问题数，可以在每月的员工沟通大会上，由员工自己当场申请，这样也能提高质量标兵评比过程的公平性。

"第四是我们要优化目前的岗位津贴管理办法，做到可升可降，技能强、绩效表现优秀的，经主管申请，报公司人力资源部审批，可申请上调岗位津贴，当然，表现差的，可以下调。"

"至于及时关单率，主要是车间主管要及时处理生产过程中的异常，将工单的及时关闭率作为一项重要工作来对待。"

唐风说完这些，停顿了一下，接着说："其实，员工的工作态度主要来源于主管的要求，所以，高标准的工作要求很重要，名师不一定能出高徒，严师则基本可以保证出高徒。"

"下面我们再来讨论下一个过程管理的因素——工作技能，装配我们这样的产品，需要掌握电批的运用、组合螺钉的紧固、电缆的插接、IGBT的安装、PCBA的取放等一系列的技能。

"所以，我们要针对员工日常需要的操作技能，开发出相应的培训课程，并制订明确的上岗考核要求，目的只有一个：确保上岗的员工掌握必要的技能。如果我们只会讲大道理，肯定解决不了问题，没有实施的工具，再好的理念也没有用。"

"行，下来以后，我制订一个车间各个岗位人员的培训计划和上岗考核规范，提交给您审核。"艾定国回答得很爽快。

"好。下面我们来讨论装配过程管理的最后一个要素——设备设施。艾工，我们的模块装配过程需要用到什么样的设备设施，我们对这些设备设施的要求是什么，你清楚吗？"唐风开始发问。

"电批、扭力计、套筒、扳手、电烙铁等。"艾定国一一列举车间里面的工具。

"我们对这些工具有何要求？是不是随便弄一些工具过来就可以使用？"唐风立即追问。

第25章 顶天立地，左右逢源

"那当然不是，比如，电批需要每天点检，并且定期校验，扭力计也是要定期外校的，每个工具肯定都有不同的要求。"艾定国回答。

唐风说："那好，请你针对每个工具制订相应的管理规范，并严格落实。另外，我们的变频器在老化时，有时会出现报 IGBT 过温的现象，其主要原因就是硅脂涂得不均匀所致，我们能不能改变一下涂硅脂的方式，将目前的滚筒改成丝印网板，这种网板印出来的硅脂，厚度很均匀。"

会后，唐风将自己电脑中的一些工艺规范整理好，发给艾定国和王秋水，这些工艺规范都是他以前的工作总结。

接下来，针对车间装配线员工的绩效考核，唐风专门制定了一个《流水线员工绩效考核方案》，对团队的工作效率、作业质量提出了明确而具体的奖罚办法。

唐风将这个文件发给人力资源部总监桂东海，并抄送给老板陈方圆。

接到唐风的邮件后，桂东海下午立即跑到唐风的办公室，与唐风一起讨论此方案。

唐风开门见山地说："我为什么要制定这样一个制度？原因很简单，员工追求高薪酬，公司追求高质量、高效率，这两者其实并不矛盾。我们把员工的积极性调动起来，为公司提高了质量，降低了成本，我们从降低的成本中拿出一部分，回馈给员工，这就是公司与员工的双赢之道。

"有人认为，公司工资最高的时候往往成本最低，我认为只要管理得当，的确是可以实现的。"

桂东海对唐风的想法非常认可："你的想法不错，不愧当过大公司的总监，我很认可，回头我就向老板汇报。"

唐风接着说："为了进一步提高员工对公司的认可度，我希望你们人力资源部再帮我做几件事。"

"第一,请你调查一下,我们这个工业园其他公司的薪酬水平,与我公司一线员工的工资水平做一个对比。我已经初步了解过,我公司一线员工的薪酬标准在我们这个工业园中,已是相当不错的水平,但是我们的员工还不满足。

"快乐来源于比较,痛苦也来源于比较,我们要做的,是降低员工的期望值,提高他们的快乐指数,让大家的心安定下来,这是生产线质量和效率的保证。

"第二,我请你们研究一个课题,就是如何选择符合我们需要的一线员工,我需要具体的方法,以提高我们面试的成功率。

"第三,我希望你能帮我组织一些员工质量意识方面的培训,可以将市场上一些质量事故进行总结,通过市场部了解我们的客户对我们产品的质量评价,再将这些东西汇总成培训材料,以提升员工的质量意识。"

桂东海说:"好的。"

在接下来的两个月,唐风针对这些已达成的决议,与各个责任人检查、讨论其工作完成的状况。

唐风经常说:"管理员工,没有检查就没有执行力!"每次布置下去的任务,他都要抽时间来专门进行检查,确保落实。

车间装配过程的三个指标在快速改善中,尤其是员工的作业合格率,更是快速提升,第一个月就从93%提升到97%,第二个月又提升到98.8%。

作业效率的提升也很快,第一个月从68%提升到83%,第二个月提升到88%。唐风屈指一算,仅此一项,每个月给公司带来的节省就远远超过员工得到的团队绩效奖金。

车间在制品的数量也在快速下降中,以前线上的在制品金额,平均在300万元左右,结果这两个月下来,逐步减少到150万元左右。

"我这段时间的工作思路就是 8 个字：顶天立地、左右逢源。深入基层了解问题，向上面领导要资源、要权力，让人事配合我们解决员工的工作态度问题，让财务用数据来衡量我们的成绩。"这天，看着这些过程指标，唐风对艾定国说。

"但是来料质量这个输入因素似乎没有太大的起色，制约了车间装配过程的进一步改善。"

"也许，是时候由我出马亲自解决这些来料质量问题了。"唐风说。

本章点评：

■ 一个空降的质量总监，如何快速解决棘手的问题？

所有的工作都是一个过程！要快速解决棘手的问题，过程方法是一个基本方法。但是仅有过程方法还是不够的，你必须从公司的最高层那里得到资源和权力，让最高领导者成为你的坚实后盾。同时，你还得扎根到基层，了解到真正的问题，掌握具体的细节。

在解决问题的过程中，财务总监和人力资源总监将会是你的好伙伴，前者可以从财务角度反馈问题和推动改善，后者可以配合你做人员管理的工作。

第26章
适者生存

- 小公司的来料质量该如何管理?
- 小公司的交付应如何管理?

"像我们这样规模的一家公司,你认为来料质量应该如何管理?能采取与大公司一模一样的方法吗?"这天,唐风问范英杰。

唐风常说:"最有效的教育方法不是告诉别人答案,而是向他们提问。"

事实上,他也经常这样做。

听到唐风的提问,范英杰有点懵,等了一会,他才说:"我认为,我们发现问题就应该严格进行处罚,把损失转嫁到供应商头上,以此来推动供应商改善质量。"

"如果供应商说,你们的采购量这么少,要求还这么多,我不和你们玩了,我们怎么办?"唐风笑着问。

"这个……这个我还没有想好,请您指点一下吧。"范英杰开始有点紧张了。

"目前对我们生产线来说,影响最大的是两种物料,一样是钣金件,另一样是PCBA,是吗?"唐风问。

"是的,对于这个问题我也很头痛。"范英杰回答道。

"我们先说说钣金件的来料质量的管理,上个月,我和你将我

第26章 适者生存

们目前的三家钣金件供应商都走访了一遍,回来后我还一直没有与你交流,现在你来说说你对这三家供应商的看法?"唐风又开始提问了。

"我最大的感觉是,这三家供应商规模都不大,每个工厂的员工加起来都不足80人,月产值也只有一两百万元,感觉整个加工平台的质量保证能力比较弱。"范英杰在回忆当时的情景。

"我们为什么不找大一点的供应商合作,你知道吗?"唐风问。

"可能我们自己的规模不够大吧。"范英杰想了一下回答。

"是啊,我们之前尝试过与一些规模较大的钣金件供应商合作,但是最后很快就没有再合作了,你知道其中的原因吗?"唐风问。

范英杰摇了摇头:"不知道。"

"我来告诉你吧,这就像男人找媳妇一样,叫作门不当,户不对,两人很难走到一起。"唐风继续解释。

"大的钣金件供应商对订单量要求比较高,而我们每个月这六七十万元的采购金额,还要分给三家供应商做,分到每家厂,只有20万元左右,还不够这些大厂塞牙缝的,而且种类又多,打样的东西也多,交期要求短,规模较大的钣金件厂家肯定是没有兴趣的。"

"哪该如何是好呢?"范英杰开始喃喃自语。

"当然有办法!"唐风开始解释。

"第一,是尽量减少我公司的产品种类,产品的设计要尽量做到通用化、柔性化,以此来提高单个订单的批量,增强我公司对供应商的吸引力。

"三个月前,我就推动结构设计部,要设计出满足各种客户需要的柔性机柜。这样的话,我们就可以提前下出一些备货订单给供应商,让供应商能够提前生产,从而减少市场接单后我们供应链的交付压力，同时也能提高钣金供应商的作业效率。"

"第二，减少供应商的数量，我打算将目前的三家钣金件供应商缩减为两家，这就可以提高每家的采购金额，确保我公司是该供应商的前三大客户，让供应商真正重视我们公司，这是供应商质量管理的基础。俗话说，态度决定一切，供应商与我公司合作的意愿很重要！"

"第三，要对钣金件的上线不良率进行详细的统计，以此对供应商进行严格的考核，考核结果不但会影响它们下个月的订单份额，还会影响它们当月的付款周期，对质量表现优秀的可以安排采购部提前付款，对质量表现差的则延期支付。"

"第四，我们要当供应商的老师，教给它们过程质量管理的方法，帮助它们提升。打个比方来说，我们机箱的三大来料不良现象是：铆柱掉、接地孔避粉不良、附件错。"

这时，唐风抬头看了范英杰一眼，开始提问："如何解决这三大问题？"

"让供应商提纠正措施。"范英杰回答。

"怎么纠正？"唐风追问。

"当然是对问题分析后再提纠正措施。"范英杰回答。

"首先我们要将问题定位到源头，也就是产生问题的过程，这很重要，我们一定要有过程管理的概念。"唐风看范英杰抓不到重点，就开始讲解过程管理的思路。

"铆柱掉的问题肯定是供应商的铆接过程管理不到位所致，据我所知，造成这一现象的因素主要有这么几个：压铆机的压力不稳定、铆接夹具不平整、待铆接孔的孔径过大、工人铆接时未放平。所以，我们要帮助供应商对铆接这个过程建立一个简单有效的管理办法，否则问题不可能彻底解决。

"同样，接地孔避粉不良肯定是喷涂这个过程管理不到位所

第26章 适者生存

致,对于一些容易出错的过程,一定要有相应的管理办法,否则问题难以根除。

"当然,我们还得督促供应商建立它们的质量检验体系,如果一个供应商连个检验员都没有,如何能保证产品质量?在特定情况下,我们可以派出外检人员,在供应商处检验,毕竟钣金件的很多问题都是外观问题,通过检验还是可能挑出一些问题来的。"

唐风一口气讲了许多,感觉有点口干,拿起桌上的水杯,喝了一口水,继续说下去。

"关于 PCBA 的来料质量,问题要相对复杂些,原因是板上所有的物料都是我们提供的,供应商只负责加工。

"PCBA 的加工过程是比较复杂的,生产环节很多,我们目前的供应商有一定的质量管理能力,但是需要提高。所以,对于每一个加工不良,我要求你都将其拍下来,要求外协加工厂对问题所产生的过程进行定位,进而找出该过程管理的薄弱点,在管理上进行优化。

"另外,在问题分析的过程中,还要不断优化我们的测试夹具,尽可能提高测试覆盖率,因此你要和王秋水加强交流。

"影响 PCBA 来料质量的另一个重大因素是我们采购的电子料的质量。这么多年以来,我们公司都坚持一个原则,就是电子料的选用跟着行业中的大公司走,大公司用哪家供应商,我们就用哪家供应商。当然,由于采购金额较少,我们拿到的价格和得到的服务可能没有这些大公司那么优越,但这也是没有办法的事情。

"大公司投入了巨额资源,建立了完善的物料认证平台和物料采购平台,我们没有办法做到这一点,只能采取跟随的策略。我现在还隔三岔五地找以前 EE 公司的老同事吃饭,就是为了打听这些消息。

"而且,你是知道的,我们的 IQC 才两三个人,公司给我们质量部投入的资源有限，不可能像大公司那样建立一个良好的物料检验平台，我只能在供应商选择这个源头上把关。

"我进公司快一年了，由电子料引起的质量事故，在半年前出现过一次，我们当时怀疑是买了假货导致的，所以后来我安排采购部对现货供应商做了一次排查，没有代理证的现货商原则上不能使用。这不，你来以后，没有出现过电子料的批次性质量问题吧。所以，对于来料质量而言，源头控制很重要！"

说到这里，唐风停了一下，又喝了一口水，继续说。

"还有，我们没有专门的SQE，即使有一两个，也不可能精通所有的行业，所以，大公司审核供应商的那一套打分方法，我们肯定用不了。

"因此，源头控制很重要！对于一些新引进的供应商，如果有证据显示它在给我们行业内的大公司大批量供货，在大多数情况下，我可能不会亲自去现场审核，就直接签字同意这家供应商进入我们的采购体系。

"好，再来说我们的钣金件质量吧，我一直认为，你想得到什么，你就要考核什么。"

看着范英杰一直在点头，唐风继续说自己的思路。

"每个月，我们必须按厂家统计车间内机箱机柜的使用数量和不良数量、不良现象，得出不良率，然后在每月10日前，你去找来供应商的高层，针对上月的不良率和主要的不良现象，定位出问题产生的过程，制定出具体的纠正措施，形成一个会议纪要。

"在以后的半个月中，你负责与供应商一项一项地确认这些纠正措施的落实情况，作为下月会议的主要议题之一，如此反复进行。

"至于PCBA的来料质量，我要求你对每一块PCBA不良品，都要认真地了解原因，只要同一块板的同一故障现象在近期内出现过两次，就要列入分析范围，因为这里面往往隐藏着必然性的问题，要么是加工不良，要么是设计隐患，要么是工装设计不当造成PCBA在测试过程中损坏。

"另外，像钣金件一样，我们也要统计出我们车间使用的PCBA的不良率，每月与供应商沟通讨论。"

为了快速改善来料质量，唐风还经常跑到外协PCBA加工厂和钣金件厂家，给他们讲解过程管理的方法，与他们一起沟通讨论一些重点业务过程的管理优化方案。

果然，在三个月后，从报表上看，钣金件和PCBA的来料质量已大幅好转。

在改善来料质量的同时，唐风开始尝试解决交付的困扰。

这天，他把物控、统筹、加工计划工作人员等一干计划人员叫到会议室。

唐风说："今天开个务虚会，主题只有一个：如何改善交付？请大家畅所欲言。"

计划部经理郑如凤头一个接话："唐总，以前对我们交付影响最大的三个因素是：物料及时齐套性差、生产过程质量问题多、产能柔性太差。

"自从您来后，我们后两个问题改善比较快，现在只有一个问题，就是物料的及时齐套性差。"

唐风说："这个物料的及时齐套性，可不仅仅是采购部买不回来料这么简单，我一直认为，不管是交付及时性差，还是发出去的东西质量问题多，或者是产品成本居高不下，其背后的原因都是我们的管理有问题。"

"认同唐总的这种观点，我感觉到公司的管理的确存在较多问题。"合同统筹工程师柯小欣说。

"对交付影响比较大的，我认为有三四个业务过程。"柯小欣说。

"小柯的学习能力不错啊,自从上了唐总的'过程管理'课后,学会用过程方法来思考问题了。"郑如凤笑着说。

"影响最大的,我认为是每个月的物料备货计划评审。"柯小欣说。

物控工程师王大力说:"的确,目前的物料备货计划评审让人很痛苦,我也很难做。"

"每次让市场部提供销售预测,就像要他们的命。"郑如凤也发感慨。

"那行,这个月我来主持这个会议,除了这个,还有别的吗?"唐风说。

"还有,就是物料货期的管理,目前ERP中很多料的货期都不靠谱。"加工计划员王婷婷说。

"这个货期的管理,我认为主要涉及两个业务过程。"唐风开始分析。

"第一,是中试转产评审,在这个评审过程中,新产品中原材料的货期和独家编码率是采购部必须评审的内容之一,据我所知,目前我们没有做此项工作。

"第二,是产品转量产后,对于一些长货期物料的货期管理没有做到位,本来可以通过谈判、替代等方式将货期进行压缩,但我们没有做到位。"

郑如凤说:"还有一个过程对交付影响很大,那就是定制产品的订单处理过程。

"目前这个过程存在两个问题,第一是周期太长,经常一个定制产品,商务部和定制组要折腾两周,留给我们供应链的时间只有不到两周的时间,人为地造成了大量的急单。

"第二,是定制组输出的BOM、图纸经常有问题,要返工。"

第26章 适者生存

唐风说:"说得好,我记下了,大家还有什么要说的吗?"

郑如凤说:"只要解决了这几个问题,我们的交付就会明显改善,我看还是别贪多了。"

"好,就这么定了,货期管理和订单处理的问题,我来推动,要货计划评审的事情,你们先准备数据,我们每个月25日开评审会。"唐风说。

唐风找来采购部经理季长春,说:"季工,我刚刚与计划部开了会,大家提出了货期管理的问题,我们的现状就是,一些核心的电子料,货期不靠谱,你怎么看待这个问题?"

季长春说:"唐工,我也在思考这个问题,货期管理不到位,导致我们采购部永远都在救火。"

唐风说:"你找到办法了?"

季长春说:"对于新转量产的产品,我的想法是新产品在转量产时,我们要对BOM中每颗料的货期进行评审,针对货期超过三周的物料,我们做两件事。"

"哪两件事?"唐风问。

季长春说:"第一件,我们与供应商谈判,或者多引进几家供应商,看看能不能压缩货期,如果不行,我们再找研发部,看看能否将其替代。

"如果第一件事做不成,我们就做另一件事,就是把这些长货期的物料理出清单来,提交给物控,看看在做物料预测时,能否备点货。"

唐风说:"行,我要求每个月20日召开要货计划评审会,你们这个长货期物料的备货可以作为我们讨论的内容之一。"

与季长春谈完后,唐风打电话给定制项目组的经理周海东:"周工,我想和你讨论一下定制产品订单处理的事,现在有空吗?"

"好的,我马上去你的办公室。"周海东说。

周海东一进唐风的办公室，唐风就开门见山地说："周工，你们定制产品订单处理目前有一些问题，对我们的交付影响大，主要表现在两点：一是周期比较长，二是差错率高。我想听听你的想法。"

周海东说："你讲得很对，处理周期长的主要原因是我们的人手不够，我已申请增加一名设计人员，下周到位，这个问题可以很快解决。目前最大的问题是差错率高，对于这个问题我也很头疼。"

唐风说："有什么困难吗？"

周海东说："我手下的一些员工做事比较粗心，这是原因之一，针对这个问题，我通过内部评审和处罚来解决，目前最大的问题是客户的需求总是在变。"

唐风说："我以前在别的公司也遇到过这个问题，客户的需求总在变化，今天来一个，明天来一个，后来我们想了个办法，问题就基本上解决了。"

"什么办法？"周海东说。

"我们把所有能做定制的项目，比如，改软件、改安装方式、改丝印、改手册等，全部列成一个清单，让客户在上面打钩，就像在餐厅点菜一样，避免客户记不清需求造成多次变更。"唐风说。

周海东说："这个想法好！我立即去找产品部，和他们讨论一下，把我们的定制清单做出来。还有，为了避免客户胡乱提需求，我们还要在这个清单中注明定制需求要导致的成本增加和货期延长。比如，改个软件，我们需要另加成本 1000 元，货期延长五天，从而避免客户提出过多的定制需求。"

说完，周海东起身离开。

"好的，我等待你的好消息。"唐风说。

这天下午，在开完第一次要货计划评审会后，唐风对计划部一

第26章 适者生存

干人说:"看来我们要重新想想办法,这样照搬大公司的做法显然不行。"

"是啊,我们是按大公司的套路,让市场部提出后面三个月的需求预测,我们按此进行备料。"王大力说。

"但是你看看刚才市场部同事所说的,我们的客户根本不会给我们预测,实际上,客户的订单可能早就拿到手了,但是它们要一家家地找供应商谈价钱,不到最后时刻,它们是不会向我们透露订单信息的。"柯小欣说。

"从现在的情况来看,由市场部提出要货计划,按要货计划备货这条路肯定是走不通了,但如果按我们以前的模式,完全由我和物控拍脑袋备料也不是办法,现在我们的库存压力太大了。"郑如凤也很苦恼。

"我一直在思考我们的物料计划模式,你们看,我们能不能这么做?"唐风开始说出自己的想法。

"我认为,我们的计划模式应该分为两种,第一种是针对公司力推的主力产品,这一类产品的物料我们可以采用安全库存的模式来确定,因为这种产品只要没有设计变更,备下的物料一般不会变成呆死料。至于每个产品安全库存要备多少,我们可以结合它以前的实际发货量来定,当然,如果市场部有大项目,我们可以把大项目的需求临时加进去。

"第二种是新产品,对于一个新产品来说,能卖多少,谁都没谱,对于它们,我的想法是备一些货期超过四周的长货期物料即可,其他的物料见订单采购,反正新产品的交付周期都在一个月以上。

"因此,我们先把我们所有系列的产品列个清单,由于目前公司的产品种类也不多,我们可在评审会上做两件事。

"首先,针对每个产品,我们要评审它到底适合哪种计划模式。

"其次，针对主力产品，我们评审它的安全库存量。针对新产品，我们评审长货期物料的备货量。"

说完后，唐风问大家："你们觉得我的想法是否可行？"

"我认为可以，这种方法还是比较适合我们公司的现状的。"王大力说。

"那大家就按此策略去做吧，对于我们这样一个规模较小的企业，不能套用大公司的做法，只要能解决问题，什么方法都可以尝试，毕竟，适者生存才是硬道理。"唐风笑着说。

本章点评：

- 小公司的来料质量该如何管理？
- 小公司的交付应如何管理？

管理无定式，但有定则，这个定则就是识别出影响结果的瓶颈过程，找出最适合本公司的管理方法，毕竟，管理的目标就是解决问题。

第27章
新来的体系工程师

■ ISO9000 质量管理体系如何落地？

"很多中国企业都没有明白质量体系对于公司管理的意义，没有认真把 ISO9000 的管理原则与本企业的实际运作结合起来，大部分公司都是拿个认证证书就完事。"

这天，在自己的办公室中，唐风与新来的体系工程师白晓文聊起 ISO9000 和零缺陷管理的事情。

今天是白晓文上班的第一天，她听唐风这样说，回应道："有同感。"

"我之前见过一些推行零缺陷管理的公司，发现它们连基本的 ISO9000 都没有做到位，质量管理的基础太差了，如何能实现零缺陷？"唐风滔滔不绝地说。

"我一直认为，过程管理方法是 ISO9000 的精髓，也是零缺陷管理切入时的着眼点。"

"我刚进入我们赛德美时，就专门抽时间检查了我们公司 ISO9000 的文件体系，检查完后，我的结论只有两个字：乱、假。"

唐风继续发表自己的看法。

"我一眼就能看出，公司的文件直接抄袭了别的公司的文件体系，最明显的一点，就是公司没有针对自己的业务过程进行认真的分析，形成一个覆盖公司所有业务的过程关系图，而这恰恰是公司ISO9000文件体系建立的基础。

"在公司的文件体系中，只建立了ISO9000体系中要求必须建立的程序，比如文件控制程序、记录控制程序等。"

"而一些重要的过程则完全没有书面的文件来支持其运作，因此，说白了，这套文件体系就是专门应付ISO9000体系审核的。"

"这些程序文件与公司的实际运作完全是牛头不对马嘴，只要细看一下，就可发现一大堆的问题，如部门名称不对，文件内容不符等。"

说到这里，唐风叹了口气，说"这真是我们中国质量人的悲哀，公司的文件体系存在的唯一目的就是为了拿一个ISO9000证书和应付客户的审核！"

白晓文说："我也见过很多公司，尤其是中小型民营企业，其情况大都如此。也许在中国人的潜意识中，灵活才是最重要的，使用成文的条款和规定去平等对待每个员工往往会被侧目，谓之不成熟。"

聊到这里，唐风说："晓文，这样吧，你去文员那里把必要的办公材料领到手，我再来安排你的工作。"

待白晓文出去后，唐风不知不觉又想起了面试她的情景。

白晓文是第五个来面试体系工程师这个岗位的人，从她的简历中得知，她在外资企业中干了三年的体系工程师后，又进了一家民营企业干了两年多的体系工程师。

唐风对体系工程师的要求是做事认真、细心、协调能力强，对ISO9000质量管理体系有一定的理解。

两人在会议室中简单自我介绍后，唐风开始发问："我认为，ISO9000的精髓有两个，一是过程管理，一是标准化作业，作为一名体系工程师，你来谈谈如何在工作中落实这两点要求。"

第 27 章 新来的体系工程师

"标准化作业就是把做的写下来,并严格做到位,一句话,就是写的和做的一致。"白晓文开始谈论自己对 ISO9000 的理解。

"至于过程管理嘛,在 ISO9000 体系中,把公司的质量管理业务分为四大块:产品实现、测量分析和改进、领导职责、资源管理。

"按我的理解,产品实现、测量分析和改进这是两个大的业务过程,尤其是前者,包含着一连串的小过程,每个过程都有输入和输出。

"领导职责是对公司最高管理者的要求,比如说,要求他要任命一个管理者代表,负责建立过程管理体系,定期对公司的管理状况进行评估,协助最高管理者建立公司的质量文化等。

"当然,在领导职责这一大块内容中,也包含要求最高管理者负责执行的一些过程。比如管理评审,它也是一个过程,输入就是一些内外审的结果、顾客反馈的质量信息、过程的业绩和产品的符合性报表等,输出就是质量管理体系的改进、过程的改进、资源的改进等内容。

"至于资源管理,就是对业务过程中用到的资源,包括人和物,都提出了一些管理要求,确保它能满足过程的输出要求。"

唐风暗暗赞许,接着又问:"你在外资企业和民营企业都做过体系工程师,要切切实实地推行 ISO9000 质量管理体系,你认为在外企容易,还是在民企容易?"

白晓文侃侃而谈:"在外企容易多了,外企的高层管理者都比较重视规则,喜欢按流程办事。民企则强调灵活性,我在审核供应商时接触过一些民企,给我的感觉是不喜欢按规则办事,公司流程比较乱。

"再加上许多民企还行走在生死线的边缘,它们比较重视抓订单,而不太重视管理,民企只有发展到一定阶段,才会把注意力集中到流程化管理上来，这是我的一个体会。"

唐风说："讲得不错！我想再问一个问题，你在上一家民企中，刚进去时公司的质量体系大概是什么样子？"

白晓文的话很直接："坦率地讲，我刚进去时它已拿了ISO9001的证书，但是公司的质量管理体系基本上是没有的。"

"那你是怎么开展你的体系建设工作的呢？"唐风继续问。

白晓文说："我先分析了公司的业务过程，结合ISO9000质量管理体系的四大部分：产品实现、测量分析和改进、领导职责、资源管理，再加上文件控制和记录控制等支持性程序，形成了一个公司流程体系的框架。"

白晓文向唐风要了一张白纸，在上面画出了她上一家公司的文件体系框架图：产品实现、测量分析和改进、领导职责、资源管理。

画完后，白晓文接着解释："产品实现就是沿着公司的业务主线，识别出所有的业务过程，从接单开始，到产品研发、供应商生产交付、供应链制造并发货、工程部安装、客户验收，体现的是从客户端到客户端的过程管理思想。

"每个一级大过程又分为多个二级的小过程，再分解为更多的三、四级的小过程，上一个过程的输出就是下一个过程的输入，最终将公司的所有业务形成了一个过程链。

"我在将这个过程关系图画出后，与公司的几个主要管理人员进行了讨论，得到大家的认可后，输出了一张公司的业务流程表，从此，我的工作就变得简单了。"

白晓文娓娓道来。

"要在这样的基础上建立一个有效的质量管理体系，当然无法像新认证ISO9000的公司那样，可以按部就班地将流程一个个建立。我采取的是问题驱动的方法，比如说，我们的产品在客户那边出现了一些低级失误，属于产品出货检验未做到位，我可能就借题发挥，组织大家整顿出货检验这个过程，形成相应的文件制度。

"如果大家反馈员工培训存在较多问题，我就会找人事部制定员工培训方面的管理要求。总之，一句话，在民营企业中，我认为以问题来驱动公司质量管理体系的完善是比较靠谱的做法。"

唐风说："说得不错！但是在建立和优化质量管理体系的过程中，难免会遇到一些障碍，不是每个人都会支持你做这件事情。在当今的民企，我相信还是有许多人认为质量就是质量部的事情，当出现障碍导致你的工作无法推进时，你是如何处理的？"

"需要用具体案例来说明吗？"白晓文问道。

"是，我需要知道的是在一个什么样的背景下，你面临一个什么样的问题，你又做了哪些行动，最后取得了哪些效果？"唐风问了一连串的问题。

唐风的这种面试方式叫作找 BAR，是他在 MBA 的人力资源管理这门课上学到的，要点只有三个：背景、行动、结果。

唐风一直认为，人员面试就是基于对方过去的表现来预测他将来能否在自己公司取得成绩。所以，应聘者过去在面对一些具体问题时，如何思考和做事，最终取得了什么成绩，这些信息对于面试官来说很重要。

在面试过程中，拿一个具体的案例来说明，被面试者就很难提前做准备，编造一些虚假的东西来蒙混过关，这是唐风多年的经验。

白晓文思考了半分钟，开始说话了："我去到上一家公司不到半年时，就遇到一个问题，我们的 ECN（工程变更通知书）的执行总是有问题，研发部经常发现已发出的 ECN 在生产线没有得到执行，我决心以此来推动建立和优化 ECN 的发布和执行流程。

"结果在确定这个流程的 Owner（责任人）时出了问题，我本来是希望由计划部当这个流程的 Owner，因为 ECN 在发布前必须经过计划部和研发部沟通，制定库存物料和在途订单的处理方案。结果，计划部认为应该由工艺部来承担更合适，因为具体组织车间处理 ECN 的是工艺部，两个部门争执不下，都不愿意主导此次 ECN 流程的优化工作，也不愿意成为此流程的 Owner，我反复沟通，但是无济于事。"

"那最终是如何解决此问题的呢？"唐风立即追问。

白晓文说："最后是找老板出面解决的，我找到老板，向他说明了问题产生的原委，他出面找到两个部门的经理，只问了一个问题：'谁愿意替公司解决这个问题？'结果，计划部的经理很快就答应了。"

"最后取得了什么样的结果？"唐风问道。

"通过对 ECN 发布和执行流程的优化，我们明确了 ECN 拟定、审核、发布、执行等各个环节的职责和工作要求，最后许多由 ECN 带来的产品质量问题终于彻底解决了。"白晓文说。

"很好！"唐风满意地说。

白晓文回来后，唐风继续给她交代工作。

"晓文，你现在已经正式加入了赛德美公司，成为我们质量部的一员，我现在向你明确一下，你在试用期内的工作内容和要求。

"你的试用期是三个月，你的工作内容主要有这几项。

"第一项，我已针对我们公司的流程文件体系制定了一个框架，你依此框架，在公司的服务器中建立一个全新的过程体系文件树。

"文件树的第一级有五个内容，分别是产品实现、测量分析和改进、领导职责、资源管理、通用管理要求，通用管理要求中包含了文件控制和记录控制等通用要求，因为这些与每个过程都息息相关。

"产品实现过程的文档是文件体系建设的重点，我根据我们赛

第27章 新来的体系工程师

德美公司的业务特点,将之分解为营销、研发、计划、采购、生产、安装、售后服务七个二级过程。

"每个二级过程,又分解为多个三级过程,如研发这个过程,可将其分解为新产品立项、系统开发、模块开发、中试、转量产评审、产品维护等一系列子过程。

"比如生产这个过程,我把它分解为前加工、模块装配、产品测试老化、系统装配、产品包装、FQC检验、理货、OQC检验等一系列子过程。

"我以前给一些企业做过零缺陷管理的辅导,其实,产品的零缺陷取决于过程管理的零缺陷,只要我们将每一个业务过程的要求识别出来并管理到位,实现了过程的零缺陷,产品的零缺陷也就指日可待了。"

唐风说到这里,停顿了一下,喝了一口水,说:"这是你的第一项工作,我的要求是,在三个月之内,你要组织大家将我们供应链的主要业务流程理顺,包括计划、生产、采购这几个环节,其中当然也包括供应商选择、供应商绩效管理等内容。

"第二项,就是你来之前,我已经将IQC检验、仓库、装配、前加工、包装等业务过程基本理顺,并制定出流程的初稿,你需要将这些东西整理好,组织相关人员会签并编号归档,放到相应的文件树下。

"第三项工作,就是应对客户的审厂,这是体系工程师的例行工作。"

白晓文的工作进展很快,她入职后,按唐风的要求,在公司的服务器上重新开辟了一个新的文控中心文件夹,根据公司业务流程图制定了文件树,每理顺一个过程,她就将这个过程的作业程序、人员管理、设备和设施管理等管理要求放入此文件夹中。

另外,为了保证文件的可执行性,白晓文向唐风建议,每个新的文件归档后，她都立即发出一个培训要求给相关的业务部门主管，由主管组织下属员工学习该文件的内容，形成培训记录，由白晓文归档。

遇到涉及研发、市场的跨部门业务流程，白晓文在做好相应的准备工作后，会来找唐风，由唐风出马推动这些流程的优化。

到白晓文三个月试用期结束的时候，赛德美公司的文件体系已经初具规模。

本章点评：

■ ISO9000 质量管理体系如何落地？

为何中国的许多企业只热衷于拿 ISO9000 质量管理体系的认证证书，而不愿意按它的要求来办事，导致 ISO9000 质量管理体系始终无法落地？

在中国中小型的民营企业中，这种情况是普遍存在的，产生此现象的原因主要有以下几个因素：

第一，中国的传统文化。中国自古以来就是一个以农业为主的社会，直到近代才开始工业化，农业讲究的是靠天吃饭，农民处事的原则就是没有原则，一切以灵活有用为主，而 ISO9000 质量管理体系的思想基础之一就是标准化作业，强调按规则做事，这与中国的传统文化是冲突的。

第二，ISO9000 体系本身的问题。为了适应各行各业认证的要求，它的条文概括性很强，比较枯燥难懂，客观上造成了它实施的困难。

第三，重视度不够。中国许多中小型企业，还没有跨过生存阶段，企业管理者的心思还不在管理上，主要精力放在抓订单、抓资金上面，对质量管理体系不够重视。

第四，领导者的自负。他们不太相信外国的专家们总结出来的东西，只愿意相信自己的直觉，用直觉来管理公司。

  第五，对质量体系的理解错误。许多公司人为地把ISO9000质量管理体系与公司的其他管理体系如ISO14001等，进行割裂来处理，造成了一个业务几张皮。如果以过程的观点来看，公司所有的业务过程是一个整体，不管是质量管理体系的要求，还是医疗、环境管理体系的要求，都要落实到具体的业务过程中去，根本就不需要用几张皮来支撑。

第28章
强悍的对手

■ 质量管理的核心是什么？

"你们不要再吵了，现在散会！"

早会上，唐风对着会议室中的一群人大吼起来，他感到自己的胸腔似乎要爆炸了。

唐风这段时间想集中精力来做过程管理的优化，改善几个重点过程的输出，但是，他经常感觉到有一种无形的力量在牵绊着自己，让自己很难按计划达成目标，他被部门内这些无穷无尽的争吵耗尽了精力。

"我要仔细想想我们这个团队面临的核心问题。"他心里在想。

想到这里，唐风的声音低了下来："其他人散会，范英杰留下。"

等大家走后，唐风对范英杰说："我让你留下，是想和你谈谈我们的质量改进的事情。"

停顿了一下，唐风问："最近我们的过程改进计划推进得很慢，你认为问题的关键是什么？"

范英杰说："质量改进需要团队合作，但是我们每次会议都像刚才这样，在平静中开始，在争吵中结束，我们不是一个团队，无法形成合力。"

第28章 强悍的对手

唐风说："有同感！我觉得我们现在的情况与我以前供职的一家公司简直一模一样，团队成员大多是新加入的，来自五湖四海，大家的价值观差异很大，谁也不服谁，大家在一起，说不了几句，就开始吵。"

看到范英杰在点头，唐风继续说："我也认为，目前导致质量改进陷入停滞状态的主要原因是团队精神缺乏，大家的合作意识很差，不愿意沟通。如果没有团队精神作为后盾，我们想把质量做上去，简直难如登天。"

说到这里，唐风说："你出去吧，我来想一想，看看如何来解决这个团队合作的问题。"

范英杰走后，唐风把艾定国叫到自己的办公室，说："艾工，今天早会的情况你也看到了，我认为，我们目前有两个强悍的对手，你知道是谁吗？"

看到艾定国一副摸不着头脑的样子，唐风补充说："第一，这不关我的事；第二，这不是我的错。"

艾定国恍然大悟，立即说道："你总结得太精辟了！我们这个团队的成员来自五湖四海，大家的价值观差异很大，表现出来的，的确就是这两个问题。"

唐风说："其实，我们目前最缺乏的就是团队精神，我们每天吵吵闹闹，表现得不像是一个团队。你认为，我们要如何来开展我们的团队建设呢？"

"我认为平时遇到问题还是要多沟通吧。"艾定国答道。

"你这话有点含糊其辞了，艾工。"唐风娓娓而谈，"我是这样理解团队精神的，它的核心主要体现在这么几个方面。"

唐风说："第一，大局和结果意识。我们的现状就是，大家没有共同的目标，很少想过要对结果负责。前些天，在与结构设计部讨论柔性机柜的实施方案时，负责钣金件采购的时文化与结构设计部的李元英当场拍了桌子，然后时文化愤怒地走出会议室，把问题撂在那里不管，最后还是我打电话让他过来，完成了讨论。这种一拍两散的事情在我们公司发生得太多了，他们都没有想过，这样做会影响大局，导致无法达成我们共同的目标。"

艾定国点头说："你讲得没错。"

唐风继续说："第二，团结合作意识。我们的现状就是你不服我，我不服你，经常一点小事都要领导来协调。昨天研发部让钱干去研发部拉一个机柜下来，这个机柜是给你们做老化负载用的，结果钱干硬要别人送下来，最后研发部来找我，事情才得以处理。从这点小事上可以看出，我们的员工的确缺乏团结合作意识。"

艾定国听到唐风在说自己手下的人，有点不好意思："钱干这小子是有这个毛病，我来教训他。"

唐风说："第三，服务意识。现在大家都喜欢把方便留给自己，把麻烦留给别人，以自我为中心，你经常向我反馈工艺部不给你提供返工的作业指导书，而工艺部则认为这点小事你们生产线自己搞定就行了，老是扯来扯去的。其实，只要大家的服务意识到位，这种扯皮的事情根本就不会发生。"

艾定国说："我也很苦恼。"

唐风说："第四，纪律意识。前段时间，我要求所有的附件必须按工单独立放置，不得混在一起，因为市场上已反馈了几起附件发错的问题。结果，你和你的拉长席长弓口头上答应得好好的，做起来就不是这么回事，还是按原来的方式，把附件全部混放在包装区的一个胶箱中，被我在现场发现，大骂一通。我们整个团队的执行力低下，主要原因就是纪律意识差，你应该深有感触吧。"

艾定国说："这件事的确是我做得不到位。"

唐风没有理会，继续说："第五，沟通意识。现在大家出了问题，不是私下里沟通解决，而是把问题扔在那里不管，或者是将问

第28章 强悍的对手

题抛出去,我都快被这种小事搞得累死了。"

艾定国说:"你说得对,我也有同感。"

唐风说:"第六,责任和敬业意识。现在很少有人能承诺:问题到我为止。大家做事情喜欢把别人扯上,出了问题好一起担责任。"

这一点正好说到了艾定国的痛处,看到艾定国默不作声,唐风继续说:"第七,共同的愿景和目标。老板经常说,公司的愿景是要成为全球一流的电力驱动领域解决方案提供者,员工们却没有把这个要求放到心里,落实到行动上。"

艾定国说:"所有你说的这些,我都认同,但是这些问题需要尽快解决,否则什么考核、指标都是没用的。"

唐风说:"我这里有一个《团队精神评估表》,这是我以前参加团队建设培训时老师发的。我想用这个表来评估一下自己手下这个团队的团队精神现状,你帮我看看它是否适合我们?"

艾定国看完后说:"我认为比较适合。"

接着,唐风将这一个月以来,部门成员在团队合作方面的典型问题记录下来。这一切准备做完后,唐风让白晓文发了一个会议通知,要求供应链和质量部的所有主管和工程师在下周一晚上6点半在五楼大会议室开会,会议主题只有一个:批评与自我批评。

周一,六点半,会议准时开始,唐风首先发言:"大家知道为何今天我们要开这个批评与自我批评会议吗?"

顿了顿,唐风接着又说:"那是因为,我感觉到我们有一个非常大的问题,那就是我们的工作氛围很差,表现出来的,主要有两点:第一,对目标和结果的关注严重缺乏;第二,合作意识很差,各自为战。

"我先说说第一点:目标和结果。请问:我们供应链的总目标是什么,谁能给我说一说?"唐风看了看所有在场人员,高声问道。

"我认为是要及时把货发出去。"合同统筹工程师柯小欣回答。

"要保证出去的东西不能有质量问题。"范英杰补充。

"还有一点，是要低成本。"郑如凤也补充道。

"大家说得很好，按我的理解，供应链管理部的目标就是用最低成本保质保量及时发货。"唐风总结道。

他接着说："下面我来讲一个典型的案例，这个案例我和艾工前几天讨论过。上周，我们公司电力电源产品的柔性机柜开始投入生产，我对这个新产品充满了期望，因为只要改变安装方式，它就能满足各种不同客户的需求，这就解决了我们订单批量小供应商不愿意接单的问题。

"但是，这是一个新产品，如果不能及时改变我们内部的业务流程，它是无法生产的，连订单都下不出去，因此我专门召集结构设计部、采购部、IT部等过来开会。

"结果，会议才开始，时文化和李元英就开始拍桌子了，最后时文化很激动，拿起笔记本就跑出了会议室，把我等一干人丢在会议室。情况是不是这样的，时文化？"唐风看着时文化，问道。

看着时文化默不作声，唐风继续说："后面我等了足足20分钟，在此期间我和李元英将所有问题讨论清楚了，估计时文化的情绪恢复得差不多了，才打电话将他叫到会议室继续开会，最终在会上把问题解决了。"

"我认为时文化的这种表现，是典型的不识大体、不顾大局的做法，你有何意见？"唐风问时文化。

"是的，我以后一定改正。"时文化低声说道。

唐风说："第二点，关于大家的团结合作意识，我前几天对艾工说，我们这个团队目前遇到了两个极为强劲的对手。大家知道这两个对手是谁吗？"

第28章 强悍的对手

看大家有点疑惑不解，唐风说："第一，这不关我的事；第二，这不是我的错。"

接下来，唐风将自己所记录的上个月团队合作中的典型问题一个个展示在投影仪上，由其中的当事人陈述当时的具体情况，唐风不停地做点评。

最后唐风做了一个总结："从以上这些情况来看，我们的确存在一个问题，那就是我们的团队缺乏合作精神。所以，今天我们会议的主要议题就是如何打败这个对手，培养我们的团队精神。

"我们今晚会议的议程有两项：第一项，就是评估我们目前团队精神的现状；第二项，就是对照团队精神的几个方面，各位主管和骨干工程师说说本人和本部门存在的问题，大家讨论一下以后该如何改进。

"请白晓文给大家发放《团队精神评估表》，一人一份，要求大家在填写时不假思索，凭直觉填写，如对文字有不理解的，可以立即问我。"

唐风说完后，白晓文开始发表格。很快，所有人的表格都填完了，唐风让白晓文收上来，开始在一边统计大家的选择结果。

唐风说："下面我们开始进入第二项议程——批评与自我批评，由各部门主管和骨干工程师发言，规则是：先自我批评，如果大家认为他自我批评得不到位，再帮他补充，指出他和他的部门还有哪些地方做得不到位，被批评者不得反驳。"

第一个发言的是艾定国，他看了看大家，说："在这里，我的年龄最大，就给大家带个头，先说说我本人和生产部的问题。"

艾定国说："刚才填《团队精神评估表》时，我发现，表中有八项内容——共同的愿景和目标、开放式沟通、相互信任和尊重、共享的领导权、有效的工作程序、团队成长、恰当的变革、持续改进。"

他干咳了一下，继续说："我个人认为我自己做得最差的是第一项——共同的愿景和目标，我承认，我这人的最大问题是本位主义，总喜欢站在本部门的角度考虑问题，对外部门的支持做得不太好。"

说到这里，唐风开始接话了："艾工这句话说得非常直白，的确，我也认为他最大的问题就是本位主义，只关心本部门的工作和利益。比如，上次研发部要我们派三个人协助打包装，艾工死活不同意，原因就是这样做会影响生产部的作业效率和产值费用率。但是你想一想，研发部的人力成本多高，一个普通的工程师一天的成本就是700人民币，我们生产部的工人一天的成本不到200元，如果做同样的事，一个人一天的成本差500元钱，我们为什么不能抽人帮助研发做点事呢？"

唐风扫视了一下其他人，继续说："另外，我在安排一些临时的任务时，艾工经常抱怨，为什么总是把活派给生产部？他说这话的时候，眼睛中总是露出无奈的表情，我一看这表情就来火，难道一个工人能做的活我要让工程师去干？"

艾定国接着唐风的话说："我的第二个做得不太好的地方是相互信任和尊重。我的情绪控制能力比较差，很多事情，刚开始说得好好的，说不到几句就吵起来了，其实吵完又很后悔，这也是我们每天开早会时气氛比较差的原因之一。"

唐风说："艾工今天的自我批评还是挺到位的。"

艾定国说："第三个我要做自我批评的方面是持续改进。老唐经常批评我喜欢炒冷饭，的确，在遇到问题时，我对细节没有充分的了解，对上面安排下来的工作也没有检查和跟进，导致同一问题反复发生、反复检讨。"

艾定国说完后，合同统筹员柯小欣也开始发表自己的观点："说起来有点惭愧，我也存在与艾工类似的问题。第一，我对市场

第28章 强悍的对手

前端的需求不够了解,经常导致我们生产部一些不必要的加班,根本原因就是我对共同的目标这一点体会得不深。"

他看了艾定国一眼,继续说:"第二,我的情绪控制能力也比较差,在许多情况下,争吵发起点就是我,我以后一定要相信我们这个团队的成员,对大家足够尊重,有事好好说,不乱发脾气,请大家监督,我就说这些。"

这时,范英杰接着柯小欣的话,发表自己的见解:"我们质量部是被大家抱怨得比较多的,尤其是柯工,经常抱怨我们各种各样的质量问题影响了发货。"

范英杰看了一下唐风,说:"我自认为,我做得最不好的是持续改进。许多问题发生后,我们对问题的分析不彻底,也没有有效的纠正和预防措施,导致问题一再发生,这是第一点。"

看着唐风赞许的目光,范英杰继续说:"第二点,如同艾工和柯工,我在相互信任和尊重上做得也不好,经常为了一点小事与大家争吵,最后问题没解决,一拍两散。"

说到这里,范英杰对着柯小欣说:"第三点,我们质量部有时对发货的支持力度的确存在一些问题,因为我的职责是改善质量,对及时发货不够重视,这一点我后续要改进,因为及时发货也是我们这个团队的共同目标之一。"

接下来,与会的所有人员都进行了自我批评,唐风一一记录下来并不时进行点评。

会议结束前,唐风说:"今天的会议开得不错,大家的确敞开了心扉,现在我来做个总结,我对在大家有几点要求。"

唐风说:"第一,以目标和结果为导向,遇到问题时主动前进半步,推动问题得到解决,要有吃亏是福的意识。为什么是前进半步而不是一步呢?原因很简单,前进一步,可能把别人的事做了,越俎代庖了,前进半步恰到好处,可以有效消除我们工作的死角。"

他看了一眼艾定国，继续说："第二，服从主管安排，坚决执行到位，对主管安排的工作要先做起来再反馈困难，不要未做事先要资源。"

看见大家在记录，唐风继续说："第三，少抱怨，多跟进，直到问题解决。"

说这话时，他的眼光看了看范英杰，说："遇到问题尽量通过自身的努力来解决，实在推进不动再找领导协调。"

停了一下，唐风继续说："要有问题到我为止的心态，尽量不麻烦别人。还有，要多帮帮同事，不要事不关己高高挂起。"

在随后的几个月中，每个月唐风都专门召开部门的批评与自我批评会议，将部门一些典型的合作不畅的问题公开讨论，反复强调内部处理问题的基本原则，培养大家的团队合作精神。

为了进一步提升大家的品质意识，唐风对范英杰说："你把每月的质量月报做一个改变，对于每天发生的批次性问题和客户投诉，一定要将问题尽可能定位到产生问题的业务过程和责任人。"

说到这里，唐风问："你明白我的意思吗？"

范英杰说："我明白。"

唐风说："还有，针对问题，你在定位完后，还要估计出该问题产生的 PONC 值，也就是该不符合要求项所产生的成本代价。"

看范英杰在点头，唐风继续说："每月在发布质量月报时，你把各部门的 PONC 值进行排序，公布给大家，这样一来，公司的两个老板在看到每月因质量事故造成的损失后，就会主动给责任部门的主管施加压力。"

在随后的几个月中，唐风惊奇地发现，困扰生产的几个主要问题如定制产品的设计质量、钣金件的来料质量以及 PCBA 的来料质量，都在快速改进中。

本章点评：

■ *质量管理的核心是什么？*

质量管理的核心是人，没有敬业与合作的员工，质量改进便是一句空话，全面质量管理也是空中楼阁。因此，质量管理的基础是对人的管理，人力资源管理水平高的公司，产品质量一般都能获得客户的认可。员工的工作态度和工作能力是质量管理的出发点，也是公司质量管理成败的关键因素，所以公司的文化才是影响质量的核心因素。

第29章
六西格玛的讨论

■ ISO9000体系、零缺陷管理和六西格玛,谁更适合当前中国的中小型企业?

"唐总,你到我的办公室来一下。"电话中陈方圆说。

唐风到达后,陈方圆说:"我的一个朋友是做六西格玛咨询的,昨天我与他见了一面,谈起六西格玛的事情,我很想请他过来帮助公司推行六西格玛管理模式,希望以此来解决公司目前存在的问题,我想听听你的意见。"

唐风听完后,说:"我需要仔细考虑一下,两天后再给出答复,好不好?"

回到办公室后,唐风陷入了沉思,他在思考一个问题:"传统六西格玛的思想是以降低缺陷和减少变异为核心,这一点几乎对所有企业都是适用的,但是为什么自己所接触的中小型企业中,没有一家去推行六西格玛呢?"

当天回家后,吃过晚饭,唐风没有像往常一样,陪着妻子王玉看电视,而是一个人走到花园中,继续思考白天的问题。

转着转着,他自言自语道:"也许可以这样吧。"

第二天一上班,唐风找来ISO9000标准,仔细读了一番,将ISO9000的八项质量管理原则与零缺陷管理的四项原则做了一个对

第29章 六西格玛的讨论

比，再找来六西格玛培训资料，将三者做了一个对比，然后走到陈方圆的办公室。

"陈总，昨天回去后我仔细思考了您提的这个问题，也就是我们是否需要在公司中推行六西格玛，我的结论是：暂时不需要。"唐风开门见山地说。

"为什么？我了解过六西格玛的管理方法，我认为它的思想和方法都是很有实用性的，而且在很多公司中都取得了成功。"陈方圆有些不解。

"不错，它是在许多公司中取得了成功，但是您可能没有看到，许多公司在推行时也遭到了失败。还有，更重要的一点，为什么中国的中小型企业很少有推行六西格玛的？"唐风笑着说。

唐风继续说："我先来谈谈 ISO9000 体系和零缺陷管理这两大质量管理系统的异同吧，给它们做个对比。"

"ISO9000 体系有八个基本原则。"唐风清了清嗓子，开始一一列举。

"第一，以顾客为中心。离开了顾客，企业就无法存在，这很容易理解。

"第二，领导作用。大海航行靠舵手，只有领导层确定了正确的方向，企业才能健康发展。

"第三，全员参与。只有全体员工都认识到自己在整个体系中的重要性并参与其中，才能以个人目标的实现来保证组织目标的实现。

"第四，过程方法。将公司所有的资源和活动作为过程进行管理，可以更高效地得到期望的结果。

"第五，管理的系统方法。针对目标，识别、理解并管理一个由相互关联的过程所组成的体系，可以提高工作的效果和效率。

"第六，持续改进。组织要生存下去，这是一个永恒的手段和目标。

"第七,基于事实的决策方法。对业务运行过程中数据和信息的收集统计和逻辑分析是有效决策的基础。

"第八,互利的供方关系。只有互惠互利,才能得到供应商更有力的支持,才能保证输入的质量,获得更稳健的发展。

"我认为,这些原则对于质量管理来说,都是必要而且正确的,我们的确需要遵守。"说到这里,唐风有意停顿了一下,继续说:"零缺陷管理有四项基本原则,具体是这样的。"

唐风开始——列举:

"第一,明确需求。质量就是符合要求,而不是'好',任何组织能够存在,都是因为它能满足客户、员工和供应商的需要。

"第二,预防在先。一个能产生质量的系统一定是以预防为主的系统,而不是以'检验'为主的系统。

"第三,一次做对。工作的标准是零缺陷,而不是'差不多就行'。

"第四,科学衡量。质量管理是否达到目标是用PONC来衡量的,而不是各种基于妥协和谈判得到的指标。"

陈方圆边听边点头。

"从这些原则上来看,我认为两者在以下几个方面具有共同点。"唐风继续进行逐项列举。

"第一,管理目标一致。我认为,两者都立足以改进质量为主,并且都强调质量管理的目标就是要满足客户的要求。

"ISO9000体系八大原则第一条就是以客户为中心,而零缺陷管理同样体现了以客户为中心的思想。

"第二,思想本质一致。ISO9000体系的八项原则中的各种方法,如过程方法、管理的系统方法、基于事实的决策方法等在本质上是为企业提供一种管理思路,从而以最小的投入实现最大的产出。

"而零缺陷管理更明确地提出了要做正确的事，第一次就把事情做正确的观念并辅之以过程管理的实施方法，与ISO9000体系的方法不谋而合。

"第三，管理原则一致。ISO9000体系强调领导作用，零缺陷管理每一条都渗透领导带头的思想，在零缺陷质量文化变革十四步中，第一步就是管理层的承诺。

"ISO9000体系将管理重点放在预防上，而零缺陷管理更是将做好预防作为四项原则之一明确表达出来。

"ISO9000体系基于事实的决策方法，在零缺陷管理中也有明确要求；ISO9000体系将互利供方关系列为八项原则之一，而零缺陷管理的价值观也要求与供应商协调发展，最终实现双赢，克劳士比先生强调，关系是组织的灵魂。"唐风滔滔不绝。

"下面我再来说说不同点，我认为两者的区别主要表现在以下六点。"唐风又开始总结。

"第一，我认为，ISO9000体系的标准有点偏重于主观，零缺陷管理强调客观标准。什么样的产品才是最好的产品呢？ISO9000体系要求我们建立一整套的文件，并严格按文件体系来执行。

"对于某个具体的产品，ISO9000体系要求建立一个公司内部控制的标准，作为检验的依据，但这也是公司主观制定的，容易出现产品虽然符合ISO9000文件要求，但并不能很好地满足客户要求的不良现象。

"有人开玩笑说，按照ISO9000体系，用水泥做衣服也是可以的，因为它也满足公司规格书的要求。"

说到这里，唐风笑了起来，他接着说：

"而零缺陷管理更注重客观，要求一切从客户出发，能完全满足客户要求的产品就是好产品。既能满足客户要求，又能防止不必要成本浪费。当然，ISO9000：2000版也明确提出了以客户为中心，但具体的做法参照零缺陷管理要求也许会更易实行。

"第二，ISO9000体系没有明确的条文要求一次做对。作为一个用于第三方认证的标准，为了迎合各行各业的认证需要，内容通用性较强，也因此把许多对企业管理真正有用的观念删除了。

"第三，ISO9000体系不包含衡量。有效衡量对质量改进很重要，零缺陷管理明确指出质量靠不符合要求的代价来衡量。

"第四，ISO9000体系注重以程序文件来规范人的行为；而零缺陷管理更注重通过改变员工的心智来使员工一次做对。一个是被动执行的死板要求，另一个则是主动要求的积极策略，这两者也是不同的。

"第五，在质量管理活动中，零缺陷管理比ISO9000体系更注重各个过程的接口关系。ISO9000体系也要求制定明确的工作职责，但仅仅有明确的职责往往导致本位主义，容易形成出现问题相互推诿的局面，常常造成'有流程就死，无流程就乱'的局面。

"零缺陷管理强调打通或优化企业的'质量链'，从而获得'端到端'的完整性的质量。

"第六，零缺陷强调的是质量管理，也就是重视人的工作态度，而ISO9000体系更侧重质量保证，重视文件和规范的执行程度。

"以开车为例，ISO9000体系是交通规则，零缺陷管理则强调开车本身，它要建立起一套安全、快速到达目的地的系统。ISO9000体系侧重于质量部门的事情，零缺陷管理则强调全员全过程参与。"

说完这六点，唐风停了一下，接着总结说："基于以上比较可看出，ISO9000体系与零缺陷管理的思路是一致的，我把两者比喻

第29章 六西格玛的讨论

为：ISO9000体系是一个人的形体骨架，零缺陷理论是一个人的血液和灵魂，两者的整合就是零缺陷管理的精髓与ISO9000体系的结合，就像一个人的神与形的整合，因此，我认为这样会更有效。

"下面我来说一说我们现阶段为何不宜推行六西格玛管理，众所周知，传统的六西格玛的思想核心是降低缺陷率和减少变异，这个思想从理论上来讲，几乎适用于所有的公司，但为什么不适合我们目前的公司呢？"唐风开始反问陈方圆。

"你继续说。"陈方圆示意唐风继续往下说。

"这主要是因为我们目前的管理基础太弱，公司资源有限。"唐风开始解释，"我前段时间稽查了我们研发流程管理体系，发现我们研发的过程管理体系还未真正建立，像新产品立项、初样、正样的评审，都没有做到位，甚至连基本的新产品测试都未完全按研发测试流程操作起来。

"当然，供应链的情况也好不到哪里去，前些天我还主持筛理了仓库的业务流程，将之书面化、流程化。供应链的其他环节，我们的管理也都做得比较粗放，有许多环节还是停留在人治阶段，管理靠嘴，质量靠盯。

"我以前在EE公司主管供应链质量部时，也参与过六西格玛的一些项目。可当时的前提条件是我们的产品合格率已达到99.6%左右，也就是达到了三西格玛的水平，公司的业务流程已相当完善，平时生产线上的异常很少，所以推行六西格玛也许是合适的。

"您看看成功推行六西格玛的一些公司，都有一个特点，那就是过程管理已达到一个相当高的水平，公司有资源有精力来推行六西格玛，通过它来实现管理变革。而我们目前由于管理水平较低，产线上异常很多，大家连处理异常的力气都没有，哪来精力推行六西格玛？

"还有，六西格玛被顾问公司人为地搞得太复杂了，要成为黑带级别，光培训就要两周，要掌握无数的工具，而这些工具大多在实际工作中又是用不上的。所以说，六西格玛的门槛太高，不太适合中小型企业，我认为最有用的，还是它的DMAIC模型，这倒是可以推行。"

"我们公司目前处在从人治向法治转变的过程当中，我们现在急需做的是建立我们的过程管理体系，培养全体员工正确的质量意识，重点是将过程管理做起来。"

"我认为，在相当长的一段时间里，我们的工作重点是结合零缺陷管理和ISO9000体系的思想，建立一个有效的过程管理体系，做好基础管理工作。"

说到这里，唐风的目光变得异常坚定。

本章点评：

■ ISO9000体系、零缺陷管理和六西格玛，谁更适合当前中国的中小型企业？

中国目前的中小型企业，大多存在管理基础薄弱、人员品质意识差的问题，虽然许多企业已通过了ISO9000体系认证，但是未能真正贯彻ISO9000的管理原则，也未能建立一个有效的过程管理体系。

所以，将ISO9000与零缺陷思想相结合，从体系和品质意识两方面来提升质量管理的水平，是多数中小型企业健康成长的必经之路。毕竟，管理的目标是解决问题，找到适合本企业的方法才是真正的管理之道。

第30章
零缺陷方案

■ 零缺陷管理的理念和推行方法是什么？

"爸爸，我有道题不会，你快过来帮我看一下。"儿子唐星的话让唐风从回忆中惊醒，他灭掉烟，起身解答完儿子的问题后，又开始拟制零缺陷推进计划。

两周后，应唐风的要求，陈方圆召开了一个由公司主要管理者参加的会议，由唐风做专题报告。

唐风开门见山："上次在公司的管理会议上，陈总要求我制订一个零缺陷管理的推进计划，今天请大家来，就是要评审一下这个计划，请大家务必畅所欲言。"

唐风继续说："在介绍零缺陷管理推进计划之前，我先来给大家介绍一下这套理论的内涵，让大家了解它的内容，我们管理层在思想上取得统一后，在推行过程中就会减少许多困惑。"

陈方圆说："今天你是主角，你继续说吧。"

于是，唐风开始给大家讲解零缺陷管理的理念和推行方法。

"零缺陷管理的理论是20世纪中叶，由美国质量大师菲利普·克劳士比创立的，这套理论在国外的许多大公司中都取得了成功。

"虽然这套理论是50年前创立的，但是根据我的实践体会，我认为，即使在今天，它依然有强大的生命力，对我们中国企业有非常大的指导作用。

"从1999年开始，我开始接触这套理论，将之运用到工作中，解决实际问题，后来我还参与过顾问公司的零缺陷推进项目，以加深对这套理论的了解。到今天为止，前后算下来，已有十四年的时间，历经三家公司，感觉总算有所收获。

"下面我要说的是，零缺陷是一种态度，而不是指一个结果，不是说我们推行零缺陷就一定要做到没有一个不良品。而且在很多场合下，要做到不出现一个不良品，也是不经济的。

"我们一生下来，就有一句话伴随我们长大，这句话就是：'人非圣贤，孰能无过。'我认为，这句话强烈地禁锢了我们的思维。

"去年，在车间内推行质量考核时，我要求每个人都要对自己的输出负责，有错必罚，结果有很多员工振振有词地对我说：'人非圣贤，孰能无过！'

"员工的意见很简单：可奖不可罚。面对此种情况，我实在是哭笑不得，看来，我们老祖宗的话，连三岁小孩都牢记在心。

"因此，我把零缺陷这三个字理解成四个字：一次做对！这样对于大家来说，也许好理解一点。"

"因为，包括我在内，大家可能都会认为：没有缺陷的东西是不存在的。但是我想说的是，只要态度认真，操作得当，一次做对是可以实现的。

"而且，在很多场合，它还是必须做到的。比如，我们的孩子在医院出生时，难道你会容许护士将一定比例的孩子从她们的手上摔下来吗？"

"当然不会！"唐风的声音很坚决。

他开始自问自答："还有，我们在乘坐飞机时，难道你可以允

第30章 零缺陷方案

许有一定比例的飞机从天上掉下来吗？

"肯定也不会！"

"那为什么我们在面对自己工作上的失误时，总是认为理所当然呢？"

说完这些，唐风看着大家。

见大家不作声，唐风继续说："那是因为，我们对待工作和生活，采用了双重标准，这叫作严以待人，宽以律己。"

"因此，我们推行零缺陷管理，首先要从心智模式上改变，将一次做对作为自己的工作标准，这样我们就能找回改善的动力，让我们永远拥有改进的心态。"

说到这里，唐风再一次问大家："我说的对吗？"

"讲得非常好！"与会人员纷纷赞成。

唐风继续说："下面我来说说克劳士比的管理哲学，我认为，它可以用一、二、三、四、五来形容。"

唐风开始一一列举。

"所谓一，就是第一次把正确的事情做正确。何谓正确的事情？它指的是公司的战略，依我的理解，它就是关系管理，我们所做的事情，应该能满足客户、员工、供应商和公司四方的需求。对于做正确，指的是执行，也就是业务管理，做事要一次做对，不返工，不折腾，这样成本最低。

"比如，我们开发出一个性能很好的产品，如果客户不购买，那这个就不是正确的事情。

"其实在这一点上，零缺陷管理与精益生产的理念是一致的。

"如何才能把正确的事情做正确，这就需要三个系统：QC、QA 和 QM。

"何谓 QC？它指的是我们的质量检查系统，QC 强调的是检验和控制。我来公司的前一个月，我们一连发错三次货，为何如此低级的问题会重复发生？

"原因很简单，那是因为我们产品包装入库和成品出库这两个过程缺乏必要的检验手段。

"何谓 QA？它指的是我们的质量保证体系，QA 强调的是流程和系统。我刚来时，我们有 ISO9000 体系的认证证书，但是我们没有一个能指导各个业务层操作的文件体系，我们所有的工作可以用一句话来形容，那就是：管理靠嘴，质量靠盯。

"何谓 QM？它指的是我们的质量管理系统，QM 强调的是我们对待工作的态度。我刚来时，常和我部门的人开玩笑，我说：'我们有两个强劲的对手。'

"大家想知道这两个对手是谁吗？"停了一下，唐风给出了答案，"第一，这不关我的事；第二，这不是我的错。"

说到这里，会议室的人大笑了起来，陈方圆说："看来，唐总说出了我们的心声。"

见此情况，唐风继续发表自己的意见。

"所谓二，就是成为有用的和可信赖的。这里面包含两项内容：第一，与客户、员工和供应商的关系取得成功；第二，所有的日常业务能正确地完成。

"关系很重要！我们要正确处理与客户、员工和供应商的关系，管理界有位名人说，有时候供应商比客户还重要。

"所谓三，就是一个组织，要能满足客户、员工和供应商的需要，它要帮助客户成功，帮助员工成功，帮助供应商成功。

"如果我们公司能帮助行业内的客户取得成功，那么我们就拥有了一个名牌产品；如果公司能帮助员工成功，它就成了一个有向心力的公司；如果公司能帮助供应商成功，它就是一个受人尊重的公司。

"一个组织为什么能生存下来？我认为，就是它能够提供需求

第30章 零缺陷方案

的解决之道，用通俗一点的话来说，就是能帮别人解决问题。"

说到这里，唐风问大家："大家认为我说的有问题吗？"

魏劲松说："请继续讲。"

唐风继续说："所谓四，就是质量管理的四项基本原则。零缺陷管理的四项基本原则是：质量就是符合要求；质量的系统是预防；工作的标准是零缺陷；用PONC来衡量质量。

"用通俗点的语言来表达，就是要求我们做事情时要遵循这四点：明确要求、预防在先、一次做对、科学衡量。

"克劳士比还有一句话：所有的工作都是一个过程，将这句话与这四项基本原则结合起来，就构成了零缺陷过程作业模式，它是零缺陷管理重要的方法论之一。"

说到这里，唐风再次扫视全场："大家有疑问吗？"

魏劲松说："什么叫预防在先？"

唐风说："按我的理解，就是把工作的要求识别清楚后，管理好每一个业务过程，尤其是识别出每个业务过程中存在的隐患，提前制订对策，确保这些风险点不会变成真正的质量事故，使每个业务过程输出的东西，能100%地满足客户和业务相关方的要求，这就是我对预防的理解。"

魏劲松说："好，请继续说。"

唐风说："所谓五，就是在做到了一、二、三、四后，对于一个组织来说，它能输出五项卓越结果：满意的客户、敬业的员工、良好的财务数据、优异的生产力和利润。

解释完，唐风又说："按我的理解，上述一、二、三、四、五，就是克劳士比的零缺陷管理哲学。

"但是，这些只是理念，如何才能落到实处，在我们公司中推行起来，可能大家都还心存疑虑。的确，如果没有正确的推行方法，它很可能会变成一场喊口号的游戏。"

看大家在点头，唐风继续说："零缺陷管理在美国的多家企业中获得了成功，效果显著，但是在中国，推行零缺陷管理成功的案例却相对较少，原因为何？

"那是因为，中国企业和西方企业在文化背景、公司治理机制方面有很大差异，中国直接从封建社会跑步进入现代社会，而西方国家经历了漫长的工业化阶段，员工的文化背景和职业素养差异很大，如果生搬硬套克劳士比书上的做法，必定会失败。

"根据我的经验，要想在中国企业中推行零缺陷管理，必须从三个方面入手。"

停了一下，唐风继续说："第一是文化，它包括价值观、思维方式和工作习惯。我认为，员工的客户意识、合作意识、责任意识和主动改善意识是我们质量文化变革取得成功的基础，因为所有的工作，都必须由人去负责落实，员工的工作态度的改变是零缺陷管理的核心。

"大家都知道，德国制造风靡全球，其最近提出的工业4.0正在被世界各国争相效仿，我认为这是一个结果，其背后的原因是德意志民族的文化传承，严谨理性的民族性格形成了'德国'制造的核心文化。

"这就是：标准主义、完美主义、精准主义、守序主义、专注主义、实用主义和信用主义。

"另外，工业4.0的目标是用最高的效率为客户提供质量更稳定、品种更丰富、功能更齐全的定制化产品，驱动它的还是客户思维和经营思维，这与精益生产和零缺陷管理的理念并无二致。

"对于我们这样一家小型民企来说，还没有在公司层面形成自己独特的企业文化，我认为，这是我们公司最大的问题。"

见大家都在点头，唐风接着说："第二是机制，好的文化不可能从天而降，自动植入员工的心中，必须有一整套合理的机制，包

第30章 零缺陷方案

括分配机制、竞争机制、激励机制、人才机制、公平机制等,没有这些机制,只靠喊口号,是不可能达成目标的,老板的行远胜于言。

"为什么一些大企业,相对于小公司而言,推行零缺陷管理反而更容易成功?原因就是它的管理机制很健全,员工执行力强,最高管理者只要按下这个文化变革发动机的按钮,整个公司就能自动往前冲,去达成目标。

"第三是工作方法,这里面的东西就多了,我认为,不管是零缺陷管理的过程作业模式、金光大道十四步,还是六西格玛DMAIC方法,或者是精益生产的价值流程图,以及CPK、SPC、FMEA等工具,以及各种各样的软件系统,只要能解决问题,能预防缺陷的产生,我们都可以使用,因为我们的目标只有一个:一次做对。

顿了一下,唐风继续说:"这是一场深刻的思想文化变革,领导者的决心和持续参与很重要。

"还有,我公司以技术立企,技术是我们公司生存的基础,是我们获得成功的硬件,我刚才说的文化、机制和一次做对的工作方法,是我们获胜的软件。一手抓硬件,一手抓软件,软硬结合,我们公司的竞争力才会不断增强。"

说完这些,唐风环视会场,对大家说:"对于这些,大家有疑问吗?"

陈方圆说:"讲得很好,很容易明白。"

唐风说:"那么下面,我来介绍零缺陷管理推进的具体方案。"

方案介绍完毕后,唐风接着说:"今天是管理层的思想松土会,我一直认为,要想在沙漠中种出庄稼,我们首先要做的应该是松土和浇水,而不是立马就撒上种子。因此,请在座的各位领导,回去后在部门内部组织会议,讨论我们今天的主题,为我们公司零缺陷管理的推广做好准备。"

两周后，在赛德美公司 2013 年零缺陷管理推行活动的启动仪式上，董事长兼总经理陈方圆对公司的所有管理者说："从今天开始，我们公司的质量方针将改为十六个字：满足要求，一次做对；用心尽力，持续改进！这就是我们公司的长期政策！"

本章点评：

■ 零缺陷管理的理念和推行方法是什么？

零缺陷管理，之所以易懂难行，原因很简单，它是一场思想上的长征，最高管理者的思想转变是第一步，最终目标是全体员工对于零缺陷理念的认同，并落实到行动中去。它必须由最高管理者牵头并亲自推进，从企业文化、管理机制、员工的工作方法三方面进行全方位的变革。

附　　录

附录A　专业术语解释

1. 保内不良率：产品在开始安装使用后，在保修期以内的不良数除以这段时间的总安装数。

2. 一次开箱不良率：产品在开箱安装调试时出现的不良品数除以这段时间的总安装数。

3. 工装，即工艺装备：制造过程中所用的各种工具的总称。

4. 标准工时：经过培训合格具有平均水平的操作人员在正常的作业环境及状态下，用标准作业方法，按普通熟练工人正常速度操作而完成某工序或产品所需的时间。

5. 老化：让产品在一定负荷下持续长时间工作的一道生产工序。

6. 安规：产品认证中对产品安全的要求，包含产品零件的安全的要求、组成成品后的安全要求。

7. 中试：中间性试验的简称，是指大规模生产前的较小规模生产。

附录B　英文缩写解释

1. 5S：整理（Seiri）、整顿（Seiton）、清扫（Seiso）、清洁（Seiketsu）和素养（Shitsuke）这5个词的缩写，是源自日本企业

的一种现场管理方法。

2. 8D：Eight-Disciplines，8个解决问题的固定步骤。

3. BM：Bench Mark，标杆瞄准。

4. BOM：Bill of Material，物料清单。

5. DMAIC：包括定义（Define）、测量（Measure）、分析（Analyze）、改进（Improve）和控制（Control）5个阶段的过程改进方法。

6. DSP：Digital Signal Processor，数字信号处理器。

7. ECN：Engineering Change Notice，工程变更通知书。

8. ERP：Enterprise Resource Planning，企业资源规划。

9. ESD：Electro-Static Discharge，静电释放。

10. FQC：Final Quality Control，最终品质管制。

11. IC：Integrated Circuit，集成电路。

12. IGBT：Insulated Gate Bipolar Transistor，绝缘栅双极型晶体管。

13. IPQC：Input Process Quality Control，制程中质量控制。

14. IQC：Incoming Quality Control，来料质量控制。

15. KPI：Key Performance Indicators，关键绩效指标。

16. Layout：设计布局。

17. MBA：Master of Business Administration，工商管理硕士。

18. MOS：Metal-Oxide Semiconductor，金属氧化物半导体。

19. OQC：Outgoing Quality Control，出货质量控制。

20. PCB：Printed Circuit Board，印制电路板。

21. PCBA：Printed Circuit Board Assembly，成品电路板。

22. PPM：Part Per Million，百万分之。

23. QA：Quality Assurance，质量保证。

24. QC：Quality Control，质量控制。
25. QM：Quality Management，质量管理。
26. SMT：Surface Mounted Technology，表面组装技术。
27. SQE：Supplier Quality Engineer，供货商质量管理工程师。
28. UPS：Uninterruptible Power System，不间断电源系统。

参 考 文 献

[1] 杨钢. 零缺陷大道[M]. 北京：北京大学出版社，2006.

[2] 丁远峙. 方与圆[M]. 2版. 广州：广州出版社，2004.

[3] 沃麦克，琼斯. 精益思想[M]. 沈希瑾，张文杰，李京生，译. 北京：商务印书馆，1998.

[4] 列维特，都伯纳. 魔鬼经济学[M]. 刘祥亚，译. 广州：广东经济出版社，2006.

[5] 德鲁克. 卓有成效的管理者[M]. 许是祥，译. 北京：机械工作出版社，2005.

[6] 克劳士比. 质量无泪：消除困扰的管理艺术[M]. 克劳士比管理顾问中心，译. 北京：中国财政经济出版社，2005.

[7] 克劳士比. 质量免费[M]. 杨钢，林海，译. 太原：山西教育出版社，2011.

[8] 勒庞. 乌合之众[M]. 冯克利，译. 北京：中央编译出版社，2005.

[9] 劳顿. 创建以客户为中心的文化：领先于质量、创新和速度[M]. 林海，译. 北京：中国标准出版社，2006.

[10] 余世维. 职业经理人常犯的11种错误[M]. 北京：中国社会科学出版社，2003.

[11] 白金汉，科夫曼. 首先，打破一切常规[M]. 鲍世修，等译. 北京：中国青年出版社，2002.

[12] 秦邦福. 一位品质总监的发飙[J]. 企业管理，2013（11）：16-20.